BEITRÄGE ZUR NEUEREN LITERATURGESCHICHTE

DRITTE FOLGE · BAND 112

THOMAS KECK

Der deutsche „Baudelaire“

Band II

Materialien

1. Halbband

Bibliographie deutscher Übersetzungen Baudelairescher Vers-Lyrik

2. Halbband

Arbeitsanthologie

HEIDELBERG 1991

CARL WINTER · UNIVERSITÄTSVERLAG

Gedruckt mit Unterstützung der Deutschen Forschungsgemeinschaft

Die Deutsche Bibliothek - CIP-Einheitsaufnahme

Keck, Thomas:

Der deutsche „Baudelaire" / Thomas Keck. - Heidelberg: Winter.

Zugl.: Göttingen, Univ., Diss., 1990

Bd. 2. Materialien
Halbbd. 1. Bibliographie deutscher Übersetzungen Baudelairescher Vers-Lyrik. - 1991.

(Beiträge zur neueren Literaturgeschichte; Folge 3, Bd. 112)

ISBN 3-533-04456-4 kart.
ISBN 3-533-04457-2 Gewebe

Keck, Thomas:

Der deutsche „Baudelaire" / Thomas Keck. - Heidelberg: Winter.

Zugl.: Göttingen, Univ., Diss., 1990

Bd. 2. Materialien
Halbbd. 2. Arbeitsanthologie. - 1991

(Beiträge zur neueren Literaturgeschichte; Folge 3, Bd. 112)

ISBN 3-533-04456-4 kart.
ISBN 3-533-04457-2 Gewebe

NE: GT

D 7

ISBN 3-533-04456-4 kart.
ISBN 3-533-04457-2 Ln.
ISSN 0179-4027

Reproduktion und Druck: Carl Winter Universitätsverlag, Abteilung Druckerei, Heidelberg

1. Halbband

Bibliographie deutscher Übersetzungen Baudelairescher Vers-Lyrik

INHALT

VORWORT

Die Bibliographie ist gewiß nicht der geistige Teil einer Wissenschaft. Jedoch spielt sie in ihrer Physiologie eine zentrale Rolle, ist nicht ihr Nervengeflecht, aber das System ihrer Gefäße. Mit Bibliographie ist die Wissenschaft groß geworden, und eines Tages wird sich zeigen, daß sogar ihre heutige Krisis zum guten Teil bibliographischer Art ist. [BEN 1972, Bd.3, S.121]

Das Ideal bibliographischer Vollständigkeit ist demjenigen absoluter übersetzerischer Äquivalenz vergleichbar: Es ist unerreichbar. Die nachstehende Bibliographie ist weniger an diesem Ideal als an der optimalen Nutzbarmachung des Erfaßten orientiert. In ihrer Dreigliederung (Verzeichnis der Anthologien, der Übersetzer und der Titel) wie in der Mehrfachnennung der übersetzten Titel scheint sie beinahe aufgebläht, mit Informationen überfrachtet zu sein. Die praktische Benutzung indes wird schnell zeigen, daß die raumintensive Darlegung des Materials einzig der Übersicht, dem direkten Zugriff und natürlich auch einem Einblick in die Substanz publizistischer Daten dient. Der deutsche "Baudelaire" ist hier so weitgehend >aufgeschlüsselt<, wie es den Erfordernissen einer konkreten wissenschaftlichen Arbeit mit dem Material entspricht. Als Bestandteil des Materialbandes der *Studien zur übersetzerischen Rezeption der Fleurs du Mal* trägt die Bibliographie den Charakter einer Begleitlektüre, auf der die philologische Analyse aufbaut und anhand deren sie bis zu einem gewissen Grad überprüft werden kann. Eingeleitet wird der Band von einer chronologischen Tabelle, die eine Übersicht über die wichtigsten Erscheinungsdaten bietet und verschiedene Publikationstypen unterscheidet. Mit ihrer Hilfe soll ein erster Überblick über die Geschichte der deutschen Baudelaire-Übersetzung gegeben werden.

Der Materialband ist in zwei Halbbände aufgeteilt, um die Benutzung des Materials zu erleichtern und die einzelnen Teile handlicher zu gestalten. Der zweite Halbband enthält eine "Arbeitsanthologie", die - mit Ausnahme von *Le Balcon* und *Le Crépuscule du matin* - die analysierten Vorlagen der Tendenzanalysen mit allen mir vorliegenden Übersetzungen enthält. Die Reihenfolge ist an den textanalytischen Teil der Arbeit angepaßt; der vierte *Spleen*-Text rückt daher vor die anderen drei. Die Übersetzungen sind chronologisch angeordnet.

CHRONOLOGISCHE ÜBERSETZER-TABELLE

Jahr	*Essay*	*Periodika*	*Herausgeber-anthologie*	*Autor-anthologie*	*Auswahl*	*Gesamtübertragung*
1879	Ziesing					
1882		Englert				
1886		Englert				
1887			Oedheim			
1889	Weigand					
1890		Vintler				
1891		Bettelheim;Dörmann			George	
1893		Dörmann				
1894		Dörmann;George				
1895		George				
1896			George			
1897		Neumann(1)				
1898	Meyer			Henckell		
1899		George	Arnold			
1900		George	Mehring	Henckell	Wiegler	
1901		Mehring;Zweig			George	
1902					Bruns;Zweig	
1903		Zweig				
1904			Gundlach		Bruns	
1906			Arnold		Bruns	
1907			Bethge		Kalckreuth	
1908			Jaffé Oppeln-Broni.	Oesterheld Bruns;Schaukal		
1909				Gundlach	Asmus	

Jahr	*Essay*	*Periodika*	*Herausgeber-anthologie*	*Autor-anthologie*	*Auswahl*	*Gesamtübertragung*
1910			Henckell			
1911		Oesterheld	Schellenberg Diederich	Oesterheld		
1912		Oesterheld	Wille			
1915		Hardekopf				
1916		Klemm ZZZ[Anonym]		Hardekopf		
1917		Ramée			Hauser	
1919		Christian;Kalmer				
1920		Havemann	Zoozmann;Soffel		Havemann	
1921		Rilke		Henckell Hardekopf		
1922			Neumann(2)			
1923					Benjamin;Bruns	
1924		Benjamin;Hessel Wolff				
1925			Klabund			Robinson
1927		Deutsch;Hochheim				
1930				George		
1931				Rilke		
1932			Blei			
1933			Golscheider;Petersen			
1936					Moos	
1938			Wolfenstein			
1946		Beckerath Hausenstein	Rexroth;Johann Faust;Jaime Schomerus-W. Babler;Orthbandt Kehrli;Lange;Scheer Sieper		Hausenstein	

Jahr	*Essay*	*Periodika*	*Herausgeber-anthologie*	*Autor-anthologie*	*Auswahl*	*Gesamtübertragung*
1947		Beckerath Derndarsky Hartung Hausenstein	Herrmann Lövenich Rieple		Niemeyer Fischer,E. Freund	Schmid
1948	Küchler		Britting;Jaime;Kiechler Lehrmittel;Krolow;Scheer Jaspert;Schoenhals;Müller,A. Strassowa;Heuschele			
1949			Burte;Gauthier			Fischer,C.
1950		Bruns;Fischer Hausenstein	Bouillon;Fabricius Klee-P./Vontin;Hausenstein			
1951		Hausenstein				
1952			Braun			
1954		Dippel	Hofmann;Busch		Moos;Hausenstein	
1955			Kayser			
1957			Bartuschek			
1958			Derndarsky Gsteiger;Schalk	Kemp		
1960		Celan	Müller,U. Newmann			
1961			Görsch			
1962			Böschenstein	Kalckreuth		Kemp
1963				Hardekopf	Benjamin	
1964	Brecht		Laurensen			
1965			Voss			
1966			Gipper			
1967		Hindenberger	Schnelle;Wilken			
1968				Decaunes		
1969			Winkler-V.			
1970			Eyssen		Benjamin	

Jahr	*Essay*	*Periodika*	*Herausgeber-anthologie*	*Autor-anthologie*	*Auswahl*	*Gesamtübertragung*
1971					Rühm	
1972				Benjamin		
1973			Schoenhals			Löffler
1974					Wolfhagen	
1975			Hinterhäuser	Kemp		Kemp
1976		Bruns				
1977			Killy;Sahlberg Krieger			Thiel;Kemp
1978					Dietrich	
1979			Schulz-J.			
1980						Fahrenbach-W.
1982			Schönfeld; Helbling		Berger	
1983				Zweig		
1984			Borowsky Hamm			
1985			Maigler			
1986			Borchers;Simm			Kemp
1987	Paepcke		Koch			
1990			Thalmayr;Wodsak			

ANTHOLOGIEN

Die Bibliographie enthält eine Reihe von Veröffentlichungen, in denen mehrere Autoren übersetzt oder Baudelaire-Übersetzungen von mehr als nur einem Übersetzer enthalten sind. Um eine gewisse Übersichtlichkeit zu gewährleisten und um die Übersetzer-Bibliographie zu entlasten, wurden diese Veröffentlichungen im folgenden zu einer eigenen kleinen Teil-Bibliographie zusammengestellt. Die Ordnung erfolgt nach Herausgebern, Verlagen o.ä., welche jeweils ein Namenskürzel erhalten, vor das ein "A" für "Anthologie" gestellt ist. Mit Hilfe dieser Kürzel sind die Angaben der Übersetzer-Bibliographie bequem zu entschlüsseln.

Die einzelnen Publikationen sind in der linken Spalte chronologisch geordnet. In der rechten Spalte befinden sich die vollen bibliographischen Angaben, die Namen der jeweils vertretenen Baudelaire-Übersetzer (falls nicht mit dem Herausgeber identisch) sowie eventuelle Anmerkungen.

AARN - Arnold, Robert Franz

1899 *Europäische Lyrik*. Übersetzungen von Robert Franz Arnold. Leipzig: Meyer

1906 *Europäische Lyrik*. Übersetzungen und Eigenes von Robert Franz Arnold. Zweite, vermehrte und völlig erneuerte Auflage. Leipzig und Wien: Stern

ABAB - Babler, Otto

1946 *Kreis der Tiere*. Eine Anthologie von Tiergedichten. Hrsg. v. Otto F. Babler. Hamburg: Hauswedell & Co.
Übersetzer: Horvát
[Anm.: Das Nachwort des Herausgebers stammt von 1939.]

ABAR - Bartuschek, Helmut

1957 *Französische Gedichte von der Zeit der Troubadours bis in unsere Tage*. In deutscher Nachdichtung von Helmut Bartuschek. Berlin: Aufbau-Verlag

ABET - Bethge, Hans

1907 *Die Lyrik des Auslandes in neuerer Zeit*. Hrsg. v. Hans Bethge. Leipzig: Max Hesses Verlag
Übersetzer: Fuhrmann; Horvát

ABLE - Blei, Franz

1932 *Anthologie der erotischen Literatur aller Zeiten und Völker*. Mit Einleitung von Dr. Franz Blei und Literaturnachweis von Dr. Paul Englisch. Wien: Anakreon-Verlag
Übersetzer: George; Hardekopf
[Anm.: Die Literaturnachweise der Anthologie enthalten einzig AOES 1911 (E. Oesterheld: *Die Vorhölle*) als mögliche Quelle für die drei enthaltenen Baudelaire-Übersetzungen. Indessen ergab die Überprüfung, daß keiner der Texte aus der Oesterheldschen Anthologie stammt.]

ABHL - Bouillon, Richard; Heitzer, Agnes; Lauschus, Leo

1950 *Sammlung*. Deutsche Lyrik von Klopstok bis zur Gegenwart und Neuere ausländische Lyrik. Hrsg. v. Richard Bouillon, Agnes Heitzer, Leo Lauschus. Mainz, Düsseldorf: Kirchheim, Bagel
Übersetzer: Hausenstein; Schellenberg

ABÖB - Böschenstein, Bernhard und Bollack, Jean

1962 Mayotte Bollack: *Von Baudelaire bis Saint-John Perse*. Französische Gedichte und deutsche Prosaübertragungen. Ausgewählt von Mayotte Bollack, übersetzt von Bernhard Böschenstein und Jean Bollack. Frankfurt: Fischer

ABOC - Borchers, Elisabeth

1986 *An den Mond*. Gedichte und Prosa. Ausgewählt von Elisabeth Borchers. Frankfurt/M.: Insel
Übersetzer: Kemp

ABOR - Borowsky, Kay

1984 *Pariser Traum*. Nerval, Baudelaire, Mallarmé, Verlaine, Rimbaud in Auswahl neu übertragen von Kay Borowsky. Zweisprachige Ausgabe mit 5 Abbildungen. Tübingen: Heliopolis Verlag

ABRA - Braun, Felix

1952 *Die Lyra des Orpheus*. Lyrik der Völker in deutscher Nachdichtung. Wien: Paul Zsolnay Verlag
Übersetzer: George; Mühlberger; Reinhardt; Wildgans

ABRI - Britting, Georg

1948 *Lyrik des Abendlandes*. Gemeinsam mit Hans Hennecke, Curt Hohoff und Karl Vossler ausgewählt von Georg Britting. München: Hanser
Übersetzer: George; Hausenstein; Rilke
[Anm.: Hausenstein fällt in späteren Auflagen spätestens ab 1978 heraus.]

ABUR - Burte, Hermann

1949 *Adler und Rose*. Französische Gedichte in das Deutsche übertragen von Hermann Burte. Heidelberg: Carl Pfeffer Verlag

ABUS - Busch, Karl Theodor

1954 *Sonette der Völker*. Siebenhundert Sonette aus sieben Jahrhunderten. Ausgewählt und ins Deutsche übertragen von Karl Theodor Busch. Heidelberg: Drei Brücken Verlag

ADEC - Decaunes, Luc

1968 *Charles Baudelaire*. Ausgewählte Texte, Portäts, Faksimiles, Dokumente, Bibliographie. Aus dem Französischen von Richard Beilharz. Neuwied und Berlin
Übersetzer: Beilharz; Benjamin; Derndarsky; Carl Fischer; Ernst Fischer; George; Hausenstein; Hauser; Kalckreuth; Kemp; Michael; Rilke; Robinson; Schmid; Schoenhals

ADIE - Diederich, Franz

1911 *Von unten auf. Ein neues Buch der Freiheit.* Gesammelt und gestaltet von Franz Diederich. Zweiter Band. Berlin: Vorwärts
Übersetzer: Wildgans

AEYS - Eyssen, Jürgen

1970 *Lesebuch der Weltliteratur. Die Literatur des Abendlandes.* Band 2: *Von Wordsworth bis Kierkegaard.* Hrsg. v. Jürgen Eyssen. Berlin: Stapp
Übersetzer: Rilke; Schoenhals

AFAB - Fabricius, Pierre

1950 *Lebendiges Frankreich.* Eine Anthologie in französischer und deutscher Sprache. Ausgewählt und ins Deutsche übertragen von Pierre Fabricius unter Mitwirkung von Lore Kornell und Hilde Prahl. Zürich: Oprecht

AFAU - Faust, Helmuth

1946 *Westwind.* Nachdichtungen französischer Lyrik von Helmuth Faust. Bücherei Hahn Nr.12. Reihe: Dichtung und Wahrheit. Hrsg. v. Prof. Dr. Brill. Redaktion: Schulrat Dohrmann. Hannover

AFIE - Fischer, Ernst

1947 Charles Baudelaire/Paul Verlaine: *Die schwarze Flamme.* Gedichte übertragen von Ernst Fischer. Wien: Erasmus Verlag

AGAU - Gauthier, Lucien

1949 *Von Montaigne bis Valery. Der geistige Weg Frankreichs.* Eine Auswahl französischer Originaltexte mit deutscher Übertragung. Zweiter Teil: Die Gesellschaft und das Vaterland. Reutlingen: Continental-Verlag
Übersetzer: Schoenhals
[Anm.: Bd. 1 der Anthologie enthält eine Übertragung von *L'art romantique* durch Clara Menck.]

AGIP - Gipper, Helmut

1966 *Sprachliche und geistige Metamorphosen bei Gedichtübersetzungen.* Eine sprachvergleichende Untersuchung zur Erhellung deutsch-französischer Geistesverschiedenheit. Düsseldorf: Pädagogischer Verlag Schwann
Übersetzer: George; Gipper; Lövenich; Hanns Müller; Orthbandt; Rieple
[Anm.: Im Anhang dieser Untersuchung werden verschiedene Beispiele anthologisiert. Unter dem Titel "Ein Blick in die Werkstatt" stellt Gipper eine Reihe von *RECUEILLEMENT*-Übersetzungen kommentierend zusammen und versucht sich mit einer eigenen Version, mit der er "vor allem die Vorzüge der GEORGE-Fassung zu bewahren" sucht (AGIP, S.249).]

AGÖR - Görsch, Horst

1961 *Es rauscht in unserm Lied das Meer.* Eine Auswahl alter und neuer Meereslyrik. Hrsg. v. Horst Görsch. Berlin: Verlag der Nation
Übersetzer: Rieple

AGOL - Goldscheider, Ludwig

1933 *Die schönsten Gedichte der Weltliteratur*. Ein Hausbuch der Weltlyrik von den Anfängen bis heute. Gesammelt und geordnet von Ludwig Goldscheider. Wien, Leipzig: Phaidon
Übersetzer: George; Hauser; Henckell; Horvát; Schaukal; Wiegler

AGST - Gsteiger, Manfred

1958 *Französische Gedichte aus neun Jahrhunderten*. Übertragen und mit dem Originaltext hrsg. v. Manfred Gsteiger. Heidelberg: Lambert Schneider

AGUN - Gundlach, Fritz

1904 *Französische Lyrik seit der Großen Revolution bis auf die Gegenwart*. In Übertragungen hrsg. v. Fritz Gundlach. Leipzig: Reclam-Verlag
Übersetzer: Englert; Vintler

1909 *Gedichte und Skizzen von Charles Baudelaire*. In Übertragungen herausgegeben und eingeleitet von Fritz Gundlach. Leipzig: Reclam (Reclams Univ. Bibl. Nr. 5076).
Übersetzer: Englert; Gundlach; Meyer; Schmidt-Halensee; Vintler
[Anm.: Neuauflage 1930.]

AHAM - Hamm, Peter

1984 *Welches Tier gehört zu dir?* Eine poetische Arche Noah - errichtet von Peter Hamm. München: Hanser
Übersetzer: George
[Anm.: Der Band enthält außerdem das Prosagedicht *Les bons chiens* in der Übersetzung von Carl Fischer.]

AHAN - Hausenstein, Wilhelm

1950 *Das trunkene Schiff* und andere französische Gedichte von Chénier bis Mallarmé. Deutsch von Wilhelm Hausenstein. Zweisprachige Ausgabe. Mit neunzehn Bildnissen und einer Einleitung von Benno Reifenberg. München/Freiburg: Alber

AHEL - Helbling, Hanno

1982 *Leben meinem Lied*. Lyrik des 19. Jahrhunderts in vier Sprachen. Ausgewählt und übertragen von Hanno Helbling. Frankfurt/M.: Insel

AHEN - Henckell, Karl

1898 *Charles Baudelaire*. In: *Sonnenblumen*. Heft 18. Hrsg. v. Karl Henckell. Zürich: Henckell
Übersetzer: Dörmann; Englert; Henckell; Vintler

1910 *Weltlyrik*. Ein Lebenskreis in Nachdichtungen von Karl Henckell. München: Die Lese-Verlag

AHER - Herrmann, Friedrich Hans

1947 *Aus fünf Jahrhunderten französischer Poesie*. Nachdichtungen französischer Lyrik. Freiburg i.Br.: Verlag Die Brücke

AHEU - Heuschele, Otto

1948 *Französische Dichter des 19. und 20. Jahrhunderts in deutschen Übertragungen.* Ausgewählt und eingeleitet von Otto Heuschele. Bühl: Roland-Verlag
Übersetzer: George

AHIN - Hinterhäuser, Hans

1975 *Die französische Lyrik.* Von Villon bis zur Gegenwart. Bd. II: Vom Symbolismus bis zur Gegenwart. Hrsg. v. Hans Hinterhäuser. Düsseldorf: August Bagel Verlag
Übersetzer: Kemp

AHOB - Hofmann, Fritz/Bürman, Fritz

1954 *Trésor de la Poésie française.* Eine Auswahl französischer Gedichte von Dr. Fritz Hofmann (Oberstudiendirektor an der Albert-Schweitzer-Schule in Hofgeismar) und Fritz Bürmann (Oberstudiendirektor am König-Wilhelm-Gymnasium in Höxter/Weser). Frankfurt/M.: Hirschgraben-Verlag
Übersetzer: George; Lövenich; Hanns Müller; Schoenhals
[Anm.: Zahlreiche Neuauflagen. Die Übertragungen sind als Anhang zusammengefaßt. Der eigentliche Textteil ist rein französisch. Zu dem Textband ist ein französisch-deutsches Wörterbuch erschienen.]

AJAF - Jaffé, Joseph

1908a *Französische Lyrik alter und neuer Zeit in deutschen Versen.* Hamburg: Gutenberg-Verlag

AJAI - Jaime, Eward

1946 *Gedichte* - aus acht Ländern - übertragen aus fünf Sprachen. Wien: Amandus-Edition

AJAS - Jaspert, Reinhardt

1948 *Lyrik.* Lyrik und Weisheit des Auslandes. Hrsg. v. Reihard Jaspert. Zeichnungen von Fritz Jaspert. Berlin: Safari Verlag
Übersetzer: Fuhrmann; George; Klabund; Wiegler
[Anm.: Mehrere Neuauflagen, dabei verschiedene Änderungen. Die Fuhrmannsche Übersetzung fällt spätestens ab 1960 heraus.]

AJOH - Johann, Ernst

1946 *Französische Gedichte* in den besten deutschen Übertragungen. Auswahl und Vorwort: Dr. Ernst Johann. Speyer: Oswald Dobbeck Verlag
Übersetzer: George

AKAY - Kayser, Wolfgang

1955 *Gedichte des französischen Symbolismus in deutschen Übersetzungen.* Hrsg. v. Wolfgang Kayser. Tübingen: Niemeyer
Übersetzer: Beckerath; Carl Fischer; George; Hausenstein; Havemann; Horvát; Jaime; Lövenich; Mehring; Rieple; Scheer; Schmid; Schoenhals

AKEH - Kehrli, Hedwig

1946 *Baudelaire, Verlaine, Rimbaud, die großen Dichter der Franzosen.* Gedichte und Prosastücke. Herausgegeben, übertragen und mit einem bibliographischen Anhang versehen von Hedwig Kehrli.

AKEM - Kemp, Friedhelm

1958 Charles Baudelaire: *Gedichte.* In deutschen Übertragungen. Ausgewählt von Friedhelm Kemp. Wiesbaden: Insel
Übersetzer: Benjamin; Carl Fischer; Ernst Fischer; George; Hartung; Hausenstein; Kalckreuth; Kemp; Michael; Rilke; Robinson

1975 In: Charles Baudelaire: *Sämtliche Werke in acht Bänden.* Hrsg. v. F. Kemp u. C. Pichois. Bd. 4. München: Heimeran
Übersetzer: Beckerath; Benjamin; Busch; Derndarsky; Dörmann; Englert; Carl Fischer; Ernst Fischer; George; Gundlach; Hauser; Hausenstein; Henckell; Herrmann; Jaime; Kalckreuth; Kemp; Kiechler; Lövenich; Meyer; Niemeyer; Orthbandt; Rieple; Rilke; Robinson; Schaukal; Scheer; Schmid; Schmidt-Halensee; Schoenhals; Strassova; Zweig

1990 *Französische Dichtung.* Bd. 3. Von Baudelaire bis Valéry. Hrsg. v. F. Kemp und Hans T. Siepe. München: C. H. Beck
Übersetzer: Benjamin; George; Hausenstein; Kalckreuth; Kemp; Meyer; Siepe

AKIE - Kiechler, Walter

1948 *Verwandelt scheint die Welt.* Übertragungen aus acht Jahrhunderten französischer Lyrik. Freiburg i.Br.: Badischer Verlag

AKIL - Killy, Walther

1977 *Epochen deutscher Lyrik.* Hrsg. v. Walther Killy. Bd. 10: *Übersetzungen.* Nach den Erstdrucken in zeitlicher Folge unter Mitarbeit von Rüdiger von Tiedemann Hrsg. v. Diter Gutzen und Horst Rüdiger. 2. u. 3. Teil. München: DTV
Übersetzer: Benjamin; Brecht; George; Rilke

AKLA - Klabund

1925 *Das trunkene Lied.* Die schönsten Sauf- und Trinklieder der Weltliteratur. Ausgewählt von Klabund. Zeichnungen von Szafranski. Berlin: Erich Reiß Verlag

AKLE - Klee-Palyi, Flora

1950 *Anthologie der französischen Dichtung von Nerval bis zur Gegenwart.* Mit Hilfe französischer Dichter ausgewählt und hrsg. v. Flora Klee-Palyi. Bd. 1: *Die Vorläufer.* Elberfeld
Übersetzer: George; Horvát; Nostiz; Schmid

AKOC - Koch, Werner

1987 *Vom Tod.* Ein Lesebuch für Jedermann. Hrsg. v. Werner Koch. Frankfurt/M.: Insel
Übersetzer: Schmid

AKRI - Krieger, Harald

1977 *Anthologie französischer Lyrik seit 1450.* Ausgewählt und übertragen von Harald Krieger. Saarbrücken: Selbstverlag

AKRO - Krolow, Karl

1948 *Nachdichtungen aus fünf Jahrhunderten französischer Lyrik.* Hannover: Richard Beek Verlag

ALAN - Lange, Carl Albert

1946 *In meiner Sprache.* Paraphrase und Neuschöpfung fremder Gedichte. Wedel: Alster Verlag Curt Brauns

ALAU - Laurensen, Birgit

1964 *Auf leisen Pfoten.* Die schönsten Katzengeschichten. Hrsg. v. Birgit Laurensen. Hamburg: Verlag der Freizeit Bibliothek
Übersetzer: George

ALEH - Lehrmittel-Verlag

1948 *Meisterstücke aus der französischen Literatur.* Tausend Jahre französisches Schrifttum. Offenburg, Mainz: Lehrmittel-Verlag
Übersetzer: Benjamin; George; Zweig

ALÖV - Lövenich, Paul

1947 *Gespenster der Leidenschaft.* Gedichte von Baudelaire, Verlaine, Rimbaud. Köln: Epoche

AMAI - Maigler, Peter

1985 *Besuch bei Toten.* Ein imaginärer Friedhof angelegt von Peter Maigler. Frankfurt/M.: Insel
Übersetzer: Schmid

AMEH - Mehring, Sigmar

1900 *Die französische Lyrik im 19. Jahrhundert.* Mit eigenen Übertragungen. Von Sigmar Mehring. Grossenhain, Leipzig: Baumert & Ronge

AMÜL - Müller, Alwin

1948 *La Douce France.* Frankreich im Spiegel seiner Literatur. Hrsg. v. Alwin Müller, eingeleitet von Friedrich Knapp. München: Ehrenwirth
Übersetzer: Scheer

AMÜU - Müller, Ulrich Friedrich

1960 *Französische Gedichte.* Nach dem Ergebnis einer Umfrage bei den Mitgliedern der Académie française herausgegeben und übersetzt von Ulrich Friedrich Müller unter Mitarbeit von Henri Perrin. Frz. u. dt. Ebenhausen b. München: Edition Langewiesche-Brandt

ANEU - Neumann, Alfred

1922 *Alt- und neufranzösische Lyrik in Nachdichtungen.* Bd.2. München: O.C. Recht Verlag

ANEW - Newman, Randolph H.

1960 *Wunderlichstes Buch der Bücher.* Liebeslyrik aus drei Jahrtausenden. Ausgewählt und ins Deutsche übertragen von Randolph H. Newman. Starnberg: Josef Keller Verlag

AOED - Oedheim, Heinrich von

1887 *Ein Strauß französischer Liederdichtung.* Aus fünf Jahrhunderten ausgewählt und eingeleitet von Heinrich von Oedheim. Stuttgart

AOES - Oesterheld, Erich

1908 Charles Baudelaire: *Die Blumen des Bösen.* Eine Anthologie deutscher Übertragungen. Hrsg. v. Erich Oesterheld. Berlin: Oesterheld & Co. Verlag
Übersetzer: Abels; Hauser; Henckell; Horvát; Jaffé; Kalckreuth; Oesterheld; Schaukal; Wiegler; Zweig
[Anm.: Zweite Ausgabe 1921.]

1911 Charles Baudelaire: *Die Vorhölle.* Eine lyrische Nachlese. Unter Mitwirkung von Heinrich Horvát Hrsg. v. Erich Oesterheld. Berlin: Oesterheld & Co. Verlag
Übersetzer: Horvát; Oesterheld
[Anm.: Im selben Jahr erschien eine als "Berechtigte Ausgabe" ausgewiesene Neuauflage (3.Tausend) mit verbessertem Anmerkungsteil, einigen Auslassungen und einer Hinzufügung (siehe OES 1911). Nachdruck der ersten Auflage bei Harenberg in Dortmund 1983 mit einem Nachwort von Wilhelm Richard Berger (siehe Übersetzer-Verzeichnis).]

AOPB - Oppeln-Bronikowski, Friedrich von

1908 *Das junge Frankreich.* Eine Anthologie deutscher Übertragungen. Hrsg. v. Friedrich von Oppeln-Bronikowski. Berlin: Oesterheld & Co. Verlag
Übersetzer: Horvát; Mehring

AORT - Orthbandt, Eberhardt

1946 *Moderne französische Lyrik.* Ausgewählt und übertragen von Eberhardt Orthbandt. Tübingen u. Stuttgart: Rainer Wunderlich Verlag Hermann Leins

APET - Petersen, Julius; Trunz, Erich

1933 *Lyrische Weltdichtung in deutschen Übertragungen aus sieben Jahrhunderten.* Ausgewählt von Julius Petersen und Erich Trunz. Berlin: Junker und Dünnhaupt
Übersetzer: Margarete Bruns; Hauser; Horvát; George; Kalckreuth; Schmidt-Halensee; Wiegler; Zweig

AREX - Rexroth, Franz von

1946 *Französische Lyrik aus 8 Jahrhunderten.* Frz. - dt. Hrsg. v. Franz von Rexroth. Saarbrücken: Saar -Verlag
Übersetzer: Rilke; Rexroth

ARIE - Rieple, Max

1947 *Das französische Gedicht von André Chénier bis zur Gegenwart*. Eine zweisprachige Anthologie mit Nachdichtungen von Max Rieple. Konstanz: Südverlag

ASAH - Sahlberg, Oskar

1977 *Baudelaire 1948: Gedichte der Revolution*. Herausgegeben und kommentiert von Oskar Sahlberg unter Mitarbeit von Peter Fischer. Berlin: Wagenbach
Übersetzer: Benjamin; George; Löffler; Sahlberg
[Anm.: Außerdem sind hier einige Prosa-Übersetzungen von anderen Übersetzern enthalten.]

ASHE - Scheer, Eva

1946 *De la musique avant toute chose*. Aus der Lyrik französischer Symbolisten. Übertragungen von Eva Scheer. Karlsruhe: Stahlberg-Verlag

ASHK - Schalk, Fritz

1958 *Französische Gedichte aus sechs Jahrhunderten*. Zweisprachen-Ausgabe. Hrsg. v. Fritz Schalk. Sammlung Dieterich, Band 184. Bremen: Schünemann
Übersetzer: Derndarsky

ASHL - Schellenberg, Ernst Ludwig

1911 *Französische Lyrik*. Nachdichtungen von Ernst Ludwig Schellenberg. Leipzig: Xenien

ASHN - Schnelle, Kurt

1967 *Französische Lyrik von Baudelaire bis zur Gegenwart*. Französisch und deutsch. Hrsg. v. Kurt Schnelle. Leipzig: Reclam
Übersetzer: Derndarsky; Carl Fischer; George; Nostiz; Rieple
[Anm.: Zusätzlich ist hier eine Übersetzung des Prosastücks *Enivrez-vous* (*Berauscht euch*) durch Marie Philippe enthalten.]

ASIM - Simm, Hans-Joachim

1986 *Das Brunnen Buch*. Gedichte und Prosa. Ausgewählt von Hans-Joachim Simm. Frankfurt/M.: Insel
Übersetzer: Schmid

ASHÖ - Schönfeld, Sybil Gräfin

1982 *Samt und Krallen*. Hrsg. v. Sybil Gräfin Schönfeld. Würzburg: Arena
Übersetzer: George

ASHO - Schoenhals, Albrecht

1948 *Erinnerungen an französische Verse*. Paul Verlaine - Charles Baudelaire - Arthur Rimbaud. (Frz. u. dt.). Konstanz: Südverlag

1973 *Begegnung mit Baudelaire, Verlaine, Rimbaud.* Neue Übertragungen. Geleitwort von Prof. Camille Schneider. Wiesbaden: Limes-Verlag

ASHZ - Schulz-Jander, Eva-Maria

1979 *Poesie der Welt.* Frankreich. Berlin: Edition Stichnote im Propyläen Verlag
Übersetzer: Benjamin; George; Kalckreuth; Schulz-Jander; Schmid; Zweig

ASIE - Sieper, Bernhard

1946 *Eine kleine Blütenlese der Weltlyrik.* Wuppertal-Elberfeld: Putty
Übersetzer: Horvát

ASOK - Soffel, Karl; Klabund

1920 *Der Tierkreis.* Das Tier in der Dichtung aller Völker und Zeiten. Eine Anthologie. Hrsg. v. Karl Soffel und Klabund [d.i. Alfred Henschke]. Berlin: Reiss
Übersetzer: Kalckreuth

ASTR - Strassova, Helena

1948 *Die Muscheln. Les coquillages.* Französische Liebesgedichte. Zusammenstellung und deutsche Übertragung von Helena Strassova. Bonn: Verlag der Europaischen Bücherei H.M. Hieronimi

ATHA - Thalmayr, Andreas

1990 *Das Wasserzeichen der Poesie* oder *Die Kunst und das Vergnügen, Gedichte zu lesen.* In hundertvierundsechzig Spielarten vorgestellt von Andreas Thalmayr. Frankfurt/M.: Eichborn Verlag
Übersetzer: Kemp, Thalmayr

AVON - Vontin, Walther

1950 *Der Brunnen.* Ein Buch Lyrik. Reihe: Westermanns Lesebuch für höhere Schulen. Bd. IV. Braunschweig, Berlin, Hamburg: Westermann
Übersetzer: George; Hausenstein

AVOS - Voss, Karl

1965 *Wege der französischen Literatur.* Ein Lesebuch. Hrsg. v. Karl Voss. Frankfurt/M., Berlin: Ullstein
Übersetzer: Kemp; Schmid

AWIE - Wiegler, Paul

1900 Baudelaire und Verlaine: *Gedichte.* Übertragen und eingeleitet von Paul Wiegler. Berlin: Behr

AWEG - Wegner, Christian

1967 *Liebe ist besser als Krieg.* Erotische Lyrik und lose Lieder. Freimütig präsentiert von Rolf Wilken und frech verziert von Siegfried Oelke. Hrsg. v. Christian Wegner. Hamburg: Luchterhand
Übersetzer: Carl Fischer

AWIL - Wille, Bruno

1912 *Die Weltdichter fremder Zungen und Schätze aus ihren Werken* in deutscher Nachdichtung. Von Veden bis Tolstoi. Berlin: Märkische Verlagsanstalt
Übersetzer: Henckell

AWIN - Winkler-Verlag

1969 *Abendländische Lyrik von den Troubadours bis zum 20. Jahrhundert* in deutschen Übersetzungen. München: Winkler
Übersetzer: Carl Fischer; George; Kemp

AWOD - Wodsak, Mona

1990 *Paris im Gedicht.* Hrsg. v. M. Wodsak. Frankfurt/M.: Insel
Übersetzer: Carl Fischer

AWOL - Wolfenstein, Alfred

1938 *Stimmen der Völker.* Die schönsten Gedichte aller Zeiten und Länder. Hrsg. v. Alfred Wolfenstein. Amsterdam: Querido-Verlag N.V.
Übersetzer: Dorn

AZOO - Zoozmann, Richard

1920 *Amors Possenspiel.* Der "Unartigen Musenkinder" Neue Folge. Liebesgedichte und Schelmenstücke aus allen Zeiten und Zonen. Ans Licht gestellt von Richard Zoozmann. Leipzig: Hesse & Becker
Übersetzer: Schmidt-Halensee; Vintler

AZWE - Zweig, Stefan

1983 *Rhythmen.* Nachdichtungen ausgewählter Lyrik von Emile Verhaeren, Charles Baudelaire und Paul Verlaine. Frankfurt: Fischer

ÜBERSETZER

Das Übersetzer-Verzeichnis bildet das Kernstück der Bibliographie. Es ist alphabetisch nach Übersetzern geordnet und enthält alle von mir erfaßten Publikationen des jeweiligen Übersetzers in chronlogischer Reihenfolge. Um Querverweise zu erleichtern, erhalten die Übersetzer alphabetisch passende Kürzel. Durch entsprechende Kürzel wird auf Anthologien verwiesen, die über das Anthologien-Verzeichnis zu finden sind.

In der linken Spalte stehen die Jahreszahlen, in der rechten die bibliographischen Angaben, gefolgt von den jeweiligen übersetzten Titeln und eventuellen Anmerkungen. Bei Titeln, deren Zuordnung problematisch ist, sind die betreffenden Originaltitel oder Gedichteingänge in Klammern angefügt.

Abels, Lucy - ABE

1908 AOES
DER VAMPYR; DAS GIFT; NACHMITTAGSLIED

Arnold, Robert F. - ARN

1899 AARN
MENSCH UND MEER

1906 AARN
MENSCH UND MEER

Asmus, Martha - ASM

1909 Charles Baudelaire: *Des Teufels Blumen*. Übers. v. Martha Asmus. Dresden: Seyfert
[Anm.: Diese Publikation konnte ich trotz erheblicher Bemühungen nicht beschaffen. Nach Aussage von Karl Kämmer handelt es sich um 50 Texte. Ich habe in der Titel-Bibliographie entsprechende Einträge nach Kämmers Angaben vorgenommen.]

Bartuschek, Helmut - BAR

1957 ABAR
DIE TOTE KINDERMAGD; DIE EULEN

Bassermann, Dieter - BAS

1920 Charles Baudelaire: *Kleine Gedichte in Prosa*. Berlin: A. Juncker Verlag.
[Anm.: Die Übersetzung des Vers-Gedichtes *Épilogue* ist ebenfalls in Prosa verfaßt, weist aber Rudimente von Rhythmus und Reim auf.]

1947 Charles Baudelaire: *Kleine Gedichte in Prosa*. Neu übertr. u. mit einem Nachwort versehen von D.B. Berlin, Buxtehude: Hübener.
[Anm.: s.o.]

Beckerath, Erich von - BEC

1946 In: *Aussaat*. Jg.1. H.3. S.4.
FREMDER DUFT; RÜCKERINNERUNG AN DAS FRÜHERE LEBEN

[Anm.: - *LA VIE ANTÉRIEURE* wurde in 2 Versionen übersetzt. Als Erläuterung hierfür wird folgende Fußnote gegeben: "In der 2. Nachdichtung von >La vie antérieure< verläßt der Autor die Sonettform, um den in französischer Sprache knapp gefaßten farbenglühenden Wendungen gerechter entsprechen zu können."]

1947a In: *Das Kunstwerk*. Jg.1. H.6. S.16
UNTEILBAR

1947b In: *Das Kunstwerk*. Jg.1. H.10-11. S.6
DIE SCHÖNHEIT

1955 AKAY
FREMDER DUFT

1975 AKEM
FREMDER DUFT

Beilharz, Richard - BEI

1968 ADEC
DER SPRINGBRUNNEN

Benjamin, Walter - BEN

1923 Charles Baudelaire: *Tableaux parisiens*. Deutsche Übertragung. Mit einem Vorwort über die Aufgabe des Übersetzers von Walter Benjamin. Heidelberg: Weissbach. (Reihe: Die Drucke des Argonautenkreises. Der fünfte Druck.)
LANDSCHAFT; DIE SONNE; DIE KRÄNKUNG DER LUNA; DER SCHWAN; DIE SIEBEN GREISE; ALTE FRAUEN; DIE BLINDEN; EINER DAME; DAS SKELETT BEI DER ARBEIT; DIE ABENDDÄMMERUNG; DAS SPIEL; TOTENTANZ; DIE LUST AN DER LÜGE; "NOCH LEBT MIR UNSER HAUS DAS ABGESCHIEDEN..."; "DIE SCHAFFNERIN VOLLER GEDULD DIE DEIN ARGWOHN BETRAF..."; NEBEL UND REGEN; PARISER TRAUM; DAS MORGENGRAUEN
[Anm.: Zweisprachige Ausgabe. Eine bibliographische Notiz gibt an, daß dem französischen Text buchstabengetreu die Ausgabe letzter Hand (1861) zu Grunde liege - allerdings unter Auslassung des dritten Gedichtes (*A UNE MENDIANTE ROUSSE*). Unerwähnt bleibt die Tatsache, daß stattdessen *LA LUNE OFFENSÉE* (ein Gedicht, das erst in der postumen Ausgabe von 1868 Aufnahme in die *Fleurs du Mal* fand) eingefügt wurde.]

1924 Walter Benjamin: Baudelaire-Übersetzungen. In: *Vers und Prosa*. S.269-272
AN DEN LESER; FROHSINN DES TOTEN; DIE WANDUHR; EINER MADONNA
[Anm.: siehe auch Hessel und Wolff.]

1948 ALEH
DIE ABENDDÄMMERUNG

1958 AKEM
DER SCHWAN; ALTE FRAUEN; DIE ABENDDÄMMERUNG; TOTENTANZ; "NOCH LEBT MIR UNSER HAUS DAS ABGESCHIEDEN..."; PARISER TRAUM; DAS MORGENGRAUEN

1963 Charles Baudelaire: *Tableaux parisiens*. Deutsche Übertragung. Mit einem Vorwort über die Aufgabe des Übersetzers von Walter Benjamin. Frankfurt: Suhrkamp
[Anm.: Neuauflage von BEN 1923.]

1968 ADEC
DIE SIEBEN GREISE; TOTENTANZ; PARISER TRAUM; DAS MORGENGRAUEN

1970 Charles Baudelaire: *Ausgewählte Gedichte*. Deutsche Übertragung mit einem Vorwort über die Aufgabe des Übersetzers von Walter Benjamin. Redaktion und Nachbemerkung: Tillman Rexroth. Frankfurt: Suhrkamp
AUS "TABLEAUX PARISIENS": SIEHE BEN 1923; AN DEN LESER; AUS "SPLEEN ET IDÉAL": DIE KRANKE MUSE; DIE RIESIN; TOTENREUE; GEISTIGE MORGENRÖTE; UNTERHALTUNG; HERBSTGESANG; EINER MADONNA; SISINA; DER GEIST; DIE KATZEN; FROHSINN DES TOTEN; DIE WANDUHR; AUS "LE VIN": DER WEIN DES EINSAMEN; AUS "FLEURS DU MAL": DIE ZERSTÖRUNG; DIE BARMHERZIGEN SCHWESTERN; AUS "LA MORT": DER TOD DER LIEBENDEN; DIE REISE; AUS "LES ÉPAVES": DER UNTERGANG DER ROMANTISCHEN SONNE; AUS DER DRITTEN AUFLAGE DER FLEURS DU MAL (1868): DIE STIMME; TRAURIGES MADRIGAL; DER MAHNER; DER REBELL; VORBEREITUNG
[Anm.: Von *LE VOYAGE* nur die Strophengruppen III und VIII. Die Publikation enthält folgenden Verlagshinweis: "Die 1923 zum ersten Mal veröffentlichte und 1963 in der edition suhrkamp neu aufgelegte Übersetzung der >Tableaux parisiens< wird hier um 24 im Nachlaß erhaltene Gedichtübertragungen Benjamins erweitert." Neuauflagen: 1979 u.w.]

1972 Walter Benjamin: *Gesammelte Schriften*. Unter Mitwirkung von Theodor W. Adorno u. Gershom Scholem hrsg. v. Rolf Tiedemann und Herrmann Schweppenhäuser. Bd. IV,1, hrsg. v. Tillman Rexroth, S.7-82. Frankfurt: Suhrkamp
[Anm.: Gleiche Textgrundlage wie in BEN 1970, aber mit umfangreicherem Anmerkungsteil und Textvarianten aus dem Nachlaß.]

1975 AKEM
DER SCHWAN; "DIE SCHAFFNERIN VOLLER GEDULD DIE DEIN ARGWOHN BETRAF..."; FROHSINN DES TOTEN

1977a AKIL
DIE ABENDDÄMMERUNG

1977b ASAH
DIE SIEBEN GREISE

1979 ASHZ
NEBEL UND REGEN

1990 AKEM
DER SCHWAN

Berger, Wilhelm Richard - BER

1982 Charles Baudelaire: *Die Blumen des Bösen*. Frz. - Dt. Auswahl, Übertragung und Nachwort von Wilhelm Richard Berger. München: Heyne
AN DEN LESER; DER ALBATROS; ENTSPRECHUNGEN; DER SCHLECHTE MÖNCH; DER FEIND; UNSTERN; ZIGEUNER UNTERWEGS; DON JUAN IN DER UNTERWELT; DAS IDEAL; DAS GESCHMEIDE; EXOTISCHER DUFT; DAS HAAR; "DU NÄHMEST WOHL DIE GANZE WELT INS BETT HINEIN..."; SED NON SATIATA; DIE TANZENDE SCHLANGE; EIN AAS; DER VAMPIR; LETHE; "ALS ICH BEI EINER GRAUSEN JÜDIN LAG ZUR NACHT..."; DIE KATZE [= "VIENS, MON BEAU CHAT..."]; DUELLUM; UNTERHALTUNG; HERBSTGESANG; AN EINE MADONNA; LIED AM NACHMITTAG; SISINA; EINER KREOLISCHEN DAME; DER WIEDERGÄNGER; HERBST-SONETT; TRAURIGE LUNA; DIE EULEN; DIE PFEIFE; GRABSTÄTTE; EIN PHANTASTISCHER STICH; SPLEEN; SPLEEN; SPLEEN; SPLEEN; ALCHIMIE DES SCHMERZES; SYMPATHISCHES GRAUEN; LANDSCHAFT; DIE SONNE; AN EIN ROTHAARIGES BETTELMÄDCHEN; DER SCHWAN; EINER VORÜBERGEHENDEN; DAS SKELETT ALS ACKERSMANN; DIE ABENDDÄMMERUNG; "DAS KLEINE WEIßE HAUS, DAS WIR AM STADTRAND HATTEN..."; DIE MORGENDÄMMERUNG; DIE SEELE DES WEINS; DER WEIN DER LUMPENSAMMLER; DER WEIN DES MÖRDERS; DER WEIN DES EINSAMEN; DER WEIN DER LIEBENDEN; DIE VERWANDLUNGEN DES

VAMPIRS; EINE REISE NACH KYTHERA; AMOR UND DER SCHÄDEL; DIE STIMME; AUF EIN MÄDCHEN VON MALABAR; DIE KLAGEN EINES IKARUS
[Anm.: Neuauflagen: Göttingen: Steidl 1986 (Lizenzübernahme, mit Zeichnungen von Horst Janssen).]

Bettelheim, J. - BET

1891 In: *Die Gesellschaft*, Jg.7. 3.Quartal, S.1194
LUNAS SCHWERMUT

Böschenstein, Bernhard und Bollack, Jean - BÖB

1962 ABÖB
DAS HAAR; HERBSTGESANG; DAS UNRETTBARE; PARISER TRAUM; LE CRÉPUSCULE DU MATIN
[Anm.: Offenbar der einzige Fall von echter Übersetzer-Teamarbeit innerhalb der deutschen Übersetzungen Baudelairescher Verslyrik. Außerdem ist hier eine Übersetzung des Prosagedichtes *L'INVITATION AU VOYAGE* enthalten.]

Borowsky, Kay - BOR

1984 ABOR
AUFSTIEG; KORRESPONDENZ; DAS VORIGE LEBEN; HYMNE AN DIE SCHÖNHEIT; DAS HAAR; TANZ DER SCHLANGE; EIN AAS; ABENDHARMONIE; BESESSENHEIT; HERBSTGESANG; DIE GESPRUNGENE GLOCKE; SPLEEN [= "J'AI PLUS DE SOUVENIRS..."]; SPLEEN [= "QUAND LE CIEL BAS ET LOURD..."]; DER SELBSTHENKER; AN EINE, DIE VORÜBERGING; PARISER TRAUM; MORGENDÄMMERUNG; DER WEIN DES MÖRDERS; DER BLUTBRUNNEN; ABEL UND KAIN; DER TOD DER ARMEN; SAMMLUNG; DER ABGRUND; DIE KLAGEN EINES IKARUS

Brecht, Bertold - BER

1964 Bertold Brecht: *Über Lyrik*. Zusammenstellung und Redaktion: Elisabeth Hauptmann und Rosemarie Hill. Frankfurt/M.: Suhrkamp (edition suhrkamp 70)
DIE KLEINEN ALTEN FRAUEN III
[Anm.: Innerhalb des Abschnittes mit "Notizen" über "DIE SCHÖNHEIT IN DEN GEDICHTEN DES BAUDELAIRE" (S.64-69) findet sich die Brechtsche "Rohübersetzung" der dritten Strophengruppe aus *LES PETITES VIEILLES*. Mehrere Neuauflagen.]

1977 AKIL
DIE KLEINEN ALTEN FRAUEN III
[Anm.: "Diese Übersetzung des 3. Teils der Petites Vieilles ist wahrscheinlich 1938 entstanden." (AKIL 1977, S.819).]

Bruns, Max u. Margarete - BRU

1902 Charles Baudelaire: *Werke*. Bd.3. Minden: Bruns
CORRESPONDANCES
[Anm.: Nur Str. 1 u. 2.; S.29.]

1904 Charles Baudelaire: *Werke*. Bd.1. Minden: Bruns
EPILOG; UNVEREINBARKEIT
[Anm.: Von *UNVEREINBARKEIT* (S.XII) nur die Strophen 4 und 5. *EPILOG* (S.282)= *AUF DEM MONT-MARTRE* in BRU 1923.]

1906 Charles Baudelaire: *Werke*. Bd.4; S.258-260. Minden: Bruns

DANSE MACABRE

1908 *Die Gedichte (1893 - 1908) von Max Bruns*. Minden: Bruns
BEZIEHUNGEN; UNVEREINBARKEIT; DER ALBATROS; DON JUAN IN DER UNTERWELT; DIE RIESIN; DER RAHMEN; AN EINE KREOLISCHE DAME; EIN DUFT AUS FREMDEM LANDE; TOTENTANZ; VERFEHMTE FRAUEN; DIE PFEIFE; DIE BELEIDIGTE LUNA; DIE EULEN; EPILOG
[Anm.: Enthalten in dem Kapitel "Vom Baume des Guten und des Bösen (Nachdichtungen nach Baudelaire und Rimbaud)". *EPILOG = AUF DEM MONT-MARTRE* in BRU 1923.]

1923 Charles Baudelaire: *Blumen des Bösen*. In deutscher Nachdichtung von Max und Magarete Bruns. Minden: Bruns
Max Bruns:
- AUS TRÜBER UND AUS LICHTER SPHÄRE: WEIHE; DER ALBATROS; BEZIEHUNGEN; ZIGEUNER AUF DER REISE; UNVEREINBARKEIT; DON JUAN IN DER UNTERWELT; DIE RIESIN; EIN DUFT AUS FREMDEM LANDE; WIE VOR DEM STERNENDOM; EIN STUECK AAS; DE PROFUNDIS CLAMAVI; BEI EINER GARSTIGEN JUEDIN; DER BESESSENE; DER DUFT; DER RAHMEN; DER SCHMUCK; LETHE; DIR DIESE VERSE!; SEMPER EADEM; VOLLKOMMENHEIT; AUFSCHWUNG; WAS WIRST DU SAGEN-?; HERBSTGESANG; AN EINE CREOLISCHE DAME; EINER MADONNA; NACH-MITTAG-LIED; MONDESTRAUER; DIE KATZEN; DIE PFEIFE; DIE EULEN; DIE GESPRUNGENE GLOCKE; BEI KRANKER LAUNE; PHANTASTISCHES KUNSTBLATT; ALCHYMIE DES LEIDES; GEBET EINES HEIDEN; DER WIDERSPENSTIGE; MITTERNÄCHTIGE PRÜFUNG; DAS LÖSEGELD; GEISTIGE MORGENRÖTE; LOBGESANG; EIN FERNER WINKEL; AUFFORDERUNG ZUR REISE; BESESSENHEIT; SÄNFTIGUNG; IKARISCHE KLAGE
- PARISER BILDER: LANDSCHAFT; DIE SONNE; DIE BLINDEN; DIE SIEBEN GREISE; TOTENTANZ; PARISER TRAUM; DIE BELEIDIGTE LUNA; AUF DEM MONT-MARTRE
- BLUMEN DES BÖSEN: VERFEHMTE FRAUEN; DES VAMPYRS VERWANDLUNG; VERWESUNG; DER BLUTBRONNEN
- EMPÖRUNG: SANKT PETRI VERLEUGNUNG
- DER TOD: DER TOD DER LIEBENDEN; DER TOD DER ARMEN; DER TOD DER KUENSTLER; ENDE DES TAGES; TRAUM EINES NEUGIERIGEN; DIE REISE
Margarete Bruns:
- AUS TRÜBER UND AUS LICHTER SPHÄRE: AUS ALTEN ERINNERUNGEN; DIE SCHOENHEIT; DAS TRAUMBILD; SCHOEN WIE EIN TANZ; DIE LEBENDE FACKEL; SISINA; DAS GESPENST; NARRETEI; BERTHAS AUGEN; AN EINE MALABARESIN; DER UNTERGANG DER ROMANTISCHEN SONNE;
[Anm.: Die elf von Margarete Bruns übersetzten Texte sind im Inhaltsverzeichnis des Bandes durch Sternchen markiert.]

1933 APET
DIE SCHOENHEIT

1950 In: *Mindener Tageblatt*. Sonnabend, 22. Juli. Nr.168
AUFFORDERUNG ZUR REISE; DIE FRIEDENSPFEIFE

1976 In: *Mindener Tageblatt*. Dienstag, 13. Juli. Nr.153
DIE FRIEDENSPFEIFE

BRU-M Manuskript, aufgefunden durch den Göttinger Sonderforschungsbereich "Die literarische Übersetzung" im Mindener Verlagshaus, Nov. 1988.
WEIHE [VOLLSTÄNDIGE FASSUNG!]; DIE LEUCHTTÜRME; BESTRAFTER HOCHMUT; DAS UNGEAHNTE; DER SPRINGBRUNNEN; ; DIE TANZENDE SCHLANGE; DAS SCHÖNE SCHIFF; DIE STIMME; LOLA DE VALENCE; AN EINE ROTHAARIGE BETTLERIN; GERN GEDENK ICH; DIE KLEINEN ALTEN; DER SCHWAN; DAS ARBEITSAME GERIPPE; IM NEBELREGEN; AUFSCHRIFT AUF EIN VERFEHMTES BUCH; FAHRT NACH CYTHERE; EINE MÄTYRERIN; AMOR UND DER SCHÄDEL [2 ABSCHRIFTEN!]; DIE LITANEI DES SATAN; DAS UNHEILBARE; EINER VORÜBERGEHENDEN

[Anm.: Außer partiell bei *WEIHE* keine Überschneidungen mit BRU 1923. Insgesamt 22 Texte. Alle Texte datiert mit 1922. Von *AMOR UND DER SCHÄDEL* zwei Abschriften, deren einzige Differenz der Untertitel "Alter Buchzierat" (sic!) ist, der einmal fehlt.]

Burte, Hermann - BUR

1949 ABUR
SAMMLUNG; HYMNE; DIE UHR; DER BALKON

Busch, Karl Theodor - BUS

1954 ABUS
EINKLÄNGE; DIE KATZE [= "VIENS, MON BEAU CHAT..."]; DIE KATZEN; DIE EULEN; DIE SCHÖNHEIT; SAMMLUNG; DAS GESPENST; DER BESESSENE; DER FRÖHLICHE TOTE; DIE BEIDEN BARMHERZIGEN SCHWESTERN; DIE MUSIK; GEISTIGE MORGENRÖTE

1975 AKEM
EINKLÄNGE; DER FRÖHLICHE TOTE; SAMMLUNG

Celan, Paul - CEL

1960 In: *Amanach des S. Fischer-Verlages*. Jg.74. S.80. Frankfurt a.M.
DER TOD DER ARMEN
[Anm.: Dem Text folgen je eine Celansche Übertragung von Gedichten Rimbauds und Maeterlincks. Wiederveröffentlichung in der Celan-Werkausgabe, Band IV: Übertragungen, Frankfurt: Suhrkamp 1983.]

Christian, Adolf - CHR

1919 Charles Baudelaire: Drei Sonette aus den >Blumen des Bösen<. In: *Münchner Blätter für Dichtung und Graphik*. Jg.1. H.10. S.147. München: Georg Müller
DUFT DER PALMENLÄNDER; TRAURIGER MOND; DAS VORIGE LEBEN

Derndarsky, Duschan - DER

1947 "Französische Lyrik." In: *Phaidros*. Wien. S.199-201
DER TOD DER ARMEN; DIE TANZENDE SCHLANGE; DER SPRINGBRUNNEN; DER FEIND

1958 ASHK
DER FEIND; DAS FRÜHERE LEBEN; DIE TANZENDE SCHLANGE; EINLADUNG ZUR REISE; HERBSTSONETT; DIE ZERSTÖRUNG; DER TOD DER LIEBENDEN; DER TOD DER ARMEN; DER TOD DER KÜNSTLER; DER SPRINGBRUNNEN
[Anm.: 2. Auflage 1963.]

1967 ASHN
DER TOD DER KÜNSTLER

1968 ADEC
DAS FRÜHERE LEBEN

1975 AKEM
DER TOD DER LIEBENDEN

Deutsch, G. - DEU

1927-28 In: *La Revue Rhénane (Rheinische Blätter)*. Jg.8. Nr.4. S.44.

AUS MEINEM FRÜHEREN LEBEN

Dietrich, Oskar - DIE

1978 Charles Baudelaire: *14 Gedichte aus "Les Fleurs du Mal"*. In deutsche Verse übertragen von Oskar Dietrich. Serie "Poetisches Flugblatt". Stuttgart: Na hori (Auf dem Berge)
DER ALBATROS; AUFSCHWUNG; DER FEIND; DON JUAN IN DER UNTERWELT; EXOTISCHER WOHLGERUCH; GANZ UND GAR; HERBSTGESANG; DIE MUSIK; DER FRÖHLICHE TODESKANDIDAT; MITTERNÄCHTLICHE GEWISSENSERFORSCHUNG; DIE STIMME; DAS LÖSEGELD; IKARUS-KLAGE; SAMMLUNG

Dippel, Paul Gerhardt - DIP

1954 In: *Heute und Morgen*. Jg.8. H.6. S.355. Schwerin, Juni.
DIE FAHRT
[Anm.: Es handelt sich um eine Übersetzung der letzten Strophengruppe von *LE VOYAGE*.]

Dörmann, Felix - DÖR

1891 In: *Moderne Rundschau*. Halbmonatsschrift, hrsg. v. Dr. J. Joachim u. E. M. Kafka. Verlag von Leopold Weiß. Bd.3. H.4. S.148. Wien 15. Mai
AM BALKON
[Anm.: Im selben Band der Modernen Rundschau (S.447-449) finden sich folgende "Gedichte in Prosa" in Dörmannscher Übertragung: *DER FREMDLING; DIE VERZWEIFLUNG DER ALTEN; MONDLICHTGABEN; BERAUSCHET EUCH.*]

1893 In: *Moderner Musenalmanach auf das Jahr 1893*. Ein Sammelbuch deutscher Kunst. Hrsg. v. Otto Julius Bierbaum. S.395f. München: Albert & Co.
AMOR UND DER SCHÄDEL [NACH EINEM ALTEN DECKENZIERATH.]

1894 In: *Moderner Musenalmanach auf das Jahr 1894*. Hrsg. v. Otto Julius Bierbaum. Jg.2. S.123-125. München
DAS ENDE DES TAGES; MOTTO FÜR EIN VERDAMMTES BUCH; SPLEEN [= "JE SUIS COMME LE ROI..."]; SEMPER EADEM; VERWANDTE SCHRECKEN

1898 AHEN
VERWANDTE SCHRECKEN; MOTTO FÜR EIN VERDAMMTES BUCH

1975 AKEM
AM BALKON

Dorn, Johannes - DOR

1938 AWOL
ABENDLICHER EINKLANG; BESESSENHEIT; SEMPER EADEM

Englert, Anton - ENG

1882 "Miscellen." In: *Archiv für das Studium der Neueren Sprachen und Litteraturen*. Hrsg. v. Ludwig Herrig. Jg.36. Bd.68. S.235-237. Braunschweig.
MOESTA ET ERRABUNDA; ERHEBUNG; DER ALBATROS
[Anm.: Zweitälteste Publikation deutscher Baudelaire-Übersetzungen nach ZIE 1879.]

1886 Gedichte von Charles Baudelaire. Aus dem Französischen übertragen von Anton Englert. In: *Die Gesellschaft*. Hrsg. v. M.G. Conradi. Jg.2. H.3. S.181f. München, 15. März
DER BALKON; DER SPRINGQUELL

1898 AHEN
SEHNSUCHT NACH DEM NICHTS; HERBSTLIED

1904 AGUN
ERHEBUNG; MOESTA ET ERRABUNDA; HARMONIE DES ABENDS; SEHNSUCHT NACH DEM NICHTS; HERBSTLIED

1909 AGUN
SEGEN; ERHEBUNG; HARMONIEN; DER BALKON; RÜCKFÄLLIGKEIT; BEICHTE; HARMONIE DES ABENDS; HERBSTLIED; NACHMITTAGSLIED; MOESTA ET ERRABUNDA; LUNAS TRAURIGKEIT; DIE MUSIK; DIE ZERSPRUNGENE GLOCKE; SEHNSUCHT NACH DEM NICHTS

1975 AKEM
DER ALBATROS; DER BALKON; HARMONIEN

Fabricius, Pierre - FAB

1950 AFAB
ANDACHT

Fahrenbach-Wachendorff, Monika - FAH

1980 Charles Baudelaire: *Les Fleurs du Mal - Die Blumen des Bösen*. Französisch/Deutsch. Übersetzung von Monika Fahrenbach-Wachendorff. Anmerkungen von Horst Hina. Nachwort und Zeittafel von Kurt Kloocke. Stuttgart: Reclam
GESAMTÜBERTRAGUNG!
[Anm.: Die Ausgabe bringt zunächst die 126 Texte der Edition letzter Hand von 1861, sodann 12 "Gedichte, die der dritten Ausgabe von 1868 hinzugefügt wurden" und schließt mit den 23 Texten der *Épaves*. Die Reclam-Gesamtübertragung enthält somit 161 Originale und deren Übersetzungen nebst einem umfangreichen Anhang.

Faust, Helmut - FAU

1946 AFAU
DIE KATZE [= "VIENS, MON BEAU CHAT..."]; DER WIEDERKEHRENDE; GEISTIGE MORGENRÖTE; EIN IKARUS KLAGT AN; DIE GEBORSTENE GLOCKE; HERBSTLIED; ABENDANDACHT; DER TOD DER LIEBENDEN

Fischer, Carl - FIC

1949 Charles Baudelaire: *Die Blumen der Verworfenheit*. Deutsch und Französisch. Nachdichtungen von Carl Fischer. Söcking: Bachmair
GESAMTÜBERTRAGUNG!
[Anm.: Dieser Ausgabe liegt die Reihenfolge der postumen Edition von 1868 zugrunde. Sie enthält zugleich eine Übersetzung eines Baudelaireschen Vorwort-Entwurfs. In folgenden Punkten weicht die Ausgabe von der Reihenfolge der *Fleurs du Mal*-Edition von 1868 ab: 1. Text LXXXV (*LE CALUMET DE PAIX*) fehlt. 2. Die zu den sogenannten *pièces condamnées* zählenden sechs Texte wurden in der alten Reihenfolge wieder eingefügt. Somit enthält diese Gesamtübertragung 156 Originale sowie deren Übersetzungen. Überarbeitete Ausgaben: FIC 1954 und FIC 1979.]

1950 In: *Welt und Wort*. Jg.5. S.52. Tübingen
ALLEGORIE
[Anm.: Textbeispiel zu einem Aufsatz von G.Haug.]

1954 Charles Baudelaire: *Die Blumen der Verworfenheit*. Dt. u. Frz. Nachdichtungen von Carl Fischer. Söcking: Bachmair
[Anm.: Zweite, überarbeitete Auflage von FIC 1949.]

1955a Charles Baudelaire: *Die Blumen des Bösen*. Übers. v. Carl Fischer. Nachw. v. Herbert Cysarz. Berlin-Frohnau, Neuwied a.Rh.: Luchterhand
[Anm.: Neuauflage von FIC 1949 mit verändertem Titel. Mehrere weitere Auflagen.]

1955b AKAY
AN DEN LESER; ENTSPRECHUNG; EXOTISCHER DUFT; DIE GESPRUNGENE GLOCKE; SPLEEN [= "J'AI PLUS DE SOUVENIRS..."]; DIE MORGENDÄMMERUNG

1958 AKEM
DIE LEUCHTFEUER; DER TOD DER ARMEN

1967a ASHN
AN DEN LESER

1967b AWEG
DIE JUWELEN

1968 ADEC
DIE LEUCHTFEUER; UNSTERN; DIE BEATRICE; DER TOD DER ARMEN

1969 AWIN
DER TOD DER LIEBENDEN

1975 AKEM
DER ALBATROS; ENTSPECHUNG; EXOTISCHER DUFT; DER BALKON; SAMMLUNG

1979 Charles Baudelaire: *Die Blumen des Bösen/Kleine Gedichte in Prosa*. Zweisprachige Ausgabe. Anm. u. Nachw. v. Eberhard Leube. Aus dem Franz. v. Carl Fischer/Jacques Crepet. München: Winkler
[Anm.: Nach FIC 1954 die zweite Überarbeitung von Fischers Gesamtübertragung. Mehrere weitere Auflagen.]

1990 AWOD
DIE ÄRMLICHEN GREISINNEN

Fischer, Ernst - FIE

1947 AFIE
DAS FLAKON; DER MENSCH UND DAS MEER; DER FEIND; HYMNE AN DIE SCHÖNHEIT; EXOTISCHER GERUCH; DER BALKON; DIE KATZE; DER VAMPIR; GESTIRN DER GOSSE [= "TU METTRAIS L'UNIVERS ENTIER DANS TA RUELLE..."]; SED NON SATIATA; "DEIN GANG IST TANZ..."; CHANSON AM NACHMITTAG; DIE KATZE; VERLIEBT IN DIE LÜGE; DIE METAMORPHOSEN DES VAMPIRS; SPLEEN [= "J'AI PLUS DE SOUVENIRS..."]; NEBEL UND REGEN; FLÜCHTIGE BEGEGNUNG [= A UNE PASSANTE]; HYMNE; HEAUTONTIMOROUMENOS; DER REBELL; TAGESENDE; ABENDDÄMMERUNG; DER TOD DER LIEBENDEN; DER BLUTSTROM; ABEL UND KAIN; DIE LITANEIEN DES SATANS; DIE REISE
[Anm.: Der Band enthält neben den 28 Baudelaire-Übersetzungen 23 Verlaine-Übersetzungen sowie "Vorwort und Rechtfertigung" des Übersetzers und ein von Fischer verfaßtes Widmungsgedicht an Baudelaire.]

1958 AKEM
DER FEIND; DER BALKON; DAS FLAKON; FLÜCHTIGE BEGEGNUNG; VERLIEBT IN DIE LÜGE; DER BLUTSTROM; DIE METAMORPHOSEN DES VAMPIRS

1968 ADEC
DIE METAMORPHOSEN DES VAMPIRS

1975 AKEM
DER BALKON; DER TOD DER LIEBENDEN; EXOTISCHER GERUCH

Freund, Cajetan - FRE

1947 Charles Baudelaire: *Strandgut*. Übertragen von Cajetan Freund. Wiesbaden: Limes
UNTERGANG DER ROMANTISCHEN SONNE
- VERBOTENE GEDICHTE: LESBOS; VERWORFENE FRAUEN; LETHE; DER ALLZU FRÖHLICHEN; DIE KLEINODE; DIE METAMORPHOSEN DES VAMPYRS
- GALANTERIEN: DER SPRINGBRUNNEN; BERTHAS AUGEN; HYMNE; VERHEIßUNGEN EINES GESICHTS; DAS SCHEUSAL; FRANCISCAE MEAE LAUDES: PREIS MEINER FRANZISKA
- EPIGRAPHEN: VERSE ZUM PORTRAIT HONORÉ DAUMIERS; LOLA DE VALENCE; AUF DEN GEFANGENEN TASSO
- VERSCHIEDENE GEDICHTE: DIE STIMME; DER UNERWARTETE; DAS LÖSEGELD; AN EINE MALABARIN
- SCHERZE: ZUM ERSTEN AUFTRETEN AMINA BOSCHETTIS; AN EUGEN FROMENTIN; EINE SPAßHAFTE SCHENKE
[Anm.: Dieser Band enthält eine vollständige Übersetzung der 1866 erstmals erschienenen *Épaves*, allerdings ohne die Fußnoten des Originals, dafür jedoch mit einem eigenen Anmerkungsteil. Einzig das lateinische Gedicht *FRANCISCAE MEAE LAUDES* wird auch im Original präsentiert.]

Fuhrmann, Ernst - FUH

1907 ABET
DAS ENDE DES TAGES; FLUG! [= "ÉLÉVATION"]

1948 AJAS
DAS ENDE DES TAGES
[Anm.: Ist in Neuauflagen der Anthologie spätestens ab 1960 nicht mehr enthalten.]

George, Stefan - GEO

1891 Charles Baudelaire`s Blumen des Bösen. Umgedichtet von Stefan George. o.O.
SEGEN; ERHEBUNG; EINKLÄNGE; DIE KRANKE MUSE; DIE KÄUFLICHE MUSE; DER FEIND; VORLEBEN; DON JUAN IN DER HÖLLE; DIE SCHÖNHEIT; DAS IDEAL; FREMDLÄNDISCHES PARFÜM; "IN IHREN KLEIDERN DIE MIT SCHILLERN FLATTERN..."; DAS HAAR; DE PROFUNDIS CLAMAVI; DER BALKON; "DIE VERSE WIDM ICH DIR, DASS WENN MEIN NAME..."; "WAS ERZÄHLST DU HEUT ALLEIN GEBLIEBEN..."; GEISTIGE MORGENRÖTE; SISINA; DIE KREOLIN; TRAUER DER MONDGÖTTIN; DIE KATZEN; GRABMAL EINES VERWÜNSCHTEN DICHTERS; DIE GESPRUNGENE GLOCKE; SPLEEN [= "PLUVIOSE..."]; SPLEEN [= "JE SUIS COMME LE ROI..."]; GEBET EINES HEIDEN; BERTHAS AUGEN; WEIT VON HIER; DER UNTERGANG DER ROMANTISCHEN SONNE; SAMMLUNG; EINER VORÜBERGEHENDEN; "DIE BRAVE MAGD AUF DIE IHR EIFRIG WACHTET..."; DIE SEELE DES WEINS; DER WEIN DER LIEBENDEN; AUFSCHRIFT AUF EIN VERWÜNSCHTES BUCH; VERDAMMTE FRAUEN [= "COMME UN BÉTAIL..."]; ALLEGORIE; DER TOD DER LIEBENDEN; DIE REISE
[Anm.: GEO 1930 enthält einen Nachdruck dieser frühen Georgeschen Fassung. Hierzu wird folgende bibliographische Notiz gegeben: "Die im anhang nachgebildete vor-ausgabe der Blumen des Bösen deren meiste gedichte später eine andere fassung erhielten wurde 1891 als vervielfältigung der handschrift - nicht der des Dichters selbst - im damals üblichen verfahren hergestellt. Von den 25 stücken die freunden und verehrern überreicht wurden gelangten später einige durch erben oder aus zufall in den handel."(GEO 1930; S.198).]

1894a In: *Allgemeine Kunstchronik* Jg.18. H.23. München, November

DON JUAN IN DER HÖLLE; DER DUFT; DAS HAAR; VERDAMMTE FRAUEN ["WIE RINDER SINNEND AUF DEN UFERKIESELN..."]

1894b In: *Das Magazin für Litteratur*. Nr.32. S.1008
EINKLÄNGE
[Anm.: Georg Fuchs zitiert in einem Aufsatz über "Die münchener Kunstausstellungen von 1894" Georges Übersetzung der *Correspondances* ohne Nennung des Übersetzers. Er bemerkt lediglich, die Übersetzung liege ihm im Manuskript vor und werde "in Kürze im Buchhandel erscheinen". Den Aufsatz abschließend zitiert Fuchs Georges Übersetzung der Terzette von *LA MUSE MALADE*.]

1894c In: *Blätter für die Kunst*. 2.Folge, Bd.1. S.25-32. Berlin, Jänner.
SEGEN; DON JUAN IN DER HÖLLE; DAS HAAR; DIE KRANKE MUSE; EINE ERSCHEINUNG

1894d In: *Blätter für die Kunst*. 2.Folge, Bd.2. S.61. Berlin, März.
LESBOS

1895 In: *Allgemeine Kunstchronik* Jg.19. H.4. München, Februar
EINER VORÜBERGEHENDEN
[Anm.: Georg Fuchs zitiert in einer Anmerkung zu seinem Aufsatz über Leo Samberger Baudelaires *A UNE PASSANTE* in Georges Übersetzung, wieder ohne Nennung des Übersetzers.]

1896 *Le Tombeau de Charles Baudelaire*. Ouvrage publié avec la collaboration de Stéphane Mallarmé (...). Paris: Bibliothèque artistique & littéraire (Éditions de la Société Anonyme "La Plume")
EINE ERSCHEINUNG
[Anm.: Aus der Vierergruppe sind hier die Texte DER DUFT und DAS BILD enthalten. Reprint New York: AMS Press 1979.]

1899 Charles Baudelaire: "Die Blumen des Bösen. Umdichtungen von Stefan George." In: *Wiener Rundschau*. Jg.3. S.441-445.
DER ALBATROS; DER BALKON; FREMDLÄNDISCHER DUFT; ZIGEUNER AUF DER REISE; "IN IHREN KLEIDERN..."; TRAUER DER MONDGÖTTIN
[Anm.: Zwei der sechs Baudelaire-Übersetzungen sind Erstdrucke.]

1900/01 In: *Blätter für die Kunst*. 5.Folge, Bd.1-5. S.151. Berlin
ABENDEINKLANG; DER MENSCH UND DAS MEER; MOESTA ET ERRABUNDA; BERTHAS AUGEN; SAMMLUNG

1901 Charles Baudelaire: *Blumen des Bösen*. Umdichtungen von Stefan George. Berlin: Bondi
- TRÜBSINN UND VERGEISTIGUNG: SEGEN; DER ALBATROS; AUFSCHWUNG; EINKLÄNGE; "ICH WILL DIE ENTSCHWUNDENEN NACKTEN ZEITEN LOBEN..."; DIE LEUCHTTÜRME; DIE KRANKE MUSE; DIE FEILE MUSE; DER BÖSE MÖNCH; DER FEIND; UNSTERN; VORLEBEN; ZIGEUNER AUF DER REISE; DER MENSCH UND DAS MEER; DON JUAN IN DER HÖLLE; AN THEODOR VON BANVILLE; ZÜCHTIGUNG DES HOCHMUTS; DIE SCHÖNHEIT; DAS URBILD; DIE RIESIN; DIE MASKE; LOBLIED AUF DIE SCHÖNHEIT; FREMDLÄNDISCHER DUFT; DAS HAAR; "WIE ICH IM DOM DER NACHT GEBETE SUMME..."; "IN IHREN KLEIDERN DIE MIT SCHILLERN FLATTERN..."; DE PROFUNDIS CLAMAVI; TOTENREUE; DIE KATZE [= "VIENS, MON BEAU CHAT..."]; DUELLUM; DER BALKON; EINE ERSCHEINUNG; "DIE VERSE WIDM ICH DIR WENN MEINEN NAMEN..."; SEMPER EADEM; GANZ UND GAR; "WAS ERZÄHLST DU HEUT ALLEIN GEBLIEBEN..."; DIE LEBENDIGE FACKEL; ANHEIMFALL; GEISTIGE MORGENRÖTE; ABENDEINKLANG; TRÜBER HIMMEL; DAS SCHÖNE SCHIFF; EINLADUNG ZUR REISE; UNTERHALTUNG; HERBSTGESANG; EINER MADONNE; SISINA; EINER KREOLIN; MOESTA ET ERRABUNDA; DAS GESPENST; HERBST-SONETT; TRAUER DER MONDGÖTTIN; DIE KATZEN; DIE EULEN; DIE TONKUNST; BEGRÄBNIS; GEISTERHAFTE ZEICHNUNG; DER FROHE TOTE; DAS FASS DES HASSES; DIE GESPRUNGENE GLOCKE; TRÜBSINN; TRÜBSINN; TRÜBSINN; TRÜBSINN; BESESSENHEIT; SCHWARZ-

KUNST DES LEIDENS; ANZIEHENDER SCHAUDER; DAS GEBET EINES HEIDEN; DER DECKEL; DER MAHNER; EINER MALABARESIN; LOBLIED; DER EMPÖRER; BERTHAS AUGEN; DER SPRINGBRUNNEN; WEIT VON HIER; DER UNTERGANG DER ROMANTISCHEN SONNE; KLAGEN EINES IKARUS; SAMMLUNG
- PARISER BILDER: LANDSCHAFT; DIE BELEIDIGTE LUNA; DER SCHWAN; DIE KLEINEN ALTEN; DIE BLINDEN; EINER VORÜBERGEHENDEN; DIE TREUE MAGD; NEBEL UND SCHLOSSEN; MORGENDÄMMERUNG
- DER WEIN: DIE SEELE DES WEINES; DER WEIN DER BETTLER; DER WEIN DES EINSAMEN; DER WEIN DER LIEBENDEN
- BLUMEN DES BÖSEN: AUFSCHRIFT AUF EIN VERPÖNTES BUCH; DIE ZERSTÖRUNG; VERDAMMTE FRAUEN [= "COMME UN BÉTAIL..."]; LESBOS; DIE BEIDEN BARMHERZIGEN SCHWESTERN; DARSTELLUNG; DIE LIEBE UND DER SCHÄDEL
- AUFRUHR: DIE VERLEUGNUNG DES HL. PETRUS
- DER TOD: DER TOD DER LIEBENDEN; DER TOD DER ARMEN; DER TOD DER KÜNSTLER; ENDE DES TAGES; TRAUM EINES NEUGIERIGEN; DIE REISE
[Anm.: Das Inhaltsverzeichnis gibt die Zählung der postumen Edition von 1868 für die einzelnen Texte an. Es sind 106 Übersetzungen enthalten. Alle Neuauflagen (1908, 1914, 1918, 1920, 1922) ergänzen im Titel den Artikel: *DIE BLUMEN DES BÖSEN*.]

1930 Stefan George: *Gesamt-Ausgabe der Werke. Endgültige Fassung*. Bd. XIII/XIV: Baudelaire: *DIE BLUMEN DES BÖSEN*. Umdichtungen. Berlin: Bondi
[Anm.: GEO 1901ff. wird hier um drei Übersetzungen vermehrt: *"DU ZÖGST DAS WELTALL NACH AN DEINEM SEILE..."* (S. 47), *DER VAMPIR* (S. 50) und *DER BLUTQUELL* (S.168). Neuausgaben der 18bändigen George-Werkausgabe 1964-69 im Verlag Helmut Küpper, vormals Georg Bondi, und 1983 in der Verlagsgemeinschaft Klett-Cotta, die den Küpperschen Verlag übernommen hat. Die Ausgabe enthält in der Auflage von 1930 eine Nachbildung der handschriftlichen Vorausgabe der *BLUMEN DES BÖSEN* von 1891.]

1932 ABLE
DAS GEBET EINES HEIDEN; LESBOS

1933a AGOL
DER TOD DER LIEBENDEN
[Anm.: Der Text findet sich auf S.481 in den Anmerkungen als Vergleichsübersetzung zu Wiegler. Laut Angabe des Herausgebers lag keine Erlaubnis zur Veröffentlichung George-scher Übersetzungen vor (siehe AGOL 1933, S.471). Das erklärt, warum Georges Übersetzung im Hauptteil unberücksichtigt blieb. Das Ausweichmanöver auf den Anmerkungsteil soll offenbar das vom Herausgeber als Lücke empfundene Fehlen kompensieren.]

1933b APET
DIE SCHÖNHEIT

1946 AJOH
DIE GESPRUNGENE GLOCKE

1947 In: *Der innere Quell*. Jahrbuch der Lyrik. Hrsg. v. Rudolf Ibel. Wedel in Holstein: Alster Verlag Curt Brauns
[Anm.: Innerhalb des von Georg Schneider verfaßten Abschnittes "Der Symbolismus" (Übertitel: "Die französische Lyrik der Zeit") wird auf S.223 die letzte Strophe aus *DON JUAN AUX ENFERS* in Georges Übersetzung zitiert (als Georgesche Übersetzung ausgewiesen auf S.242).]

1948a ABRI
DER FROHE TOTE; DIE SCHÖNHEIT; DER ALBATROS; LESBOS

1948b AHEU
DER ALBATROS; DIE SCHÖNHEIT; FREMDLÄNDISCHER DUFT; DER BALKON; ABENDEINKLANG; EINLADUNG ZUR REISE; ENDE DES TAGES; DER TOD DER KÜNSTLER; DIE GESPRUNGENE GLOCKE

1948c AJAS
DER ALBATROS; KLAGEN EINES IKARUS
[Anm.: In Neuauflagen der Anthologie kommt spätestens ab 1953 *DER TOD DER LIEBENDEN* hinzu.]

1948d ALEH
AUFSCHWUNG; DER ALBATROS; EINKLANG AM ABEND; DER MENSCH UND DAS MEER

1950a AVON
AUFSCHWUNG

1950b AKLE
EINKLÄNGE; DIE SCHÖNHEIT; DAS HAAR; DER TOD DER LIEBENDEN

1952 ABRA
DER ALBATROS; AUFSCHWUNG; HERBSTGESANG; DIE EULEN; DER TOD DER ARMEN; DIE REISE
[Anm.: Aus *DIE REISE* nur die Schlußverse.]

1954 AHOB
EINKLÄNGE; DER MENSCH UND DAS MEER

1955 AKAY
DER ALBATROS; EINKLÄNGE; FREMDLÄNDISCHER DUFT; DIE GESPRUNGENE GLOCKE; MORGENDÄMMERUNG; TRÜBSINN [= "J'AI PLUS DE SOUVENIRS..."]

1958a Baudelaire: *Die Blumen des Bösen. Umdichtungen.*
In: Stefan George: *Werke*; Ausgabe in zwei Bänden. S.235-335. Düsseldorf und München: Verlag Helmut Küpper (vormals Bondi)
[Anm.: Identisch mit GEO 1930, allerdings ohne den Anhang (Nachbildung der Ausgabe von 1891) und abgesehen von der Schrifttype sowie von der Orthographie im Inhaltsverzeichnis (GEO 1930 in Kleinschreibung Georges, GEO 1958a konventionell). Weitere Auflagen: 1968, 1976]

1958b AKEM
SEGEN; DER ALBATROS; FREMDLÄNDISCHER DUFT; DAS HAAR; "IN IHREN KLEIDERN DIE MIT SCHILLERN FLATTERN..."; HERBSTGESANG; MOESTA ET ERRABUNDA; VERDAMMTE FRAUEN [= "COMME UN BÉTAIL..."]; DER FROHE TOTE; "DIE TREUE MAGD AUF DIE IHR EIFRIG WACHTET..."; DIE VERLÄUGNUNG DES HEILIGEN PETRUS

1964 ALAU
DIE KATZEN

1966 AGIP
SAMMLUNG

1967a *Blätter für die Kunst.* Abgelichteter Nachdruck. Düsseldorf, München: Verlag Helmut Küpper, vormals Bondi
[Anm.: Siehe GEO 1894a, GEO 1894b u. GEO 1900/01.]

1967b ASHN
EINKLÄNGE; DIE REISE; SAMMLUNG
[Anm.: Aus *DIE REISE* wurden nur die ersten drei Strophengruppen aufgenommen!]

1967c *Über ein Gedicht gebeugt.* In: *Neue Zürcher Zeitung.* Fernausgabe 235. Blatt 9-10. Sonntag, 27. August
HERBSTGESANG
[Anm.: siehe auch HAN, KEM 1967.]

1968 ADEC
DER ALBATROS; DIE SCHÖNHEIT; DAS HAAR; DER BALKON; HERBSTGESANG; MOESTA ET ERRABUNDA; DER FROHE TOTE; "DIE TREUE MAGD AUF DIE IHR EIFRIG WACHTET..."; VERDAMMTE FRAUEN [= "COMME UN BÉTAIL..."]

1969 AWIN
SEGEN; AUFSCHWUNG; VORLEBEN; LOBLIED AUF DIE SCHÖNHEIT; DAS HAAR; HERBSTGESANG; EINLADUNG ZUR REISE; SAMMLUNG; DER WEIN DER BETTLER; LESBOS; DIE VERLEUGNUNG DES HL. PETRUS

1975 AKEM
DER ALBATROS; DER BALKON; EINKLÄNGE; DER SCHWAN; "DIE TREUE MAGD AUF DIE IHR EIFRIG WACHTET..."; DER FROHE TOTE; FREMDLÄNDISCHER DUFT; KLAGEN EINES IKARUS; SAMMLUNG; TRÜBSINN [= "QUAND LE CIEL BAS ET LOURD..."]

1977a AKIL
LESBOS; KLAGEN EINES IKARUS

1977b ASAH
EINLADUNG ZUR REISE; LESBOS; DAS HAAR
[Anm.: Aus *LESBOS* nur die Strophen 2 u. 9.]

1979 ASHZ
DAS HAAR; DER TOD DER KÜNSTLER

1982 ASHÖ
DIE KATZEN

1984 AHAM
DIE KATZE; DIE EULEN; DER ALBATROS

1990 AKEM
DER BALKON; HERBSTGESANG; MOESTA ET ERRABUNDA; BESESSENHEIT; "DIE TREUE MAGD..."

Gipper, Helmut - GIP

1966 AGIP
RECUEILLEMENT
[Anm.: Der Band enthält im Anhang *RECUEILLEMENT* im Original und in sechs verschiedenen Übersetzungen, davon einer von Gipper. Den Titel hat Gipper nicht übersetzt.]

Gsteiger, Manfred - GST

1958 AGST
BEZÜGE; AN EINE VORÜBERGEHENDE; ANDACHT
[Anm.: Außerdem hat Gsteiger hier eine eigene Übersetzung des Prosagedichts *L'ÉTRANGER* publiziert.]

Gundlach, Fritz - GUN

1909 AGUN
DER ALBATROS; DER MENSCH UND DAS MEER
[Anm.: Der Band enthält außerdem Vorwort und Einleitung aus Gundlachs Feder sowie zwölf *petits poèmes en prose*, allesamt übertragen von Gundlach.]

1975 AKEM
DER ALBATROS

Hardekopf, Ferdinand - HAD

1915 In: *Die Aktion*. Jg.5. S.1. 4.Dez.
MORGENDÄMMERUNG IN PARIS
[Anm.: Schon 1912 hatte *Die Aktion* die Hardekopfsche Übertragung eines Baudelaireschen Prosastücks unter dem Titel HULDIGUNG veröffentlicht (Jg.2. Nr.6. S.171. 5.Feb.1912).]

1916 Ferdinand Hardekopf: *Lesestücke*. Reihe: Aktions-Bücher der Aeternisten. Hrsg. v. F. Pfemfert. Nr.1. S.26-28. Berlin: Verlag der Wochenschrift DIE AKTION
MORGENDÄMMERUNG IN PARIS; BESESSEN [= LE POSSÉDÉ]

1921 Ferdinand Hardekopf: *Privatgedichte*. Bücherei "Der jüngste Tag", Bd.85. S.25-27. München: Kurt Wolff
MORGENDÄMMERUNG IN PARIS; BESESSEN
[Anm.: Reprint der Reihe im Verlag Heinrich Scheffler, Frankfurt/M. 1970.]

1932 ABLE
BESESSEN

1963 Ferdinand Hardekopf: *Gesammelte Dichtungen*. Hrsg. v. Emmy Moor-Wittenbach. Mit Photos und Faksimiles. S.54/55. Zürich: Arche
MORGENDÄMMERUNG IN PARIS; BESESSEN

1977 AKIL
MORGENDÄMMERUNG IN PARIS

Hartung, Rudolf - HAG

1947 In: *Welt und Wort*. Tübingen, Jg.2. S.110
DER TOD DER KÜNSTLER; DER TOD DER LIEBENDEN

1958 AKEM
DER TOD DER KÜNSTLER; DER TOD DER LIEBENDEN

1968 ADEC
DER TOD DER LIEBENDEN

Hausenstein, Wilhelm - HAN

1946a Charles Baudelaire: *Ausgewählte Gedichte*. Deutsch von Wilhelm Hausenstein. Zweisprachige Ausgabe mit einem biographischen Essay des Übersetzers und neunundzwanzig Bildtafeln. Freiburg i.Br.: Alber
AN DEN LESER; SEGEN; AN EINE MADONNA; DER ABGRUND; ERHEBUNG; DER SCHLECHTE MÖNCH; ZÜCHTIGUNG DER HOFFART; GEWISSENSPRÜFUNG UM DIE MITTERNACHT; DIE ZERSTÖRUNG; PETRI VERLEUGNUNG; DE PROFUNDIS CLAMAVI; UNWIEDERBRINGLICH; "WER IST IN SEUFZERN NICHT ERSTORBEN..."; STELLVERTRETUNG; SAMMLUNG; ENTSPRECHUNGEN; AN EIN MÄDCHEN VON MALABAR; EXOTISCHES PARFUM; DAS FRÜHERE LEBEN; DAS SCHÖNE SCHIFF; DAS HAAR; "ES WALLT UND WOGT PERLMUTTERN SCHIMMERND IHR GEWAND..."; DAS GESCHMEIDE; "DICH BET' ICH AN..."; DER BESESSENE, DIE LIEBE ZUR LÜGE; AN EINE, DIE VORÜBERGING; BERTHAS AUGEN; DER BLUTBRUNNEN; DIE FRAUEN DER VERDAMMNIS [= "COMME UN BÉTAIL..."]; ALLEGORIE; MARIETTE [= "LA SERVANTE AU GRAND COEUR..."]; GEISTLICHER ANBRUCH; GESPRÄCH; EINKLANG AM ABEND; SIE - INSGESAMT; HYMNE; DIE SCHÖNHEIT; HYMNE AN DIE SHÖNHEIT; DER BALKON; UNVERSÖHNLICH; DER MENSCH UND DAS MEER; BESESSENHEIT; ROMANTISCHER SONNENUNTERGANG; TRAURIGE LUNA; LANDSCHAFT; DIE SONNE; DIE MORGENDÄMMERUNG; DIE ABENDDÄMMERUNG; DER ALBATROS; DIE KATZEN; SPLEEN [= "J'AI PLUS DE SOUVENIRS..."]; SPLEEN [= "QUAND LE CIEL BAS ET LOURD..."]; SPLEEN [= "PLUVIOSE..."]; DAS SPIEL; DIE BLINDEN; EIN AAS; DIE ALTEN WEIBLEIN (I); DIE ALTEN WEIBLEIN (III); DIE SIEBEN GREISE; DER WEIN DER LUMPENSAMMLER; DIE SEELE DES WEINS; HERBSTGESANG; NEBEL UND REGEN; DIE GEBORSTENE GLOCKE; IKARISCHE KLAGE; DIE RIESIN; DER FRÖHLICHE LEICHNAM; DIE LUST AM NICHTS; DER TOD DER ARMEN; TOTENTANZ; REISE NACH CYTHERA

[Anm.: Der Anmerkungsteil enthält jeweils eine Übersetzungsvariante zu *DIE KATZEN* (S.275) und *IKARISCHE KLAGE* (S. 277) sowie eine zusätzliche Übersetzung: *DENK-SPRUCH AUF EIN VERURTEILTES BUCH* (S.285).]

1946b In: *Die Fähre*. Jg.1. S.328 u. 372.
HYMNE; DAS HAAR

1946c In: *Das goldene Tor*. Jg.1. S.30-32.
DER FRÖHLICHE LEICHNAM; DER SCHLECHTE MÖNCH; AN EINE MADONNA

1946d In: *Die Kommenden*. Jg.1. Nr.23. S.9. Freiburg i. Br.
DER MENSCH UND DAS MEER; ERHEBUNG
[Anm.: Die Texte begleiten einen Aufsatz Carl Bertram Hommens: "Charles Baudelaire und die deutsche Dichtung. Von der Begegnung deutschen und französischen Geistes. Zum 80. Todestag des Dichters."]

1947a In: *Aufbau*. Bd.3. S.107.
ERHEBUNG

1947b In: *Universitas*. Jg.2. Sonderheft Frankreich. S.72.
ENTSPRECHUNGEN

1948 ABRI
HYMNE
[Anm.: Die Hausensteinsche Übersetzung fällt in späteren Auflagen der Anthologie spätestens ab 1978 heraus.]

1950a AHAN
DIE MORGENDÄMMERUNG; AN EINE MADONNA; DER ALBATROS; DAS HAAR; EIN AAS; DIE KATZE [= "VIENS, MON BEAU CHAT..."]; ERHEBUNG

1950b In: *Welt und Wort*. Tübingen, Jg.5. S.52
DER FRÖHLICHE LEICHNAM
[Anm.: Zu dem Aufsatz von G.Haug.]

1950c ABHL
DER ALBATROS

1950d AVON
DER ALBATROS

1951 In: *Lancelot*. H.29. S.22
HYMNE

1954 Charles Baudelaire: *Ausgewählte Gedichte*. Deutsch von Wilhelm Hausenstein. Zweisprachige Ausgabe. Mit einem biographischen Essay des Übersetzers und achtundzwanzig Bildtafeln. Neue, überarbeitete und ergänzte Auflage. Freiburg, München: Alber
[Anm.: HAW 1954 ergänzt um *DIE KATZE (= VIENS, MON BEAU CHAT...)*, tilgt jedoch gleichzeitig *"DICH BET ICH AN..."* (in HAN 1946 zwischen *DAS GESCHMEIDE* und *DER BESESSENE*).]

1955 AKAY
AN DEN LESER; DER ALBATROS; ENTSPRECHUNGEN; DIE GEBORSTENE GLOCKE; SPLEEN [= "J'AI PLUS DE SOUVENIRS..."]; DIE MORGENDÄMMERUNG

1958 AKEM
ERHEBUNG; EIN AAS

1967 "Über ein Gedicht gebeugt." In: *Neue Zürcher Zeitung*. Fernausgabe 235. Blatt 9-10. Sonntag, 27. August
HERBSTGESANG
[Anm.: Siehe auch GEO, KEM 1967]

1968 ADEC

AN DEN LESER; ERHEBUNG; ENTSPRECHUNGEN; DER MENSCH UND DAS MEER; EIN AAS; EINKLANG AM ABEND; AN EINE MADONNA; SPLEEN [= "PLUVIOSE..."]; DIE BLINDEN, DIE ABENDDÄMMERUNG; DER WEIN DER LUMPENSAMMLER; DAS GESCHMEIDE

1975 AKEM
DER ALBATROS; ENTSPRECHUNGEN; EXOTISCHES PARFUM; DER FRÖHLICHE LEICHNAM; SPLEEN [= "QUAND LE CIEL BAS ET LOURD..."]; SAMMLUNG; IKARISCHE KLAGE

1990 AKEM
EIN AAS

Hauser, Otto - HAR

1908 AOES
VORWORT; VERHÄNGTER HIMMEL; DAS SCHÖNE SCHIFF; SISINA; SEHNSUCHT NACH NIRWANA; ALCHIMIE DES SCHMERZES; GEBET EINES HEIDEN; EINER MALABARIN; DIE STIMME; DER EMPÖRER; DIE BELEIDIGTE MONDGÖTTIN
[Anm.: Außer *VORWORT*, *VERHÄNGTER HIMMEL* und *DAS SCHÖNE SCHIFF* taucht keiner dieser Texte in HAR 1917 wieder auf.]

1915 Otto Hauser: *Die Lyrik des Auslands seit 1800*, S.21. Leipzig: Voigtländer
[Anm.: Hauser zitiert innerhalb der Behandlung Baudelaires die ersten vier Strophen seiner Übersetzung von *AU LECTEUR*.]

1917 Charles Baudelaire: *Die Blumen des Bösen*. Aus dem Französischen von Otto Hauser. Reihe "Aus fremden Gärten. Eine Sammlung bedeutender und interessanter Dichtungen fremder Völker übersetzt und herausgegeben von Otto Hauser." Nr.62/63. Weimar: Alexander Dunker Verlag.
VORWORT
SPLEEN UND IDEAL: SEGEN; DER ALBATROS; AUFSCHWUNG; HARMONIEEN; "GERN DENK' ICH ZURÜCK..."; DIE LEUCHTFEUER; DIE KRANKE MUSE; DIE FEILE MUSE; DER SCHLECHTE MÖNCH; DER FEIND; UNSTERN; FRÜHERES LEBEN; ZIGEUNER AUF DER FAHRT; MENSCH UND MEER; DON JUAN IN DER HÖLLE; AN THÉODOR DE BANVILLE; ZÜCHTIGUNG DES HOCHMUTS; DIE SCHÖNHEIT; FREMDLÄNDISCHER DUFT; DAS HAAR; WIE DAS NACHTFIRMAMENT [= "JE T'ADORE A L'ÉGAL DE LA VOUTE NOCTURNE..."]; "IN DEINEN ALKOVEN..."; SED NON SATIATA; IN DEM GEWOGE; DIE TANZENDE SCHLANGE; EIN AAS; DE PROFUNDIS CLAMAVI; DER VAMPYR; "BEI EINER SCHRECKLICHEN..."; NACHTRÄGLICHE REUE; DIE KATZE; DUELLUM; DER BALKON; DER BEHEXTE; EIN PHANTOM; "ICH WIDME DIR..."; SEMPER EADEM; GANZ UND GAR; "WAS SAGST DU, SEELE..."; DIE LEBENDIGE FACKEL, ANHEIMFALL; BEICHTE; GEISTIGES MORGENROT; ABENDEINKLANG; DIE PHIOLE; DAS GIFT; VERHÄNGTER HIMMEL; DIE KATZE; DAS SCHÖNE SCHIFF.

1933a AGOL
SEMPER EADEM; DER RAHMEN

1933b APET
DIE SCHÖNHEIT

1975 AKEM
DER ALBATROS; HARMONIEEN

Havemann, Hans - HAV

1920a Charles Baudelaire: *Der Verworfene*. Nachdichtungen von Hans Havemann. Mit sechs Urholzschnitten von Curt Stoermer. Hannover: Der Zweemann Verlag

WARNUNG AN DEN LESER; DIE ZERSTÖRUNG; LUSTMORD [= UNE MARTYRE]; DIE LIEBE UND DER SCHÄDEL; ABENDDÄMMERUNG; DAS SPIEL; LEICHENTANZ; MORGENDÄMMERUNG; EXOTISCHER DUFT; BLINDES WERKZEUG [= "TU METTRAIS L'UNIVERS ENTIER DANS TA RUELLE..."] ; SED NON SATIATA; STERILITÄT [= "AVEC SES VETEMENTS ONDOYANTS ET NACRÉES..."]; DIE TANZENDE SCHLANGE; EIN AAS; DER VAMPIR; DIE JÜDIN; DIE KATZE [= "VIENS, MON BEAU CHAT..."]; EIN PHANTOM; UNGETEILT; LOBGESANG [= "QUE DIRAS-TU CE SOIR..."]; DIE LEBENDIGE FACKEL; ANHEIMGEFALLENHEIT; HARMONIE DES ABENDS; DAS FLAKON; DAS GIFT; VERHANGENER HIMMEL; DAS SCHÖNE SCHIFF; EINLADUNG ZUR FAHRT; LIED AM SINKENDEN TAG; GESPENST; DIE EULEN; SPLEEN [= "J'AI PLUS DE SOUVENIRS..."]; SPLEEN [= "QUAND LE CIEL BAS ET LOURD..."]; DIE GELBE SCHLANGE [= L'AVERTISSEUR]; HYMNE; DOROTHEE [= BIEN LOIN D'ICI]; TASSO IM GEFÄNGNIS; DER ABGRUND; SAMMLUNG; DAS UNENTRINNBARE; BEZIEHUNGEN; DIE LEUCHTFEUER

[Anm.: Der Band enthält 42 Übersetzungen und eine "Vorrede" Havemanns. Das Inhaltsverzeichnis stellt den Titeln die Nummer des jew. Originals in der Zählung der postumen Edition von 1868 voran.]

1920b In: *Der Zweemann.* Monatsblätter für Dichtung und Kunst. Hrsg. v. Hans Schiebelhuth und Christof Spengmann. Jg.1. H.8-10. S.30-32. Juni, Juli, August.
LEICHENTANZ; MORGENDÄMMERUNG; DAS GIFT
[Anm.: Leichte Abweichungen zu HAV 1920a, besonders "MORGENDÄMMERUNG", Zeilen 9/10.]

1955 AKAY
EXOTISCHER DUFT; MORGENDÄMMERUNG

1975 AKEM
BEZIEHUNGEN

Helbling, Hanno - HEL

1982 AHEL
EIN AAS; DAS FRÜHERE LEBEN; DIE EINLADUNG ZU DER REISE; AN EINE UNBEKANNTE

Henckell, Karl - HEN

1898a Karl Henckell: *Gedichte.* Bildschmuck von Fidus. Zürich u. Leipzig: Verlag von Karl Henckell & Co.
DER BALKON; ABENDSTIMMUNG; MONDESTRAUER
[Anm.: Der Band umfaßt nach eigenen Angaben Henckells eigene Dichtungen in geraffter Form für den Zeitraum 1882-1898. Das letzte Kapitel "Wandlungen" schließt mit der gesonderten Abteilung "Nachdichtungen aus fremden Sprachen".]

1898b AHEN
DER BALKON; ABENDSTIMMUNG; MONDESTRAUER

1900 Henckell, K.: *Neues Leben. Dichtungen (1899-1900) von Karl Henckell.* Bildschmuck von Fidus. Zürich u. Leipzig: Verlag von Karl Henckell & Co.
BEICHTE (NACH CHARLES BAUDELAIRE)
[Anm.: Auch dieser Band enthält neben Henckells eigenen Dichtungen einige Übersetzungen, die im Inhaltsverzeichnis als solche gekennzeichnet sind.]

1908 AOES
DER BALKON; BEICHTE; ABENDSTIMMUNG; MONDESTRAUER

1910 AHEN
BEICHTE; ABENDSTIMMUNG; DER BALKON; MONDESTRAUER; "PECH" (= "LE GUIGNON"); AUFSCHWUNG

1912 AWIL
MONDESTRAUER; PECH

1921 Henckell, K.: *Gesammelte Werke.* Vierter Band: Buch der Kunst. S.224-232. München: J. Michael Müller Verlag
DER BALKON; BEICHTE; ABENDSTIMMUNG; MONDESTRAUER; "PECH" [= "LE GUIGNON"]; AUFSCHWUNG

1933 AGOL
DER BALKON

1975 AKEM
DER BALKON

Herrmann, Friedrich Hans - HER

1947 AHER
DER FEIND; SAMMLUNG

1975 AKEM
SAMMLUNG

Hessel, Franz - HES

1924 In: *Vers und Prosa.* (Zeitschrift) S.274f.
AN DIE VIEL ZU FROHE
[Anm.: Siehe auch Benjamin und Wolff. Hessel war Herausgeber der bei Rowohlt erschienenen, kurzlebigen Zeitschrift *Vers und Prosa* und gut mit Benjamin bekannt.]

Hinderberger, Hanneliese - HIN

1967 In: *Neue Zürcher Zeitung.* Fernausgabe 234. Blatt 14. Samstag, 26. August
DIE UHR; VERSE AUF DAS BILDNIS HONORÉ DAUMIERS; AN EINE, DIE VORÜBERGING; DIE SEELE DES WEINS
[Anm.: Die Übertragungen sind eingebettet in ein Konvolut zum Gedenken an Baudelaires hundertjährigen Todestag.]

Hochdorf, Max - HOC

1921 In: *Sozialistische Monatshefte.* Jg.27. Bd.56. S.485. Berlin: Verlag der Sozialistischen Monatshefte
GEBET AN SATAN
[Anm.: Es handelt sich nur um die Schlußstrophe "Prière" aus LES LITANIES DE SATAN.]

Horvát, Heinrich - HOR

1907 ABET
SEMPER EADEM; SEHNSUCHT NACH DEM NICHTS; DER TOD DER ARMEN; DER RAHMEN; DAS BILD; DIE FEILE MUSE; DER FROHE TOTE; "ICH BETE DICH AN..."; VORLEBEN; EXOTISCHER DUFT; TOD, ALTER KAPITÄN [= LE VOYAGE, LETZTE STROPHENGRUPPE]; DER SCHLECHTE MÖNCH; SAMMLUNG; DER BLUTQUELL; DIE SCHÖNHEIT; DER ALBATROS; DIE BEATRICE

1908a AOES
HARMONIEN; "ICH BIN DEM ANGEDENKEN..."; DIE KRANKE MUSE; DIE FEILE MUSE; DIE SCHÖNHEIT; EIN FANTOM; SEMPER EADEM; "WIE WIRST DU, ARME SEELE..."; HERBSTGEDICHT; DIE KATZEN; DIE MUSIK; DER FROHE TOTE; DIE GESPRUNGENE GLOCKE; BESESSENHEIT; DIE

BLINDEN; DER WEIN DER EINSAMEN; DER BLUTQUELL; DIE BEATRICE; DER TOD DER LIEBENDEN; DER TOD DER ARMEN

1908b AOPB
ZUSAMMENKLÄNGE; "WIE WIRST DU, ARME SEELE..."

1911 AOES
- GEDICHTE AUS DEN JUGENDJAHREN: UNVEREINBARKEIT; IST DAS NICHT TROST; HÄTT ICH DES REICHEN PARK; WER MUSSTE NIE UM SICH
- BLUMEN DES BÖSEN: DIE VERWANDLUNGEN DES VAMPYRS; LETHE; DER ALLZUFRÖHLICHEN
- GALANTERIEN: SONETT
- SATIREN: EIN LUSTIGES WIRTSHAUS
- DIE APOKRYPHEN GEDICHTE: GABSCHRIFT FÜR SICH SELBST
[Anm.: Siehe auch OES 1911.]

1933a AGOL
DER TOD DER LIEBENDEN

1933b APET
DIE SCHÖNHEIT

1946a ABAB
DER ALBATROS

1946b ASIE
DER TOD DER LIEBENDEN

1950 AKLE
BESESSENHEIT

1955 AKAY
EXOTISCHER DUFT

1968 ADEC
BESESSENHEIT

Jaffé, Joseph - JAF

1908a AJAF
MISSGESCHICK; DAS IDEAL; DER VAMPYR; DIE KATZE [= "VIENS, MON BEAU CHAT..."]; GANZ UND GAR; NACHMITTAGSLIED; DAS GESPENST; DIE EULEN; TRAURIGES MADRIGAL; KLAGE EINES IKARUS; HEAUTON TIMOROUMENOS; ABEL UND KAIN; NACHSCHRIFT FÜR EIN VERLORENES BUCH

1908b AOES
DER MENSCH UND DAS MEER; HEAUTON TIMOROUMENOS; NACHSCHRIFT FÜR EIN VERBOTENES BUCH

Jaime, Edward - JAI

1946 AJAI
DIE LEUCHTTÜRME; DER ALBATROS; INDIANISCHE LEGENDE; DER BESESSENE

1948 Jaime, E.: *Der französische Parnaß*. Hannover: Richard Beek Verlag
EINKLKANG; DER BESESSENE; LEUCHTTÜRME
[Anm.: Dieser Band enthält zu einigen Dichtern und literarischen Strömungen Essays mit eingeflochtenen Übertragungen. Eingeleitet wird der Essay "Die Gestalt Baudelaires" (S.24-39) durch einen Vierzeiler, bei dem es sich offensichtlich um eine freie Übertragung der zweiten Strophe von *LA BEAUTÉ* handelt. Von *LES PHARES* wurden nur die letzten drei Strophen übertragen.]

1955 AKAY

	EINKLANG
1975	AKEM *EINKLANG*

Kalckreuth, Graf Wolf von - KAL

1907	Charles Baudelaire: *Blumen des Bösen*. In deutsche Verse übertragen von Graf Wolf v. Kalckreuth. Leipzig: Insel *- SPLEEN UND IDEAL: DER ALBATROS; ERHEBUNG; ZUSAMMENHÄNGE; DIE LEUCHTTÜRME; DIE KRANKE MUSE; DER SCHLECHTE MÖNCH; DER FEIND; UNSTERN; VORLEBEN; DER MENSCH UND DAS MEER; DON JUAN IN DER HÖLLE; DIE SCHÖNHEIT; DAS IDEAL; DIE RIESIN; FREMDLÄNDISCHER DUFT; "ICH BETE DICH AN..."; "IN IHRER KLEIDER FLUT..."; DAS AAS; DE PROFUNDIS CLAMAVI; VERSPÄTETE REUE; DIE KATZE [= "VIENS, MON BEAU CHAT..."]; DUELLUM; DER BALKON; DER BESESSENE; DAS PORTRÄT; "DIR WEIHE ICH MEIN LIED..."; SEMPER EADEM; "WELCH LIED WIRD, EINSAM HERZ..."; GEISTIGES MORGENROT; HARMONIE DES ABENDS; DAS GIFT; TRÜBER HIMMEL; DAS SCHÖNE SCHIFF; VERLANGEN IN DIE FERNE; UNHEILBAR; GESPRÄCH; LIED DES HERBSTES; AN EINE MADONNA; SISINA; AN EINE KREOLIN; DAS GESPENST; HERBSTSONETT; TRAUER LUNAS; DIE EULEN; DIE MUSIK; EIN PHANTASTISCHER STICH; DER FREUDIGE TOTE; DIE ZERSPRUNGENE GLOCKE; SPLEEN; SPLEEN; SPLEEN; SPLEEN; BEDRÜCKUNG; DIE LIEBE ZUM NICHTS; ALCHIMIE DES SCHMERZES; ANZIEHENDES GRAUSEN; DAS GEBET EINES HEIDEN; DER DECKEL; DER UNERWARTETE; MITTERNÄCHTIGE SELBSTERFORSCHUNG; DER MAHNER; HYMNE; DER REBELL; BERTAS AUGEN; DER SPRINGBRUNNEN; FERN VON HIER; ROMANTISCHER SONNENUNTERGANG; DER ABGRUND; KLAGEN EINES IKARUS; SAMMLUNG* *- PARISER BILDER: LANDSCHAFT; LOLA DE VALENCE; AN EINE ROTHAARIGE BETTLERIN; DER SCHWAN; DIE SIEBEN GREISE; DIE BLINDEN; DAS SPIEL; TOTENTANZ; DIE LIEBE ZUR LÜGE; NEBEL UND REGEN; PARISER TRAUM; MORGENDÄMMERUNG* *- DER WEIN: DER WEIN DER LUMPENSAMMLER; DER WEIN DES EINSAMEN; DER WEIN DER LIEBENDEN* *- BLUMEN DES BÖSEN: DIE ZERSTÖRUNG; VERDAMMTE FRAUEN [= "COMME UN BÉTAIL PENSIF..."]; DIE FONTÄNE VON BLUT; AMOR UND DER SCHÄDEL* *- AUFRUHR: DIE VERLEUGNUNG DES HEILIGEN PETRUS; ABEL UND KAIN; DIE LITANEI SATANS; GEBET* *- DER TOD: DER TOD DER LIEBENDEN; DER TOD DER ARMEN; DER TOD DER KÜNSTLER; ENDE DES TAGES; TRAUM EINES WISSBEGIERIGEN; DIE REISE* [Anm.: 99 Texte. Die Übersetzung folgt der postumen Edition von 1868.]
1908	AOES *LANDSCHAFT; DAS SPIEL; VERDAMMTE FRAUEN; DIE VERLEUGNUNG DES HEILIGEN PETRUS; DER TOD DER KÜNSTLER; DIE REISE*
1920	ASOK *DIE KATZE [= "VIENS, MON BEAU CHAT..."]; DER ALBATROS*
1933	APET *DIE SCHÖNHEIT*
1958	AKEM *DIE RIESIN; VERSPÄTETE REUE; DAS SCHÖNE SCHIFF; GESPRÄCH; DER DECKEL; SPLEEN [= "QUAND LE CIEL BAS ET LOURD..."]; NEBEL UND REGEN*

1962 Übertragungen aus den "Blumen des Bösen" Charles Baudelaires. In: Kalckreuth, W.: *Gedichte und Übertragungen*. Hrsg. v. Helmut Kruse. Heidelberg: Lambert Schneider
DER ALBATROS; ERHEBUNG; ZUSAMMENHÄNGE; DIE LEUCHTTÜRME; DER SCHLECHTE MÖNCH; DER FEIND; VORLEBEN; DER MENSCH UND DER MEER; FREMDLÄNDISCHER DUFT; "IN IHRER KLEIDER FLUT..."; DAS AAS; DE PROFUNDIS CLAMAVI; DIE KATZE; DER BALKON; DAS PORTRAIT; "DIR WEIHE ICH MEIN LIED..."; HYMNE; SEMPER EADEM; "WELCH LIED WIRD, EINSAM HERZ..."; HARMONIE DES ABENDS; DAS GIFT; DAS SCHÖNE SCHIFF; "WANN SACHT DU GEHST, DIE LUFT MIT WEITEN RÖCKEN FEGEND..."; VERLANGEN IN DIE FERNE; DER SPRINGBRUNNEN; LIED DES HERBSTES; DIE MUSIK; DIE ZERSPRUNGENE GLOCKE; KLAGEN EINES IKARUS; ROMANTISCHER SONNENUNTERGANG; SELBSTPRÜFUNG UM MITTERNACHT; DER REBELL; SPLEEN [= "J'AI PLUS DE SOUVENIRS..."]; SPLEEN [= "QUAND LE CIEL BAS ET LOURD..."]; UMNACHTUNG; DER ABGRUND; DIE LIEBE ZUM NICHTS; LANDSCHAFT; DIE BLINDEN; NEBEL UND REGEN; SAMMLUNG; PARISER TRAUM; MORGENDÄMMERUNG; DER TOD DER LIEBENDEN; DER TOD DER ARMEN; DIE REISE
[Anm.: 43 Übersetzungen, also 56 weniger als in KAL 1907. Es wurden "Korrekturen aus dem Manuskript" vorgenommen. *DIE REISE* wurde vom Herausgeber >an einigen Stellen abgewandelt, soweit es zum besseren Verständnis wünschenswert erschien<. *UMNACHTUNG* (KAL 1962) = *BEDRÜCKUNG* (KAL 1907).]

1968 ADEC
DIE RIESIN; SPLEEN [= "QUAND LE CIEL BAS ET LOURD..."]

1975 AKEM
DER ALBATROS; DER BALKON; ZUSAMMENHÄNGE; DER SCHWAN; DER TOD DER LIEBENDEN; DER FREUDIGE TOTE; FREMDLÄNDISCHER DUFT; KLAGEN EINES IKARUS; SAMMLUNG; SPLEEN [= "QUAND LE CIEL BAS ET LOURD..."]

1979 ASHZ
ERHEBUNG

1990 AKEM
DER ALBATROS; SPLEEN [= "QUAND LE CIEL BAS ET LOURD..."]

Kalmer, Josef - KAM

1919 In: *Aufschwung*. Jg.1. Nr.1. S.1. Wien, Februar
DAS GESPENST

Kehrli, Hedwig - KEH

1946 AKEH
VORLEBEN; SEMPER EADEM; UNTERHALTUNG; HERBSTGESANG; MUSIK
[Anm.: Außerdem sind hier sechs *Kleine Gedichte in Prosa* enthalten.]

Kemp, Friedhelm - KEM

1958 AKEM
DAS GESPENST; SAMMLUNG
[Anm.: Kemp liefert in diesem Band zugleich ein Nachwort. Beide Übertragungen Kemps sind in Versform verfaßt. Alle weiteren Kempschen Baudelaire-Übersetzungen sind Prosa-Übersetzungen.]

1962 Charles Baudelaire: *Les Fleurs du Mal/Die Blumen des Bösen*. Aus dem Französischen übertragen von Friedhelm Kemp. Mit einem Nachwort von

Karl Mauer. Frankfurt/M., Hamburg: Fischer-Bücherei (Exempla classica 63)
GESAMTÜBERTRAGUNG.
[Anm.: Anordnung der Ausgabe letzter Hand von 1861, allerdings unter Einfügung der *pièces condamnées* an alter Position. Angefügt sind die 16 Texte der *Nouvelles Fleurs du Mal* sowie fünf weitere Texte aus der postumen Edition von 1868. Weitere Auflagen: 1966 (neu durchgesehene Ausg.), 1968, 1971. Die Titel sind von späteren Überarbeitungen nicht betroffen.]

1965 AVOS
ENTSPRECHUNGEN; DIE ZERSTÖRUNG

1967 Über ein Gedicht gebeugt. In: *Neue Zürcher Zeitung*. Fernausgabe 235. Blatt 9-10. Sonntag, 27. August
HERBSTGESANG
[Anm.: Siehe auch GEO, HAN 1967]

1968 ADEC
DAS GESPENST
[Anm.: Versübertragung.]

1969 AWIN
DAS GESPENST
[Anm.: Versübertragung.]

1975a Charles Baudelaire: *Sämtliche Werke/Briefe*. In acht Bänden. Herausgegeben von Friedhelm Kemp und Claude Pichois in Zusammenarbeit mit Wolfgang Drost und Robert Kopp. Bd.3: *Les Fleurs du Mal - Die Blumen des Bösen*. Bd.4: *Nouvelles Fleurs du Mal - Neue Blumen des Bösen. Materialien*. München: Heimeran Verlag
GESAMTÜBERTRAGUNG!
[Anm.: Das Projekt einer deutschen Baudelaire-Gesamtausgabe ist inzwischen an den Hanser-Verlag (München) übergegangen. Bd.3 enthält die *Fleurs du Mal* in der Konstellation der zweiten Edition von 1861 (126 Texte) sowie Briefe aus der Zeit von 1851 bis 1862; Die Gedichte sind zweisprachig, die (von Guido Meister übersetzten) Briefe nur in deutscher Sprache aufgenommen. Darüber hinaus enthält der Band einen umfangreichen Anhang mit Anmerkungen usw. Bd.4 enthält die *Épaves* von 1866 sowie "Zusätzliche Gedichte aus der dritten Ausgabe der Fleurs du Mal" und kommt so zusammen mit Bd.3 auf insgesamt 161 Texte. Darüberhinaus sind hier "Fragmente und Entwürfe", "Entwürfe eines Epilogs für die zweite Ausgabe", "Entwürfe zu einem Vorwort" und "Dokumente zum Prozeß der Fleurs du Mal" aufgenommen. Bd.4 enthält außerdem unter dem Titel "Ausgewählte Beispiele deutscher Versübertragungen" eine Übersetzungsanthologie, die zu 11 Baudelaireschen Originalen insgesamt 95 Übersetzungen von 33 Übersetzern bringt (= AKEM 1975. Hierin auch die Kempsche Versübertragung *SAMMLUNG*).]

1975b AHIN
EXOTISCHER DUFT; HERBSTGESANG; DIE ALTEN WEIBLEIN, III; AUFFORDERUNG ZUR REISE
[Anm.: Aufsatzsammlung mit Originaltexten und (im Falle Baudelaires) jeweils einer Kempschen Prosa-Übersetzung.]

1977 Charles Baudelaire: *Sämtliche Werke/Briefe*. In acht Bänden. Herausgegeben von Friedhelm Kemp und Claude Pichois in Zusammenarbeit mit Wolfgang Drost und Robert Kopp. Bd.1: Juvenalia - Kunstkritik 1832 - 1846. S.55-77
"HOCH OBEN, HOCH OBEN, FERN DER SICHEREN STRASSE..."; "ERQUICKT ES NICHT..."; "GERN SAH ER..."; "SANFT KAM VON DRAUSSEN EINE MONOTONE WEISE..."; "ACH! WER HAT NICHT ÜBER DIE ANDERN, ÜBER SICH SELBST GESEUFZT..."; SONETT; "ES GIBT KEUSCHE WORTE..."; "MEINE GELIEBTE..."; "HIER RUHT..."; "ALLE BARTLOS DAMALS, AUF DEN ALTEN EICHENBÄNKEN..."; AN THEODORE DE BANVILLE; "INMITTEN DER MENGE, UNSTET, RATLOS..." (IN DAS ALBUM VOM MADAME ÉMILE CHEVALET); DER SALON DER KARIKATURISTEN/DER PROLOG; "WIE

LANG WIRD UNSRE LIEBE WÄHREN..."; "EDLES WEIB MIT DEN KRÄFTIGEN ARMEN..."
[Anm.: Hier sind Baudelaires "Jugendgedichte" in Original und Kempscher Prosa-Übersetzung zusammengefaßt.]

1985 Ohm, August: *Baudelaires "Blumen des Bösen"*. Übertr. v. Friedhelm Kemp. Mit einem Vorwort von Eric T. Haskell. Göttingen: Schlender
DIE SCHÖNHEIT; DIE MASKE; GANZ UND GAR; DIE LEBENDIGE FACKEL; GEISTIGER MORGEN; DAS GIFT; BEDECKTER HIMMEL; GESPRÄCH; AN EINE MADONNA; HERBSTSONETT; EINE MÄRTYRERIN; ZWEI BARMHERZIGE SCHWESTERN; DER BLUT-BRUNNEN; ALLEGORIE; VERDAMMTE FRAUEN [= "DELPHINE ET HIPPOLYTE"]; DIE GESCHMEIDE; DIE KLAGEN EINES IKARUS

1986a Charles Baudelaire: *Die Blumen des Bösen - Les Fleurs du Mal.* Vollständige zweisprachige Ausgabe. Deutsch von Friedhelm Kemp. München: DTV
[Anm.: Vereint Kemps Prosa-Übertragungen aus KEM 1975, Bd.3 u. Bd.4.]

1986b ABOC
TRAURIGE LUNA

1990 AKEM
AN JENE, DIE ALLZU FRÖHLICH IST; VERDAMMTE FRAUEN ["COMME UN BÉTAIL PENSIF..."]; AN EINE, DIE VORÜBERGING
[Anm.: *AN EINE, DIE VORÜBERGING* wurde hier in neuer Übersetzung zusammen mit Siepe erarbeitet.]

1990 ATHA
DER SELBSTHENKER
[Anm.: Zweisprachig.]

Kiechler, Walter - KIE

1948 AKIE
DER SCHLECHTE MÖNCH; DAS GESPENST; "WIE VOR DER GROSSEN NACHT SINK ICH ANBETEND HIN..."; VERSPÄTETER GEWISSENSBISS; DE PROFUNDIS; EXOTISCHER DUFT; KLAGE EINES IKAROS

1975 AKEM
EXOTISCHER DUFT; KLAGE EINES IKAROS

Klabund (= Alfred Henschke) - KLA

1925 AKLA
DER LETZTE TRUNK
[Anm.: Es handelt sich um eine freie Übersetzung der letzten Strophengruppe aus *LE VOYAGE*. Baudelaire wird nicht als Autor genannt.]

1948 AJAS
DER LETZTE TRUNK

Klassen, Peter - KLP

1931 Peter Klassen: *Baudelaire - Welt und Gegenwelt.* Weimar: Erich Lichtenstein
[Anm.: Klassens Essay über Baudelaire enthält eine Reihe >eingebetteter< Textbeispiele in den Übersetzungen Georges. Folgende von George nicht übersetzte Texte hat Klassen selbst verdeutscht: *HÉLAS, QUI N'A GÉMIT...*; *ÉPILOGUE II* (nur die Verse 31-34); *LA VOIX* (nur die Verse 21-28); *L'HÉAUTONTIMOROUMÉMOS* (nur Strophe 6). Es ist kurios, daß Klassens poetische Übersetzung in der Orthographie stark an George orientiert ist:

Im Gegensatz zum restlichen Text sind alle Beispiele in Georgescher Kleinschreibung und Sparinterpunktion gehalten.]

Klemm, Wilhelm - KLW

1916 In: *Die Aktion*. Jg.6. Nr.9/10. S.116
SEIFENBLASEN [= L'AMOUR ET LE CRANE]

Krieger, Harald - KRI

1977 AKRI
AN EINE VORÜBERGEHENDE

Krolow, Karl - KRO

1948 AKRO
DER FEIND; DER TOD DER ARMEN; MORGENGRAUEN; TRAURIGER MOND; DER FRÖHLICHE TOTE; ALCHIMIE DES SCHMERZES; ENDE DES TAGES; HERBSTGESANG; VERSPRECHUNGEN EINES GESICHTS; DER SPRINGBRUNNEN

Küchler, Walther - KÜC

1947 Charles Baudelaire: *Prosadichtungen*. Heidelberg: Lambert Schneider.
[Anm.: Übersetzung des *Épilogue* in Versen. Mehrere Neuauflagen. Lizenzausg. 1977 bei Diogenes.]

1948 *Trunkene und gläubige Dichtung*. Iserlohn. Darstellung und Deutung. Vorträge und Schriften aus den Geisteswissenschaften und ihren Grenzgebieten. Nr.6.
DIE MUSIK

Lange, Carl Albert - LAN

1946 ALAN
DIE PFEIFE DES DICHTERS; DER ALBATROS ; DER WEIN DES EINSAMEN; SCHÖNHEIT UND VERWESUNG [= UNE CHAROGNE]
[Anm.: *DER ALBATROS* wird hier von Lange in drei Fassungen geliefert.]

Löffler, Sigmar - LÖF

1973 Charles Baudelaire: *Die Blumen des Bösen. Der Spleen von Paris*. Französisch und deutsch. (Übertragen und herausgegeben von Sigmar Löffler (*Les Fleurs du Mal*) und Dieter Tauchmann (*Le Spleen de Paris*). Nachwort von Gerhard Schewe). Leipzig: Insel
GESAMTÜBERTRAGUNG!
[Anm.: Die französische Fassung folgt der Ausgabe *OEuvres complètes de Baudelaire*, Bibliothèque de la Pléiade, Edition Gallimard, Paris 1961. Die Anordnung folgt also der Edition letzter Hand von 1861, wobei die "Verurteilten Gedichte" von 1857 als spezielle Abteilung angehängt sind. In der Abteilung "Verschiedene Gedichte" sind außer den Texten, die in der Ausgabe von 1868 hinzukamen, noch zwei weitere Texte aus den *Épaves* enthalten: *DIE VERHEISSUNGEN EINES GESICHTS* und *DAS SCHEUSAL*.]

1977 ASAH
DIE JUWELEN; SEGEN; PLAUDEREI; DER VAMPIR; DIE VERLEUGNUNG DES HL. PETRUS; DIE ALTEN WEIBCHEN [NUR DIE LETZTE STROPHENGRUPPE]

Lövenich, Paul - LÖV

1947 ALÖV
SEGEN; DER ALBATROS; VORLEBEN; ERHEBUNG; DIE SCHÖNHEIT; EIN AAS; DER VAMPIR; ABEL UND KAIN; DER WEIN DES EINSAMEN; DER TOD DER LIEBENDEN; SAMMLUNG
[Anm.: Außerdem sind hier zwei Baudelairesche Prosa-Gedichte übersetzt: *DER FREMDE; DER KUCHEN*.]

1954 AHOB
SAMMLUNG; ERHEBUNG

1955 AKAY
DER ALBATROS

1966 AGIP
SAMMLUNG

1975 AKEM
DER ALBATROS

Mehring, Sigmar - MEH

1900 AMEH
LETHE; HYMNE AN DIE SCHÖNHEIT

1901 Mehring, Sigmar: Aus den Werken Charles Baudelaires. In: *Aus fremden Zungen (Lose Blätter);* XI. S.1049f.
HYMNE AN DIE SCHÖNHEIT; LETHE; DON JUAN IN DER UNTERWELT; FÜRBITTE AN DEN SATAN
[Anm.: Die Übersetzungen sind von einem Aufsatz Mehrings über Baudelaire begleitet. Hier sind Übersetzungen der jeweils ersten Strophen von *AU LECTEUR* und *LE VIN DE L'ASSASSIN* eingeflochten.]

1908 AOPB
ZUM EINGANG; HYMNE AN DIE SCHÖNHEIT; LETHE; DON JUAN IN DER UNTERWELT

1955 AKAY
ZUM EINGANG

Meyer, Erich - MEY

1898 *Die Entwickelung der französischen Literatur seit 1830*. Gotha: Friedrich Andreas Perthes
ÉLÉVATION; LA VIE ANTÉRIEURE; MOESTA ET ERRABUNDA; L'ALBATROS; PAYSAGE; LA MUSE MALADE; L'ENNEMI; LE PORTRAIT; RECUEILLEMENT; PARFUM EXOTIQUE; CORRESPONDANCES; "UNE NUIT QUE J'ÉTAIS PRES D'UNE AFFREUSE JUIVE..."; LA RANÇON
[Anm.: Diese Abhandlung schließt im Kapitel XII ("Die neuesten Strömungen") mit einem längeren Exkurs zu Baudelaire (S.257-280). In den Aufsatz eingeflochten sind mehrere Textbeispiele, vorwiegend als Versübertragungen. Die Titel werden (außer bei *DER ALBATROS*) nicht übersetzt. Von *LA MUSE MALADE* sind nur die beiden Anfangsstrophen übersetzt. *CORRESPONDANCES* wird im Original und als Prosaübersetzung zitiert. Über die aufgeführten Versgedichte hinaus sind die beiden Prosagedichte *LES YEUX DES PAUVRES* und *LE JOUJOU DU PAUVRE* jeweils zur Hälfte übersetzt.]

1902 Meyer, Erich: "Die neueste französische Lyrik". In: *Westermanns illustrierte Monatshefte*. Jg.46. Bd.92. S.329. Braunschweig
L'ENNEMI
[Anm.: Auch hier ist die Übersetzung wieder in einen Aufsatz über die französische Literatur integriert.]

1909 AGUN

DER FEIND; DAS FRÜHERE LEBEN; DAS BILDNIS; SAMMLUNG

1975 AKEM
["CORRESPONDANCES"]; SAMMLUNG

1990 AKEM
CORRESPONDANCES

Michael, Friedrich - MIC

1958 AKEM
HEAUTONTIMOROUMENOS

1968 ADEC
HEAUTONTIMOROUMENOS

Moos, Walter - MOS

1936 Charles Baudelaire: *Vers choisis des Fleurs du Mal - Épaves - Supplément aux Fleurs du Mal.* Ausgewählt und übertragen von Walter Moos. Basel: Benno Schwabe & Co.
AN DEN LESER
- I. SCHWERMUT UND IDEAL: ALBATROS; ÜBEREINSTIMMUNG; DER BÖSE MÖNCH; DER FEIND; UNGLÜCK; EINST; DON JUAN IN DER UNTERWELT; DIE SCHÖNHEIT; DIE RIESIN; FREMDLÄNDISCHER DUFT; DAS HAAR; PERLMUTTERGLANZ; TANZENDE SCHLANGE; EIN AAS; VAMPIR; ZU SPÄTE REUE; DIE KATZE; DER BALKON; DER BESESSENE; DER DUFT; SEMPER EADEM; EIN UND ALLES; "WAS WIRST DU SAGEN..."; RÜCKFÄLLIGKEIT; HARMONIE DES ABENDS; BEDECKTER HIMMEL; DIE KATZE; DAS SCHÖNE SCHIFF; EINLADUNG ZUR REISE; UNTERHALTUNG; HERBSTGESANG; LIED DES NACHMITTAGS; LOBGESANG AUF MEINE FRANZISKA; DAS GESPENST; KUMMER DES MONDES; DIE KATZEN; DIE EULEN; MUSIK; BEGRÄBNIS; DIE TONNE DES HASSES; ZERSPRUNGENE GLOCKE; SCHWERMUT; SCHWERMUT; SCHWERMUT; SCHWERMUT; BESESSENHEIT; VERNEINUNG; ALCHIMIE DES SCHMERZES; SCHAUERLICHER EINKLANG; HEAUTONTIMOROUMENOS
- II. PARISER BILDER: DIE KLEINEN ALTEN; DIE BLINDEN; NEBEL UND REGEN
- III. DER WEIN: DIE SEELE DES WEINS; DER WEIN DES MÖRDERS; DER WEIN DES EINSAMEN; DER WEIN DER LIEBENDEN
- IV. BLUMEN DES BÖSEN: VERDAMMTE FRAUEN [= "COMME UN BÉTAIL PENSIF..."]; DIE BLUTQUELLE; DIE LIEBE UND DER SCHÄDEL
- V. EMPÖRUNG: DIE VERLEUGNUNG DES HEILIGEN PETRUS; ABEL UND KAIN; TEUFELSLITANEI
- VI. DER TOD: DER TOD DER LIEBENDEN; DER TOD DER ARMEN; TAGESENDE
- VII. LIEBESGEDICHTE: HYMNE
- VIII. WIDMUNGEN: VERSE ZUM BILDNIS DES HERRN HONORÉ DAUMIER
- IX. VERSCHIEDENES: DIE STIMME; DAS LÖSEGELD; AN EINE MALABARESIN
- X. NEUE BLUMEN DES BÖSEN: PRÜFUNG UM MITTERNACHT; WIDMUNG FÜR EIN VERDAMMTES BUCH; DIE WARNERIN; ABENDFRIEDEN; IKARUSKLAGEN; GEBET EINES HEIDEN.

1954 *Gruß in Unsterblichkeit.* Eine Sonettenfolge aus den <Blumen der Verworfenheit> von Charles Baudelaire. Zürich: Artemis
LOBGESANG; DIE PFEIFE; EINER KREOLIN; "DIR SEI MEIN LIED GEWEIHT!..." (FÜR JEANNE DUVAL); DIE KATZE [= "VIENS, MON BEAU CHAT..."]; EINER VORÜBERGEHENDEN; DAS BARMHERZIGE GESCHWISTERPAAR; DER DECKEL; DER EMPÖRER; TRAUM EINES VORWITZIGEN; DER FROHE TOTE; TAGESENDE; SAMMLUNG

Mühlberger, Josef - MÜB

1952 ABRA
DIE KLAGEN EINES IKARUS

Müller, Hanns - MÜH

1954 AHOB
SAMMLUNG
[Anm.: Müller war direkt an der Entstehung der Anthologie beteiligt. Als Oberstudienrat an der Albert-Schweitzer-Schule in Hofgeismar stand er in Verbindung zu Hofmann, der Oberstudiendirektor an derselben Schule war.]

1966 AGIP
SAMMLUNG

Müller, Ulrich-Friedrich - MÜU

1960 AMÜU
EINLADUNG ZUR REISE; DAS FRÜHERE LEBEN; SAMMLUNG; HERBSTGESANG
[Anm.: Bei den Übersetzungen handelt es sich um Prosa-Versionen, die gleichwohl eine "ungezwungene rhythmische Annäherung" (MÜU 1960, S.4) aufweisen sollen. Weitere Auflagen: 1964, 1969]

Neumann, Alfred - NEU(1)

1897 In: *Wiener Rundschau*, Jg.1. S.246/328f.
HERBSTKLAGE; DIE TANZENDE SCHLANGE

Neumann, Alfred - NEU(2)

1922 ANEU
DER FEIND; HERBSTGESANG; BEDRÄNGNIS; ABEL UND KAIN; DIE LITANEIEN DES SATAN; DAS TÄGLICHE ENDE
[Anm.: Es handelt sich hier um den 1895 geborenen, durch Romane und Novellen bekanntgewordenen Alfred Neumann.]

Newman, Randolph H. - NEW

1960 ANEW
AN EINE VORÜBERGEHENDE

Niemeyer, Wilhelm - NIE

1947 Charles Baudelaire: *Die Sonette der Blumen des Bösen* als deutsche Sonette von Wilhelm Niemeyer. Hamburg: Christian Wegner Verlag
EINUNGEN; DIE SCHÖNHEIT; MENSCH UND MEER; DAS TONMEER; DUFT DER FREMDE; GANG VOM ABEND; DIE HEILIGE FRÜHE; DER LEUCHTER DES LEBENS; DIE LEUCHTFEUER; VORLEBEN; SEGNUNG; DER ALBATROS; DIE KRANKE MUSE; DIE MUSE ALS BETTLERIN; UNSTERN; DIE VORÜBERGEHENDE; DER GEKRÄNKTE MOND; DIE EULEN; DIE KATZEN; DER EINSAME TRINKER; IKARISCHE KLAGE; DER ABGRUND; DIE DIRNE; HASS UND WOLLUST; DON JUAN IN DER UNTERWELT; DER WIDERSPENSTIGE; AUFLEHNUNG; DIE BLINDEN; DER ZIGEUNERZUG; DER FEIND; DAS AAS; DIE GEBORSTENE GLOCKE; DAS GEWÖLBE DER FINSTERNIS; DER UNWÜRDIGE MÖNCH; SPLEEN [= "PLUVIOSE..."]; DER BESESSENE; HASSZAUBER; DAS GESPENST; LIEBESGEBET EINES HEIDEN; DAS GRAB

DES VERRUCHTEN DICHTERS; DIE RIESIN; HOHE FRAUEN; DAS TRUGBILD; TANZENDE SCHLANGEN; WEIB UND WOLLUST; DER LEIB DES WEIBES; SCHUTZENGEL, MUSE UND MADONNE; TRAUMTRUG; SCHERZGESPRÄCH; HERBSTLIED; DER TOD DER ARMEN; DIE BEIDEN KRANKENSCHWESTERN; DER HEITERE TOTE; DER TOD DER LIEBENDEN; DER NEUGIERIGE TOTE

[Anm.: Der Band enthält 58 Übertragungen zuzüglich einem Widmungsgedicht Niemeyers und einem Vorwort. Die Originale sind ebenfalls enthalten und werden im Inhaltsverzeichnis mit der Zählung der postumen Edition von 1868 aufgeführt. Aufschlußreich sind die Titel der von Niemeyer geordneten Gedichtgruppen: *Schönheit, Dichterlos, Geisteinsamkeit, Der Gottlose, Spleen und Spuk, Weib und Wahn, Müdnis und Tod*. Neuauflage: 1959.]

1975 AKEM
DER ALBATROS; EINUNGEN; DER HEITERE TOTE; IKARISCHE KLAGE

Nostiz, Oswald von - NOS

1950 AKLE
DIE MORGENDÄMMERUNG

1967 ASHN
DIE MORGENDÄMMERUNG

Oedheim, Heinrich von - OED

1887 AOED
DER GEIST DES WEINES

Oesterheld, Erich - OES

1908 AOES
DIE RIESIN; REVERSION; GEISTIGES MORGENROT; AN EINE VORÜBERGEHENDE; DIE SATANISCHEN LITANEIN

1911a AOES
PROLOG
- GEDICHTE AUS DEN JUGENDJAHREN: SARAH; IN EIN ALBUM; LIED; AN EINEN FREUND; ELEGIE
- BLUMEN DES BÖSEN: DIE KLEINODE; DELPHINE UND HIPPOLYTA; LESBOS
- GALANTERIEN: DIE VERHEISSUNGEN EINES GESICHTS; DER UNZÜCHTIGE MONSELET; BELGISCHE VENUS; O EDLE FRAU; DAS SCHEUSAL
- AMOENITATES BELGICAE: DIE SAUBERKEIT DER BELGISCHEN FRAUEN; DER GLEICHE GEIST; BELGISCHE CIVILISATION; DIE BELGIER UND DER MOND; HERRN HETZELS MEINUNG; EIN HEILSAMES WASSER; GRABSCHRIFT FÜR DAS ATELIER DES HERRN ROPS
- DIE APOKRYPHEN GEDICHTE: DIE HYMNE DER ERTRÄNKTEN; DIE BALLADE DES ERTRÄNKTEN; DER TOTE HUND; UNBEWUSST; IM SEZIERSAAL; IN DER MORGUE

[Anm.: Zusätzlich hat Oesterheld hier unter dem Titel "An Baudelaire" ein Verhaeren-Gedicht übertragen. In einer im selben Jahr erschienenen Neuauflage (3.Tausend) sind folgende Gedichte getilgt: *DIE VERHEISSUNGEN EINES GESICHTS; DER UNZÜCHTIGE MONSELET; BELGISCHE VENUS; DIE SAUBERKEIT DER BELGISCHEN FRAUEN; DER GLEICHE GEIST; BELGISCHE CIVILISATION; DIE HYMNE DER ERTRÄNKTEN*. Es kommt folgende Übersetzung hinzu: *ODE AN ST. BEUVE*. Bei den Änderungen handelt es sich durchgehend um Übersetzungen des Herausgebers.]

1911c In: *Die Aktion*. Jg.1. S.13/14
LESBOS

1912 In: *Die Aktion*. Jg.3. S.144
SARAH [= "JE N'AI PAS POUR MAITRESSE..."]
[Anm.: Mit dem Vermerk: "Autorisierte Übersetzung von Erich Oesterheld".]

Orthbandt, Eberhardt - ORT

1946 AORT
ERHOLUNG; DAS FRÜHERE LEBEN

1966 AGIP
ERHOLUNG

1975 AKEM
ERHOLUNG

Paepcke, Fritz - PAE

1987 Fritz Paepcke: "Wie verändert Übersetzen ein Gedicht? Charles Baudelaire, >La Mort des Pauvres< - Paul Celan, >Der Tod der Armen<". In: *CELAN JAHRBUCH* 1; Beiträge zur neueren Literaturgeschichte, 3.Folge, Bd.78. Hrsg. v. Hans-Michael Speier. Heidelberg: Carl Winter. S.183-215
DER TOD DER ARMEN
[Anm.: >Verständnisübersetzung<, ohne Reim und Metrum, aber mit Verseinteilung. Auf den Spuren Celans überträgt der Übersetzungswissenschaftler auf S.191 den Text zunächst selbst, bevor er auf S.197 Celans Übersetzung zitiert. Innerhalb einer sehr umfangreichen übersetzungsvergleichenden Fußnote zitiert Paepcke das Gedicht außerdem in den Übersetzungen Georges (209), Fahrenbach-Wachendorffs (S.210), Hausensteins (S.211) und Tóth Arpáds (S.211f.) Die letztere Übersetzung ins Ungarische wird von Paepcke auf S.212 ins Deutsche >rückübersetzt<, so daß sich hier die einzige mir bekannte Baudelaire-Übersetzung >aus zweiter Hand<, über das Medium einer Mittlersprache, findet.]

Ramée, Matthäus - RAM

1917 "Aus Charles Beaudelaire: Fleures du Mal" [sic!]. In: *Die Dachstube*. Jg.2. Blatt 49. S.187f. April
TANZEN EINER SCHLANGE

Reinhardt, Alphons - REI

1952 ABRA
DIE SEELE DES WEINS

Rexroth, Franz von - REX

1946 AREX
AN YVONNE PEN-MOORE; APRIL; LETHE
[Anm.: Bei den ersten beiden Texten handelt es sich laut Rexroths Angabe um "Poëmes retrouvé"(sic!). Die Zuordnung der unter dem Pseudonym Alexandre Privat d'Anglemont erschienenen Gedichte gilt als unsicher.]

Rieple, Max - RIE

1947 ARIE
DER ALBATROS; AUFSCHWUNG; DER MENSCH UND DAS MEER; DIE KATZE [= "VIENS, MON BEAU CHAT..."]; HERBSTGESANG; DIE EULEN; DIE BLINDEN; DER WEIN DER LIEBENDEN; SAMMLUNG

1955 AKAY
DER ALBATROS

1961 AGÖR
DER ALBATROS; DER MENSCH UND DAS MEER

1966 AGIP
SAMMLUNG

1967 ASHN
AUFSCHWUNG

1975 AKEM
DER ALBATROS; SAMMLUNG

Rilke, Rainer Maria - RIL

1921 In: *Das Inselschiff*. Jg.2. H.4. S.165f. Leipzig, April
LES PLAINTES D'UN ICARE
[Anm.: Den Titel hat Rilke nicht übersetzt. Alle weiteren unter RIL aufgeführten Publikationen außer RIL 1931 enthalten ebenfalls diesen Text.]

1927 Rilke, R.M.: Gesammelte Werke. Band IV
Leipzig: Insel
[Anm.: Neuauflage 1975.]

1931 Rilke, R.M.: */GEDICHTE/*aus den Jahren 1902 - 1917 [handschriftl. Titel Rilkes, faksimiliert]. Rainer Maria Rilke: *Ausgewählte Gedichte*, illustriert von Max Slevogt [Einbandtitel, Aquarell, von Slevogt]. [o.O. 1931].
DER TOD DER ARMEN
[Anm.: Privatdruck in 180 Exempl. Eigene Gedichte u. versch. Übers. Quelle zit. nach: Katalog der Rilke-Sammlung Richard von Mises. Bearb. u. hrsg. v. Paul Obermüller u. Herbert Steiner unter Mitarbeit v. Ernst Zinn. Frankfurt/M. 1966. Die Übersetzung wird auch zitiert in: Kruse, Hellmut: *Wolf Graf von Kalckreuth. Ein frühvollendeter Dichter*. Hbg.-Blankenese 1949, S.110]

1946 AREX

1948 ABRI

1958 AKEM

1968 ADEC

1970 AEYS

1975 AKEM

1977 AKIL

Robinson, Terese - ROB

1925 Charles Baudelaire: *Ausgewählte Werke*. Hrsg. v. Franz Blei. Bd.1: *Die Blumen des Bösen*. Ins Deutsche übertragen von Terese Robinson. München: Georg Müller
GESAMTÜBERTRAGUNG!
[Anm.: Die Ausgabe folgt der postumen Edition von 1868, allerdings unter Einfügung der *pièces condamnées* an alter Position. Somit enthält diese Ausgabe 158 Übertragungen. Die Einteilung in einzelne Abschnitte (*Spleen et Idéal* etc.) fällt weg.]

1958 AKEM
DAS FRÜHERE LEBEN

1968 ADEC
FREMDLÄNDISCHER DUFT; EINER VORÜBERGEHENDEN; DER TRAUM EINES NEUGIERIGEN; SAMMLUNG

1975 AKEM
DER ALBATROS; FREMDLÄNDISCHER DUFT; DIE KLAGEN EINES IKARUS

1981 Charles Baudelaire: Werke. Bd.6: Die Blumen des Bösen. Melzer: Dreieich
[Anm.: In dieser Werkausgabe vereinigt der Melzer-Verlag die Brunssche Werkausgabe von 1901-1910 (exklusive des Ergänzungsbandes) mit der ersten deutschen Gesamtübertragung der *Fleurs du Mal.*]

1982 Charles Baudelaire: *Die Blumen des Bösen.* Deutsch von Terese Robinson. München: Diogenes
[Anm.: Inhaltlich gleich zu ROB 1925, bringt jedoch die Reihenfolge von 1861 und fügt die dadurch wegfallenden Texte am Schluß an. Die Kapitelüberschriften werden wieder eingesetzt. Abweichungen beschränken sich im übrigen auf orthographische Aktualisierungen.]

Rössler, Andrea - RÖS

1988 In: Marsé, Juan: *Letzte Tage mit Teresa.* Baden-Baden: Elster
[Anm.: Marsés Roman sind die ersten drei Strophen von Baudelaires *L'ALBATROS* vorangestellt. Rössler hat den Roman aus dem Spanischen und den Text Baudelaires aus dem Französischen übertragen.]

Roser, Dieter

1946 Charles Baudelaire: *Le Spleen de Paris.* Tübingen, Stuttgart: Rainer Wunderlich Verlag (Hermann Leins).
[Anm.: Die Übersetzung des Vers-Gedichtes *Épilogue* ist in rhythmisierter Prosa verfaßt. Neuausg. 1960 bei Bechtle in München u. Esslingen.]

Rühm, Gerhard - RÜH

1971 Charles Baudelaire: *Die Reise nach Cythera.* 10 Umdichtungen von Gerhard Rühm. Stierstadt: Eremiten-Presse
ABEL UND KAIN; DIE KATZE [= "DANS MA CERVELLE SE PROMENE..."]; AN JENE, DIE ALLZU FRÖHLICH IST; DIE REISE NACH CYTHERA; VERFEHMTE FRAUEN [= DELPHINE ET HIPPOLYTE]; EINE MÄRTYRERIN; DER WEIN DES MÖRDERS; GEFALLEN AM NICHTS; LITANEI ZUM SATAN
[Anm.: Einige der Übersetzungen wurden von Rühm mit Widmungen versehen.]

Sahlberg, Oskar - SAH

1977 ASAH
PARISER LANDSCHAFT; MOESTA ET ERRABUNDA <TRAURIG UND RUHELOS>; DAS IDEAL; DER SPLEEN [= "LA CLOCHE FELÉE"]; SPLEEN [= "QUAND LE CIEL BAS ET LOURD..."]; ENTSPRECHUNGEN; GEISTIGE MORGENRÖTE; DER SPLEEN [= "PLUVIOSE..."]; DIE SEELE DES WEINS; DER WEIN DER LUMPENSAMMLER; DER TOD DER ARMEN; HERBSTGESANG; DIE REISE; DER SCHWAN; SAMMLUNG
[Anm.: Den 15 Gedichten wurde zumeist die älteste Original-Version zugrundegelegt. Die Übersetzungen sind reimlos (abgesehen von *DIE SEELE DES WEINS*), halten jedoch die Versform ein. Aus *LE VOYAGE* wurde nur die letzte Strophengruppe aufgenommen.]

Schaukal, Richard - SHA

1908a Schaukal, R.: *Buch der Seele.* München/Leipzig: Georg Müller
DER FEIND; DER ALBATROS; DON JUAN IN DER HÖLLE; DEIN SCHRITT [= "AVEC SES VETEMENTS ONDOYANTS ET NACRÉES..."]; DUFT DER FERNE; VERHÖR UM MITTERNACHT; BEGRÄBNIS EINES VERFEHMTEN DICHTERS

1908b AOES
DER ALBATROS; AUFSCHWUNG; DER FEIND; DON YUAN IN DER HÖLLE; DUFT DER FERNE; DU GROSSE SCHWEIGENDE; "DEIN SCHRITT IN

SCHIMMERNDER..."; BEERDIGUNG EINES VERFEHMTEN DICHTERS; VERHÖR UM MITTERNACHT; HYMNE

1933 AGOL
DEIN SCHRITT; SONETT; VERHÖR UM MITTERNACHT
[Anm.: Der Text von *SONETT* ist identisch mit dem von *DEIN SCHRITT*!]

1975 AKEM
DER ALBATROS; DUFT DER FERNE

Scheer, Eva - SHE

1946 ASHE
ZUSAMMENHÄNGE; BESINNUNG; DER ALBATROS; "WAS SAGST DU HEUTE ABEND..."; ABENDHARMONIE; ERHEBUNG

1948 AMÜL
DER ALBATROS; DIE MUSIK
[Anm.: *DIE MUSIK* findet sich nur hier in Scheerscher Übersetzung. Außerdem ist die Scheersche Übertragung eines Baudelaireschen Prosa-Stücks enthalten: *DAS CONFITEOR DES KÜNSTLERS*.]

1955 AKAY
DER ALBATROS; ZUSAMMENHÄNGE

1975 AKEM
DER ALBATROS; ZUSAMMENHÄNGE; BESINNUNG

Schellenberg, Ernst Ludwig - SHL

1911 ASHL
HARMONIEN; DER TOD; BERUHIGUNG; MISSGESCHICK; HERBSTLIED
[Anm.: Bei *DER TOD* handelt es sich um die letzte Strophengruppe von *LE VOYAGE*. Außerdem ist hier eine Schellenbergsche Übersetzung des Prosagedichts *L'ÉTRANGER (DER FREMDLING)* enthalten.]

1950 ABHL
HARMONIEN; BERUHIGUNG

Schmid, Karl (auch: Carlo) - SHM

1947 Charles Baudelaire: Die Blumen des Bösen. Übertragen von Karl Schmid. Tübingen und Stuttgart: Rainer Wunderlich Verlag (Hermann Leins)
GESAMTÜBERTRAGUNG!
[Anm.: Folgt in Text und Reihenfolge der Ausgabe letzter Hand von 1861. Angehängt sind in einem gesonderten Abschnitt "Verbotene Verse aus den Blumen des Bösen" sowie in einem "Nachtrag zu den Blumen des Bösen" die 25 zusätzlich in die postume Edition von 1868 aufgenommenen Texte. Insgesamt 158 Texte.]

1950a In: *Welt und Wort*. Tübingen, Jg.5. S.52.
HERBSTGESANG
[Anm.: 3 Strophen. Als Textbeispiel zu einem Aufsatz von G. Haug.]

1950b AKLE
EINLADUNG ZUR REISE

1955 AKAY
DIE GESPRUNGENE GLOCKE; TRÜBSINN [= "J'AI PLUS DE SOUVENIRS..."]

1957 Charles Baudelaire: *Die Blumen des Bösen*. Übertragen von Carlo Schmid. Münschen, Wien, Basel: Desch
[Anm.: Lizenzübernahme.]

1959 Charles Baudelaire: *Die Blumen des Bösen*. Übertragen von Carlo Schmid. München: Goldmann (Goldmanns gelbe Taschenbücher Bd. 535)
[Anm.: Lizenzausgabe. Spätere Auflagen: 1961]

1965 AVOS
DER ALBATROS

1968 ADEC
EINLADUNG ZUR REISE; GEWISSENSERFORSCHUNG UM MITTERNACHT

1975a Charles Baudelaire: *Die Blumen des Bösen*. Übertragen von Carlo Schmid. Frankfurt: Insel. (Insel-Tb. 120)
[Anm.: Lizenzübernahme. Weitere Ausgaben: 1976 usw., 1988 erreichte der Band die 10. Auflage. Als kommentierte Ausgabe ab 1977 bei Suhrkamp.]

1975b AKEM
DER ALBATROS; DER BALKON; BEZOGENHEITEN; FREMDLÄNDISCHER DUFT; TRÜBSINN [= "QUAND LE CIEL BAS ET LOURD..."]; DER SCHWAN; SAMMLUNG; IKARISCHE KLAGE

1979 ASHZ
SAMMLUNG

1985 AMAI
GRABLEGE

1986 ASIM
DER BLUTQUELL; DER WASSERSTRAHL

1987 AKOC
DER TOD DER LIEBENDEN; DER TOD DER ARMEN LEUTE; DER TOD DER KÜNSTLER

Schmidt-Halensee, Arthur - SHN

1909 AGUN
DIE KRANKE MUSE; DIE FEILE MUSE; DER SCHLECHTE MÖNCH; MISSGESCHICK; WANDERNDE ZIGEUNER; DIE SCHÖNHEIT; EXOTISCHER DUFT; DIE TANZENDE SCHLANGE; REUE NACH DEM TODE; DIE KATZE [= "VIENS, MON BEAU CHAT..."]; SIE GANZ UND GAR; "WAS WIRST DU SAGEN..."; DAS SCHÖNE SCHIFF; EINLADUNG ZUR REISE; DIE KREOLIN; DIE EULEN; QUÄLEREI [= OBSESSION]; DER DECKEL; DIE STIMME; BERTAS AUGEN; DAS LÖSEGELD; NEBEL UND REGEN; DIE ANRUFUNG SATANS

1920 AZOO
DAS SCHÖNE SCHIFF

1933 APET
DIE SCHÖNHEIT

1975 AKEM
EXOTISCHER DUFT

Schoenhals, Albrecht - SHO

1948 ASHO
DER ALBATROS; AUFSCHWUNG; MENSCH UND MEER; SAMMLUNG; DER TOD DER LIEBENDEN; DER TOD DER ARMEN; DIE GEBORSTENE GLOCKE; DER FROHE TOTE; AN EINE, DIE VORÜBERGING; DE PROFUNDIS CLAMAVI; SCHWERMÜTIGER MOND; SEMPER EADEM; MUSIK; DIE WARNERIN; GESPENST; DIE SCHÖNHEIT; HYMNE AN DIE SCHÖNHEIT; HERBSTGESANG; ABEL UND KAIN; VAMPIR; DER BLUTBRUNNEN; NEBEL UND REGEN; DAS IDEAL; DIE EULEN; DAS PFAND

1949 AGAU
DER ALBATROS

1954 AHOB
DER ALBATROS

1955 AKAY
DER ALBATROS; DIE GEBORSTENE GLOCKE

1968 ADEC
ABEL UND KAIN

1970 AEYS
DER ALBATROS; DIE BLINDEN

1973 ASHO
DIE KRANKE MUSE; ZIGEUNER AUF FAHRT; DON JUAN IN DER UNTERWELT; DAS GESCHMEIDE; FERNER LÄNDER DUFT; LETHE; PHANTOM: DIE FINSTERNISSE, DER DUFT, DAS BILDNIS; DIE LEBENDIGE FACKEL; DIE KATZE [= "VIENS, MON BEAU CHAT..."]; EINKLANG ZUM ABEND; DER KATER [= "DANS MA CERVELLE SE PROMENE..."]; EINLADUNG ZUR REISE; LIED AM NACHMITTAG; VERSE AUF DAS BILDNIS VON HONORÉ DAUMIER; DIE PFEIFE; DER FROHE TOTE; DAS FASS DES HASSES; SPLEEN 1; SPLEEN 2; SPLEEN 3; DIE STIMME; DER AUFRÜHRER; DER SPRINGBRUNN; IKARISCHE KLAGE; DIE SONNE; DIE GEKRÄNKTE LUNA; DIE SIEBEN GREISE; DAS SPIEL; DIE SEELE DES WEINS; DER WEIN DER LUMPENSAMMLER; DER WEIN DES MÖRDERS; AMOR UND DER SCHÄDEL; PETRI VERLEUGNUNG; ABEL UND KAIN; DIE WARNERIN; SCHWERMÜTIGER MOND; DIE EULEN; DER WIEDERGÄNGER; NEBEL UND REGEN; MUSIK; DER BLUTBRUNNEN; DIE REISE
[Anm.: Insgesamt 9 Texte überschneiden sich mit SHO 1948.]

1975 AKEM
DER ALBATROS; DER FROHE TOTE; SAMMLUNG

Schomerus-Wagner - SHW

1946 In: *Die Besinnung*. Jg.1. H.1. S.36
DIE BLINDEN

Schulz-Jander, Eva-Maria - SHZ

1979 ASHZ
[Anm.: Der Band enthält sechs Baudelaire-Gedichte sowie deren deutsche Vers- und Prosa-Übertragungen. Die Prosa-Übertragungen für den gesamten Band besorgte Schulz-Jander. Es handelt sich im Fall Baudelaires um folgende Texte (die Titel wurden nicht übertragen): *ÉLÉVATION; LA CHEVELURE; SPLEEN [= "QUAND LE CIEL BAS ET LOURD..."]; BRUMES ET PLUIES; LA MORT DES ARTISTES; RECUEILLEMENT*.]

Siepe, Hans T.

1990 AKEM
EXOTISCHER DUFT; AN EINE, DIE VORÜBERGING
[Anm.: Siepe ist Mitherausgeber der Anthologie. Zu *AN EINE, DIE VORÜBERGING* siehe KEM 1990.]

Strassowa, Helena - STR

1948 ASTR
DAS HAAR; DIE KATZE [= "VIENS, MON BEAU CHAT..."]; DER BALKON; AN EINE MADONNA; HYMNE

1975 AKEM
DER BALKON

Thalmayr, Andreas - THA

1990 ATHA
DAS SPIEL
[Anm.: Einsprachig. Der Text ist viermal abgedruckt (S.128-131), wobei von einer rudimentären Fassung mit großen, typographisch markanten Textlücken allmählich zur vollständigen Übersetzung vorangeschritten wird. Der Text ist reimlos, aber rhythmisiert und schließt den Versbruch ein.]

Thiel, Manfred - THI

1977 *Baudelaires Blumen des Bösen.* Neu übertragen in veränderter Anordnung mit einem Vorwort und 12 Geboten für den Lyrikübersetzer sowie Anmerkungen zur Langeweile. In: *Poetisches II.* Von Manfred Thiel. Heidelberg: Elpis Verlag
GESAMTÜBERTRAGUNG!
[Anm.: Wie bereits aus der bibliographischen Angabe hervorgeht, bringt diese zweisprachige Ausgabe die Texte in veränderter Reihenfolge. Das Inhaltsverzeichnis weist die französischen Texte in der Reihenfolge der postumen Edition von 1868 aus, allerdings unter Einfügung der *pièces condamnées* an alter Postion. Insgesamt 158 Texte. Thiel bringt zu 40 Texten insgesamt 62 Übersetzungsvarianten (siehe Bibliographie der Texte).]

Vintler, Hans von - VIN

1890 In: *Magazin für Litteratur.* Jg.59. S.35f. Berlin
DER VAMPYR; AMOR AUF DEM TOTENSCHÄDEL

1898 AHEN
DER VAMPYR

1904 AGUN
DER VAMPIR; AMOR AUF DEM TOTENSCHÄDEL

1909 AGUN
DER VAMPIR; AMOR AUF DEM TOTENSCHÄDEL

1920 AZOO
DER VAMPIR

Weigand, Wilhelm - WEI

1889 "Charles Baudelaire". Eine Studie von Wilhelm Weigand. In: *Magazin für die Literatur des Auslandes.* Jg.58. Nr.45. S.709-710, 728-731, 745-749. Berlin
[Anm.: Auf S.729 befindet sich eine Prosaübertragung der ersten 14 Verse von *A UNE MADONE.* Diese weder vollständige noch literarische Übertragung ist hier aufgenommen sowohl aufgrund der rezeptionsgeschichtlichen Bedeutung des Aufsatzes, als auch exemplarisch für zahlreiche andere, in wissenschaftliche oder essayistische Studien eingeflochtene Prosa-Übertragungen, und nicht zuletzt, weil Weigand im Rahmen seiner Studie meines Wissens als erster Deutscher Übertragungen aus den *Petits poèmes en prose* bringt: *DAS CONFITEOR DES KÜNSTLERS* und *DER HAFEN.* Außerdem enthält die Studie eine Übersetzung des berühmten zehnten Stücks der *Fusées* ("J'ai trouvé la définition du Beau..."). Schon knapp drei Jahre später brachte die Wiener *Moderne Rundschau* weitere Prosagedichte Baudelaires in Dörmannscher Übertragung (siehe DÖR 1891) und darüberhinaus ein weiteres *CONFITEOR DES KÜNSTLERS* sowie *DER NARR UND DIE VENUS* in den Übertragungen Robert Fischers (*Moderne Rundschau*, 4.Bd., S.65f.).]

Wiegler, Paul - WIE

1900 AWIE
EINKLÄNGE; DAS LEBEN VOR DEM SEIN; DAS SCHLECHTE LOS; DIE SCHÖNHEIT; DAS HAAR; "ICH BETE, WEIB, IN DIR..."; "ES GLEISST PERLMUTTERLICHT..." [= "AVEC SES VETEMENTS..."]; DER VAMPYR; DIE KATZE; DER BALKON; DER DUFT; DER RAHMEN; SEMPER EADEM; IN ALLEM; "WAS WILLST DU SAGEN, HERZ..."; UMKEHRUNG; ABENDHARMONIE; DIE KATZE; EINLADUNG ZUR FAHRT; HERBSTKLAGE; SPANISCHES MADONNENGEBET; NACHMITTAGSGESANG; MOESTA ET ERRABUNDA; DER WIEDERKEHRENDE; DIE MUSIK; SPLEEN [= "JE SUIS COMME LE ROI..."]; TRAURIGES MADRIGAL; DER SPRINGBRUNNEN; IKARUSKLAGE; RUHE; NEBEL UND REGEN; LAND DES TRAUMES
[Anm.: *SPANISCHES MADONNENGEBET* ist identisch mit *AN EINE MADONNA* in WIE 1908.]

1908 AOES
DAS HAAR; DIE KATZE [= "VIENS, MON BEAU CHAT..."]; IN ALLEM; AN EINE MADONNA; DER SPRINGBRUNNEN

1933a AGOL
DER SPRINGBRUNNEN

1933b APET
DIE SCHÖNHEIT

1948 AJAS
DIE SCHÖNHEIT; IN ALLEM; DER SPRINBRUNNEN
[Anm.: *DIE SCHÖNHEIT* fällt in späteren Auflagen der Anthologie, nicht vor 1955 und spätestens ab 1960, heraus.]

Wildgans, Anton - WIL

1911 ADIE
DIE DÄMMERUNG DES ABENDS

1952 ABRA
HEAUTON TIMOROUMENOS; EIN AAS; DIE ABENDDÄMMERUNG

Wolff, Charlotte - WOF

1924 Lotte Wolff: Baudelaire-Übertragungen. In: *Vers und Prosa.* S.272ff.
DER BALKON; SPLEEN [= "QUAND LE CIEL BAS ET LOURD..."]; DIE SEELE DES WEINS [= LE VIN DES AMANTS]
[Anm.: Siehe auch Benjamin und Hessler.]

1987 In: *Der Pfahl.* Jahrbuch aus dem Niemandsland zwischen Kunst und Wissenschaft. Bd.1. S.406-408. München: Matthes & Seitz.
DER BALKON; SPLEEN [= "QUAND LE CIEL BAS ET LOURD..."]; DIE SEELE DES WEINS

Wolfhagen, Ernst - WOH

1974 Charles Baudelaire: "Femmes damnées". In: Ernst Wolfhagen: "Radierungen". Hannover.

Ziesing, Theodor - ZIE

1879 Ziesing, Th.: *Charles Baudelaire.* Ein Essay. Zürich: Orell Füssli & Co.
DON JUAN IN DER UNTERWELT

[Anm.: Diese älteste hier aufgenommene Übersetzung findet sich im Anmerkungsteil der Abhandlung. Die Übersetzung des Titels stammt aus dem Textteil.]

Zweig, Stefan - ZWE

1901a "Jüngstfranzösische Lyrik." Übertragen von Stefan Zweig. In: *Stimmen der Gegenwart*. S.333-335. November
BRUMES ET PLUIES
[Anm.: Zweig hat hat hier jew. ein Gedicht von Verlaine, Baudelaire, Verhaeren, Samain, Rimbaud und Dierx übertragen. Die Gedichttitel wurden im Original belassen.]

1901b In: *Deutsche Dichtung*. Bd.30. S.246-248, 266, 289. Dresden: Ehlermann. Apr.-Sept.
DER ALBATROS; DER DUFT; L'IRREPARABLE, HARMONIEN; HERBSTLIED; DIE KATZE; DER MENSCH UND DAS MEER; DIE MUSIK; NOCH HEUTE; SEMPER EADEM; SPLEEN; "WAS SAGST DU HEUTE..."; DER WEIN DES EINSAMEN; DER WIEDERKEHRENDE

1901/2 In: *Deutsche Dichtung*. Bd.31. S.25, 50. Dresden: Ehlermann. Okt.- März.
DER RAHMEN; DIE RIESIN; DIE SEELE DES WEINS

1902a Charles Baudelaire: *Gedichte in Vers und Prosa*. Übersetzt von Camill Hoffmann und Stefan Zweig. Leipzig: Seemann
DER ALBATROS; HARMONIEN; DER MENSCH UND DAS MEER; DON JUAN IN DER HÖLLE; DIE SCHÖNHEIT; DIE RIESIN; "DAS WELTALL MÖCHTEST DU..."; DER VAMPIR; DIE KATZE [= "VIENS, MON BEAU CHAT..."]; DER BALKON; EIN PHANTOM; SEMPER EADEM; ALLEINHEIT; "WAS SAGST DU HEUTE..."; DIE LEBENDE LEUCHTE; HARMONIE DES ABENDS; "L'IRRÉPARABLE"; CAUSERIE; HERBSTLIEDER; DER WIEDERKEHRENDE; DIE MUSIK; DIE GESPRUNGENE GLOCKE; SPLEEN ["JE SUIS COMME LE ROI..."]; "WIE DUMPFER KIRCHEN..."; SPLEEN [= "QUAND LE CIEL BAS ET LOURD..."]; HYMNE; DIE KLAGEN EINES IKARUS; BERUHIGUNG; NOCH HEUTE [= "JE N'AI PAS OUBLIÉ, VOISINE DE LA VILLE..."]; NEBEL UND REGEN; DIE SEELE DES WEINES; DER WEIN DES MÖRDERS; DER WEIN DES EINSAMEN; DER BLUTSTROM; DER TOD DER LIEBENDEN
[Anm.: 35 Texte. Camill Hoffmann besorgte die Übersetzung der Prosa-Gedichte.]

1902b Stefan Zweig: "Charles Baudelaire". In: *Deutsche Dichtung*. Bd.32. S.65-68. Apr.-Sept.
[Anm.: In dem Essay, der ansonsten mit dem Vorwort aus ZWE 1902a identisch ist, wird auf S.67 Zweigs Übersetzung von *RECUEILLEMENT* zitiert.]

1903 In: *Magazin für Literatur*. Jg.72:b. S.65. 15.Mai
DON JUAN IN DER HÖLLE; DIE SCHÖNHEIT; DIE KATZE
[Anm.: Den Übertragungen folgt Zweigs Baudelaire-Essay, der in ZWE 1902a als Vorwort enthalten ist.]

1908 AOES
DIE LEBENDE LEUCHTE; HERBSTLIEDER; DER WIEDERKEHRENDE; SPLEEN [= "JE SUIS COMME LE ROI..."]; DIE KLAGEN EINES IKARUS; NEBEL UND REGEN; DIE SEELE DES WEINS; DER WEIN DES MÖRDERS

1933 APET
DIE SCHÖNHEIT

1948 ALEH
HERBSTLIEDER
[Anm.: Nur II; Orthographie >angeglichen<.]

1959 Fitzbauer, Erich (Hg.): *Stefan Zweig. Spiegelungen einer schöpferischen Persönlichkeit*. Wien: Bergland (Eine Sonderpublikation der deutschen Stefan Zweig Gesellschaft).
HERBSTLIED

1975 AKEM

DIE KLAGEN EINES IKARUS

1979 ASHZ
SPLEEN [= "QUAND LE CIEL BAS ET LOURD..."]

1983 AZWE
[Anm.: Der Abschnitt mit den Nachdichtungen von Baudelaire ist inhaltlich mit ZWE 1902 identisch.]

Übersetzer unbekannt - ZZZ

1916 In: *Die Aktion*. Jg.6. S.566/567
ABENDHARMONIE

TITEL

Da über neunzig Prozent der deutschen Übersetzer nur eine Auswahl aus dem Baudelaireschen Gedichtwerk bearbeitet haben, ist eine Zusammenstellung der Originaltitel und ihrer jeweiligen Übersetzungen für die praktische Arbeit mit der vorliegenden Bibliographie unentbehrlich. Das Verzeichnis nimmt zwar einen breiten Raum ein, bietet aber den erforderlichen raschen Überblick. Die Auflistung der Titel schließt das Angebot zu einem eigenen, speziellen Übersetzungsvergleich ein.

Die Originale sind mit knappen Publikationshinweisen versehen. Die römischen Zahlen beziehen sich auf die drei Editionen der *Fleurs du Mal* (I = erste Edition von 1857, II = Edition letzter Hand von 1861, III = postume Edition von 1868). Die arabischen Zahlen beziehen sich auf die Position des Textes innerhalb der jeweiligen Edition. "E." = "Épaves". "p.c." = "piece condamnée". Seitenangaben beziehen sich auf die in der vorliegenden Arbeit verwendete Werkausgabe der *Bibliothèque de la Pléiade* (Baudelaire 1975/1976). Die mir nicht vorliegenden Texte von M. Asmus habe ich nach der Bibliographie von Kämmer (1921) eingearbeitet und jeweils mit Sternchen [*] gekennzeichnet. Die Jahreszahlen der Übersetzungen beziehen sich jeweils auf die erste publizierte Fassung. Spätere Varianten wurden, soweit sie die Titel betreffen, als Fußnoten berücksichtigt.

1. Au Lecteur (I:0; II:0; III:0[1])

1908	Hauser	Vorwort
1908	Mehring	Zum Eingang
1924	Benjamin	An den Leser
1925	Robinson	An den Leser
1936	Moos	An den Leser
1946	Hausenstein	An den Leser
1947	Schmid	An den Leser
1949	Carl Fischer	An den Leser
1962	Kemp	An den Leser
1973	Löffler	An den Leser
1977	Thiel	Dem Leser
1980	Fahrenbach-W.	An den Leser
1982	Berger	An den Leser

2. Bénédiction (I:1; II:1; III:1)

1891	George	Segen
1909	Englert	Segen
1917	Hauser	Segen
1923	Bruns	Weihe
1925	Robinson	Segen
1946	Hausenstein	Segen
1947	Lövenich	Segen
1947	Niemeyer	Segnung
1947	Schmid	Segensspruch
1949	Carl Fischer	Segen

[1]In den *Fleurs du Mal* von 1868 trägt der Text den Titel *Préface*.

1962	Kemp	Segen
1973	Löffler	Segen
1977	Thiel	Segnung
1980	Fahrenbach-W.	Segen

3. L'Albatros (I:/; II:2; III:2)

1882	Englert	Der Albatros
1898	Meyer	o.T.
1899	George	Der Albatros
1901	Zweig	Der Albatros
1907	Horvát	Der Albatros
1907	Kalckreuth	Der Albatros
1908	Bruns	Der Albatros
1908	Schaukal	Der Albatros
1909	Asmus	*
1909	Gundlach	Der Albatros
1917	Hauser	Der Albatros
1925	Robinson	Der Albatros
1936	Moos	Albatros
1946	Hausenstein	Der Albatros
1946	Jaime	Der Albatros
1946	Lange	Der Albatros[2]
1946	Scheer	Der Albatros
1947	Lövenich	Der Albatros
1947	Niemeyer	Der Albatros
1947	Rieple	Der Albatros
1947	Schmid	Der Albatros
1948	Schoenhals	Der Albatros
1949	Carl Fischer	Der Albatros
1962	Kemp	Der Albatros
1973	Löffler	Der Albatros
1977	Thiel	Der Albatros[3]
1978	Dietrich	Der Albatros
1980	Fahrenbach-W.	Albatros
1982	Berger	Der Albatros
1988	Rössler	o.T.

4. Élévation (I:3; II:3; III:3)

1882	Englert	Erhebung
1891	George	Erhebung[4]
1898	Meyer	o.T.
1907	Fuhrmann	Flug!
1907	Kalckreuth	Erhebung
1908	Schaukal	Aufschwung
1910	Henckell	Aufschwung
1917	Hauser	Aufschwung
1923	Bruns	Aufschwung
1925	Robinson	Erhebung
1946	Scheer	Erhebung
1946	Hausenstein	Erhebung
1947	Lövenich	Erhebung

[2]In 3 Fassungen.

1947	Rieple	Aufschwung
1947	Schmid	Aufschwung
1948	Schoenhals	Aufschwung
1949	Carl Fischer	Aufschwung
1962	Kemp	Erhebung
1973	Löffler	Erhebung
1977	Thiel	Aufschwung
1978	Dietrich	Aufschwung
1979	Schulz-Jander	o.T.
1980	Fahrenbach-W.	Erhebung
1984	Borowsky	Aufstieg

5. Correspondances (I:4; II:4; III:4)

1891	George	Einklänge
1898	Meyer	o.T.
1900	Wiegler	Einklänge
1901	Zweig	Harmonien
1902	Bruns	Beziehungen[5]
1907	Kalckreuth	Zusammenhänge
1908	Horvát	Zusammenklänge[6]
1909	Englert	Harmonien
1911	Schellenberg	Harmonien
1917	Hauser	Harmonieen
1920	Havemann	Beziehungen
1925	Robinson	Zusammenklang
1936	Moos	Übereinstimmung
1946	Hausenstein	Entsprechungen
1946	Scheer	Zusammenhänge
1947	Niemeyer	Einungen
1947	Schmid	Bezogenheiten
1948	Jaime	Einklang
1949	Carl Fischer	Entsprechung
1954	Busch	Einklänge
1958	Gsteiger	Bezüge
1962	Kemp	Entsprechungen
1973	Löffler	Korrespondenzen
1977	Sahlberg	Entsprechungen
1977	Thiel	Entsprechungen[7]
1980	Fahrenbach-W.	Übereinstimmungen
1982	Berger	Entsprechungen
1984	Borowsky	Korrespondenz

6. *J'aime le souvenir de ces époques nues,* (I:5; II:5; III:5)

1901	George	Ich will die entschwundenen nackten zeiten loben...
1908	Horvát	Ich bin dem Angedenken nackter Zeiten hold...
1917	Hauser	Gerne denk' ich zurück an jene nackten Zeiten...
1925	Robinson	Den entschwundenen nackten Zeiten bin ich so hold...

[3]In 2 Fassungen.
[4]Ab GEO 1901 unter dem Titel *Aufschwung*.
[5]Nur die Strophen I und II. Vollständige Version ab BRU 1908.

1947	Schmid	Ich liebe das Gedenken jener nackten Zeiten...
1949	Carl Fischer	Erinnernd möchte ich die alten Zeiten loben...
1962	Kemp	Ich liebe die Erinnerung an jene nackten Zeiten...
1973	Löffler	Ich lieb den Traum von jenen fernen, nackten Tagen...
1977	Thiel	Gern denk ich der nackten Epochen...
1980	Fahrenbach-W.	Wie lieb ich dieser nackten Zeiten Bild...

7. Les Phares (I:6; II:6; III:6)

1901	George	Die Leuchttürme
1907	Kalckreuth	Die Leuchttürme
1917	Hauser	Die Leuchtfeuer
1920	Havemann	Die Leuchtfeuer
1925	Robinson	Die Leuchttürme
1946	Jaime	Die Leuchttürme
1947	Niemeyer	Die Leuchtfeuer
1947	Schmid	Die Leuchttürme
1949	Carl Fischer	Die Leuchtfeuer
1962	Kemp	Die Leuchtfeuer
1973	Löffler	Die Leuchttürme
1977	Thiel	Die Leuchttürme
1980	Fahrenbach-W.	Leuchtfeuer

8. La Muse malade (I:7; II:7; III:7)

1891	George	Die kranke Muse
1898	Meyer	o.T.
1907	Kalckreuth	Die kranke Muse
1908	Horvát	Die kranke Muse
1909	Schmidt-H.	Die kranke Muse
1917	Hauser	Die kranke Muse
1925	Robinson	Die kranke Muse
1947	Niemeyer	Die kranke Muse
1947	Schmid	Die kranke Muse
1949	Carl Fischer	Die kranke Muse[8]
1962	Kemp	Die kranke Muse
1970	Benjamin	Die kranke Muse
1973	Schoenhals	Die kranke Muse
1973	Löffler	Die kranke Muse
1977	Thiel	Die kranke Muse[9]
1980	Fahrenbach-W.	Die kranke Muse

[6]*Zusammenklänge* nennt Horvát den Text in der Anthologie von Oppeln-Bronikowski. In der im selben Jahr erschienenen Anthologie von Oesterheld (HOR 1908a) ist die Horvátsche Übersetzung des Textes *Harmonien* betitelt.

[7]In 2 Fassungen.

[8]Ab FIC 1954 unter dem Titel *Die bettelnde Muse*.

[9]In 3 Fassungen.

9. La Muse vénale (I:8; II:8; III:8)

1891	George	Die käufliche Muse[10]
1907	Horvát	Die feile Muse
1909	Schmidt-H.	Die feile Muse
1917	Hauser	Die feile Muse
1925	Robinson	Die käufliche Muse
1947	Niemeyer	Die Muse als Bettlerin
1947	Schmid	Die feile Muse
1949	Carl Fischer	Die käufliche Muse
1962	Kemp	Die käufliche Muse
1973	Löffler	Die feile Muse
1977	Thiel	Die käufliche Muse[11]
1980	Fahrenbach-W.	Die käufliche Muse

10. Le Mauvais Moine (I:9; II:9; III:9)

1901	George	Der böse Mönch
1907	Horvát	Der schlechte Mönch
1907	Kalckreuth	Der schlechte Mönch
1909	Schmidt-H.	Der schlechte Mönch
1917	Hauser	Der schlechte Mönch
1925	Robinson	Der schlechte Mönch
1936	Moos	Der böse Mönch
1946	Hausenstein	Der schlechte Mönch
1947	Niemeyer	Der unwürdige Mönch
1947	Schmid	Der schlechte Mönch
1948	Kiechler	Der schlechte Mönch
1949	Carl Fischer	Der schlechte Mönch
1962	Kemp	Der schlechte Mönch
1973	Löffler	Der schlechte Mönch
1977	Thiel	Der schlechte Mönch[12]
1980	Fahrenbach-W.	Der schlechte Mönch
1982	Berger	Der schlechte Mönch

11. L'Ennemi (I:10; II:10; III:10)

1891	George	Der Feind
1898	Meyer	o.T.[13]
1907	Kalckreuth	Der Feind
1908	Schaukal	Der Feind
1917	Hauser	Der Feind
1922	Neumann(2)	Der Feind
1925	Robinson	Der Feind
1936	Moos	Der Feind
1947	Derndarsky	Der Feind
1947	Ernst Fischer	Der Feind
1947	Herrmann	Der Feind
1947	Niemeyer	Der Feind
1947	Schmid	Der Feind
1948	Krolow	Der Feind
1949	Carl Fischer	Der Feind

[10]Ab GEO 1901 unter dem Titel *Die feile Muse*.
[11]In 10 Fassungen.

1962	Kemp	Der Feind
1973	Löffler	Der Feind
1977	Thiel	Der Feind[14]
1978	Dietrich	Der Feind
1980	Fahrenbach-W.	Der Feind
1982	Berger	Der Feind

12. Le Guignon (I:11; II:11; III:11)

1900	Wiegler	Das schlechte Los
1901	George	Unstern
1907	Kalckreuth	Unstern
1908	Jaffé	Mißgeschick
1909	Schmidt-H.	Mißgeschick
1910	Henckell	"Pech"
1911	Schellenberg	Mißgeschick
1917	Hauser	Unstern
1925	Robinson	Der Unstern
1936	Moos	Unglück
1947	Niemeyer	Unstern
1947	Schmid	Der Unstern
1949	Carl Fischer	Unstern
1962	Kemp	Unstern
1973	Löffler	Unstern
1977	Thiel	Der Unstern
1980	Fahrenbach-W.	Der Unstern
1982	Berger	Unstern

13. La Vie antérieure (I:12; II:12; III:12)

1891	George	Vorleben
1898	Meyer	o.T.[15]
1900	Wiegler	Das Leben vor dem Sein
1907	Horvát	Vorleben
1907	Kalckreuth	Vorleben
1909	Asmus	*
1917	Hauser	Früheres Leben
1919	Christian	Das vorige Leben
1923	Bruns	Aus alten Erinnerungen
1925	Robinson	Das frühere Leben
1927	Deutsch	Aus meinem früheren Leben
1936	Moos	Einst
1946	Beckerath	Rückerinnerung an das frühere Leben
1946	Kehrli	Vorleben
1946	Hausenstein	Das frühere Leben
1946	Orthbandt	Das frühere Leben
1947	Lövenich	Vorleben
1947	Niemeyer	Vorleben
1947	Schmid	Das frühere Leben
1949	Carl Fischer	Das frühere Leben
1958	Derndarsky	Das frühere Leben
1960	U.F. Müller	Das frühere Leben

[12]In 3 Fassungen.

[13]In MEY 1909 unter dem Titel *Der Feind.*

1962	Kemp	Das vorige Leben
1973	Löffler	Das frühere Leben
1977	Thiel	Das frühere Leben[16]
1980	Fahrenbach-W.	Das frühere Leben
1982	Helbling	Das frühere Leben
1984	Borowsky	Das vorige Leben

14. Bohémiens en voyage (I:13; II:13; III:13)

1899	George	Zigeuner auf der Reise
1909	Schmidt-H.	Wandernde Zigeuner
1917	Hauser	Zigeuner auf der Fahrt
1923	Bruns	Zigeuner auf der Reise
1925	Robinson	Zigeuner auf der Fahrt
1947	Niemeyer	Der Zigeunerzug
1947	Schmid	Zigeuner auf Wanderschaft
1949	Carl Fischer	Zigeuner auf der Wanderschaft[17]
1962	Kemp	Zigeuner unterwegs
1973	Löffler	Zigeuner auf der Reise
1973	Schoenhals	Zigeuner auf Fahrt
1977	Thiel	Zigeuner auf der Fahrt[18]
1980	Fahrenbach-W.	Zigeuner unterwegs
1982	Berger	Zigeuner unterwegs

15. L'Homme et la mer (I:14; II:14; III:14)

1899	Arnold	Mensch und Meer
1900/1	George	Der Mensch und das Meer
1901	Zweig	Der Mensch und das Meer
1907	Kalckreuth	Der Mensch und das Meer
1908	Jaffé	Der Mensch und das Meer
1909	Gundlach	Der Mensch und das Meer
1917	Hauser	Mensch und Meer
1925	Robinson	Der Mensch und das Meer
1946	Hausenstein	Der Mensch und das Meer
1947	Ernst Fischer	Der Mensch und das Meer
1947	Niemeyer	Mensch und Meer
1947	Rieple	Der Mensch und das Meer
1947	Schmid	Der Mann und das Meer
1948	Schoenhals	Mensch und Meer
1949	Carl Fischer	Der Mensch und das Meer
1962	Kemp	Der Mensch und das Meer
1973	Löffler	Der Mensch und das Meer
1977	Thiel	Der Mensch und das Meer
1980	Fahrenbach-W.	Der Mensch und das Meer

[14]In 2 Fassungen.
[15]In MEY 1909 unter dem Titel *Das frühere Leben*.
[16]In 2 Fassungen.
[17]Ab FIC 1954 unter dem Titel *Fahrende Zigeuner*.
[18]In 2 Fassungen.

16. Don Juan aux enfers (I:15; II:15; III:15)

1879	Ziesing	Don Juan in der Hölle
1891	George	Don Juan in der Hölle
1901	Mehring	Don Juan in der Unterwelt
1902	Zweig	Don Juan in der Hölle
1907	Kalckreuth	Don Juan in der Hölle
1908	Bruns	Don Juan in der Unterwelt
1908	Schaukal	Don Juan in der Hölle
1909	Asmus	*
1917	Hauser	Don Juan in der Hölle
1925	Robinson	Don Juan in der Unterwelt
1936	Moos	Don Juan in der Unterwelt
1947	Niemeyer	Don Juan in der Totenwelt
1947	Schmid	Don Juan in der Hölle
1949	Carl Fischer	Don Juan in der Unterwelt
1962	Kemp	Don Juan in der Unterwelt
1973	Löffler	Don Juan in der Unterwelt
1973	Schoenhals	Don Juan in der Unterwelt
1977	Thiel	Don Juan in der Hölle
1978	Dietrich	Don Juan in der Unterwelt
1980	Fahrenbach-W.	Don Juan in der Unterwelt
1982	Berger	Don Juan in der Unterwelt

17. A Théodore de Banville (III: 16)

1901	George	An Theodor von Banville
1917	Hauser	An Théodore de Banville
1925	Robinson	An Théodore de Banville
1947	Schmid	An Theodor von Banville
1949	Carl Fischer	An Théodore de Banville
1973	Löffler	An Théodore de Banville
1977	Kemp	An Théodore de Banville
1977	Thiel	An Théodore de Banville

18. Châtiment de l'orgueil (I:16; II:16; III:17)

1901	George	Züchtigung des Hochmuts
1917	Hauser	Züchtigung des Hochmuts
1925	Robinson	Züchtigung des Hochmuts
1946	Hausenstein	Züchtigung der Hoffart
1947	Schmid	Züchtigung der Hoffahrt
1949	Carl Fischer	Die Züchtigung der Hoffart
1962	Kemp	Züchtigung der Hoffart
1973	Löffler	Züchtigung des Hochmuts
1977	Thiel	Züchtigung des Stolzes[19]
1980	Fahrenbach-W.	Züchtigung der Hoffart

[19] In 2 Fassungen.

19. La Beauté (I:17; II:17; III:18)

1891	George	Die Schönheit
1900	Wiegler	Die Schönheit
1902	Zweig	Die Schönheit
1907	Horvát	Die Schönheit
1907	Kalckreuth	Die Schönheit
1909	Asmus	*
1909	Schmidt-H.	Die Schönheit
1917	Hauser	Schönheit
1923	Bruns	Die Schönheit
1925	Robinson	Die Schönheit
1936	Moos	Die Schönheit
1946	Hausenstein	Die Schönheit
1947	Beckerath	Die Schönheit
1947	Lövenich	Die Schönheit
1947	Niemeyer	Die Schönheit
1947	Schmid	Die Schönheit
1948	Jaime	o.T.[20]
1948	Schoenhals	Die Schönheit
1949	Carl Fischer	Die Schönheit
1954	Busch	Die Schönheit
1962	Kemp	Die Schönheit
1973	Löffler	Die Schönheit
1977	Thiel	Die Schönheit
1980	Fahrenbach-W.	Die Schönheit

20. L'Idéal (I:18; II:18; III:19)

1891	George	Das Ideal[21]
1907	Kalckreuth	Das Ideal
1917	Hauser	Das Ideal
1923	Bruns	Das Traumbild
1925	Robinson	Das Ideal
1947	Niemeyer	Hohe Frauen
1947	Schmid	Das Ideal
1948	Schoenhals	Das Ideal
1949	Carl Fischer	Das Ideal
1962	Kemp	Das Ideal
1973	Löffler	Das Ideal
1977	Sahlberg	Das Ideal
1977	Thiel	Das Ideal[22]
1980	Fahrenbach-W.	Das Ideal
1982	Berger	Das Ideal

21. La Géante (I: 19; II:19; III: 20)

1901	George	Die Riesin
1901/2	Zweig	Die Riesin
1907	Kalckreuth	Die Riesin
1908	Bruns	Die Riesin
1908	Oesterheld	Die Riesin
1909	Asmus	*

[20]Nur die zweite Strophe in freier Nachdichtung.

1917	Hauser	Die Riesin
1925	Robinson	Die Riesin
1936	Moos	Die Riesin
1946	Hausenstein	Die Riesin
1947	Niemeyer	Die Riesin
1947	Schmid	Die Riesin
1949	Carl Fischer	Die Riesin
1962	Kemp	Die Riesin
1970	Benjamin	Die Riesin
1973	Löffler	Die Riesin
1977	Thiel	Die Riesin[23]
1980	Fahrenbach-W.	Die Riesin

22. Le Masque (II:20; III:21)

1901	George	Die Maske
1917	Hauser	Die Maske
1925	Robinson	Die Maske
1947	Schmid	Die Maske
1949	Carl Fischer	Die Maske
1962	Kemp	Die Maske
1973	Löffler	Die Maske
1977	Thiel	Die Maske[24]
1980	Fahrenbach-W.	Die Maske

23. Hymne à la Beauté (II:21; III:22)

1900	Mehring	Hymne an die Schönheit
1901	George	Loblied auf die Schönheit
1909	Asmus	*
1917	Hauser	Hymne an die Schönheit
1925	Robinson	Hymne an die Schönheit
1946	Hausenstein	Hymne an die Schönheit
1947	Ernst Fischer	Hymne an die Schönheit
1947	Schmid	Hymne an die Schönheit
1948	Schoenhals	Hymne an die Schönheit
1949	Carl Fischer	Hymne auf die Schönheit
1962	Kemp	Hymnus auf die Schönheit
1973	Löffler	Hymne an die Schönheit
1977	Thiel	Hymne an die Schönheit
1980	Fahrenbach-W.	Hymne an die Schönheit
1984	Borowsky	Hymne an die Schönheit

24. Parfum exotique (I:21; II:22; III:23)

1891	George	Fremdländisches Parfüm[25]
1898	Meyer	o.T.
1907	Horvát	Exotischer Duft
1907	Kalckreuth	Fremdländischer Duft

[21] Ab GEO 1901 unter dem Titel *Das Urbild.*
[22] In 2 Fassungen.
[23] In 2 Fassungen.

1908	Bruns	Ein Duft aus fremdem Lande
1908	Schaukal	Duft der Ferne
1909	Asmus	*
1909	Schmidt-H.	Exotischer Duft
1917	Hauser	Fremdländischer Duft
1919	Christian	Duft der Palmenländer
1920	Havemann	Exotischer Duft
1925	Robinson	Fremdländischer Duft
1936	Moos	Fremdländischer Duft
1946	Beckerath	Fremder Duft
1946	Hausenstein	Exotisches Parfum
1947	Ernst Fischer	Exotischer Geruch
1947	Niemeyer	Duft der Fremde
1947	Schmid	Fremdländischer Duft
1948	Kiechler	Exotischer Duft
1949	Carl Fischer	Exotischer Duft
1962	Kemp	Fremdländischer Duft
1973	Löffler	Exotischer Duft
1973	Schoenhals	Ferner Länder Duft
1977	Thiel	Fremdländischer Duft
1978	Dietrich	Exotischer Wohlgeruch
1980	Fahrenbach-W.	Exotischer Duft
1982	Berger	Exotischer Duft

25. La Chevelure (II:23; III:24)

1891	George	Das Haar
1900	Wiegler	Das Haar
1909	Asmus	*
1917	Hauser	Das Haar
1925	Robinson	Das Haar
1936	Moos	Das Haar
1946	Hausenstein	Das Haar
1947	Schmid	Das Haar
1948	Strassova	Das Haar
1949	Carl Fischer	Das Haar
1962	Böschen./Bollack	Das Haar
1962	Kemp	Das Haar
1973	Löffler	Das Haar
1977	Thiel	Das Haar
1979	Schulz-Jander	o.T.
1980	Fahrenbach-W.	Das Haar
1982	Berger	Das Haar
1984	Borowsky	Das Haar

26. *Je t'adore à l'égal de la voûte nocturne* (I:22; II:24; III:25)

1900	Wiegler	Ich bete, Weib, in dir...
1901	George	Wie ich im dom der nacht...
1907	Horvát	Ich bete dich an...
1907	Kalckreuth	Ich bete dich an...
1908	Schaukal	Du grosse Schweigende...
1917	Hauser	Wie das Nachtfirmament...
1923	Bruns	Wie vor dem Sternendom

[24] In 2 Fassungen.

1925	Robinson	So bete ich dich an...
1946	Hausenstein	Dich bet' ich an...
1947	Niemeyer	Weib und Wollust
1947	Schmid	Dich bet ich an...
1948	Kiechler	Wie vor der großen Nacht...
1949	Carl Fischer	So bete ich dich an...
1962	Kemp	Anbetung gleich dem Sterngewölbe dir...
1973	Löffler	Ich schau zu dir wie nach der Sternenwölbung hin...
1977	Thiel	Ich bete dich an
1980	Fahrenbach-W.	Wie vor dem Sterngewölbe...

27. *Tu mettrais l'univers entier dans ta ruelle* (I:23; II:25; III:26)

1902	Zweig	Das Weltall möchtest du...
1917	Hauser	In deinen Alkoven willst du...
1920	Havemann	Blindes Werkzeug
1925	Robinson	Du locktest gern die Welt...
1930	George	Du zögst das weltall nach...
1947	Ernst Fischer	Gestirn der Gosse
1947	Schmid	Du stecktest in dein Bette...
1949	Carl Fischer	Die ganze Welt lockst du...[26]
1962	Kemp	Du nähmest gern die ganze Welt...
1973	Löffler	Du willst wohl, daß die ganze Welt dein Lager teile...
1977	Thiel	Du zögst das Weltall
1980	Fahrenbach-W.	Du nähmst die ganze Welt...
1982	Berger	Du nähmest wohl die ganze Welt...

28. Sed non satiata (I:24; II:26; III:27)

1917	Hauser	Sed non satiata
1920	Havemann	Sed non satiata
1925	Robinson	Sed non satiata
1947	Schmid	Sed non satiata
1949	Carl Fischer	Sed non satiata
1962	Kemp	Sed non satiata
1973	Löffler	Sed non satiata
1977	Thiel	Sed non satiata[27]
1980	Fahrenbach-W.	Sed non satiata
1982	Berger	Sed non satiata

29. *Avec ses vêtements ondoyants et nacrés* (I:25; II:27; III:28)

1891	George	In ihren kleidern die...
1900	Wiegler	Es gleisst perlmutterlicht...
1907	Kalckreuth	In ihrer Kleider Flut...
1908	Schaukal	Dein Schritt
1909	Asmus	*
1917	Hauser	In dem Gewoge...
1920	Havemann	Sterilität
1923	Bruns	Schön wie ein Tanz

[25] Ab GEO 1899 unter dem Titel *Fremdländischer Duft*.

1925	Robinson	In ihrem Kleid...
1936	Moos	Perlmutterglanz
1946	Hausenstein	Es wallt und wogt...
1947	Ernst Fischer	Dein Gang ist Tanz...
1947	Niemeyer	Tanzende Schlangen
1947	Schmid	Mit ihrer Kleider flutendem...
1949	Carl Fischer	Es schimmert ihr Gewand...[28]
1962	Kemp	In ihren wogenden und schillernden...
1973	Löffler	In ihren Kleidern...
1977	Thiel	In ihren Gewändern
1980	Fahrenbach-W.	Mit wogendem und schimmerndem...

30. Le Serpent qui danse (I:26; II:28; III:29)

1897	Neumann(1)	Die tanzende Schlange
1909	Schmidt-H.	Die tanzende Schlange
1917	Hauser	Die tanzende Schlange
1917	Ramée	Tanzen einer Schlange
1920	Havemann	Die tanzende Schlange
1925	Robinson	Die Schlange, die tanzt
1936	Moos	Tanzende Schlange
1947	Derndarsky	Die tanzende Schlange
1947	Schmid	Die Schlange im Tanze
1949	Carl Fischer	Die tanzende Schlange
1962	Kemp	Die tanzende Schlange
1971	Rühm	Die tanzende Schlange
1973	Löffler	Die Schlange, die tanzt
1977	Thiel	Die Schlange, die tanzt
1980	Fahrenbach-W.	Die tanzende Schlange
1982	Berger	Die tanzende Schlange
1984	Borowsky	Tanz der Schlange

31. Une charogne (I:27; II:29; III:30)

1907	Kalckreuth	Das Aas
1917	Hauser	Ein Aas
1920	Havemann	Ein Aas
1923	Bruns	Ein Stück Aas
1925	Robinson	Ein Aas
1936	Moos	Ein Aas
1946	Hausenstein	Ein Aas
1946	Lange	Schönheit und Verwesung
1947	Lövenich	Ein Aas
1947	Niemeyer	Das Aas
1947	Schmid	Ein Stück Aas
1949	Carl Fischer	Ein Kadaver[29]
1952	Wildgans	Ein Aas
1962	Kemp	Ein Aas
1973	Löffler	Ein Aas
1977	Thiel	Ein Aas[30]
1980	Fahrenbach-W.	Ein Aas

[26] Ab FIC 1954 lautet der erste Vers "Verruchtes Weib, du lockst die Welt in deine Gasse...". Ab FIC 1979 wird "lockst" durch "zögst" ersetzt.

[27] In 3 Fassungen.

1982	Berger	Ein Aas
1982	Helbling	Ein Aas
1984	Borowsky	Ein Aas

32. De profundis clamavi (I:28; II:30; III:31)

1891	George	De profundis clamavi
1907	Kalckreuth	De profundis clamavi
1917	Hauser	De profundis clamavi
1923	Bruns	De profundis clamavi
1925	Robinson	De profundis clamavi
1946	Hausenstein	De profundis clamavi
1947	Schmid	De profundis clamavi
1948	Kiechler	De profundis
1948	Schoenhals	De profundis clamavi
1949	Carl Fischer	De profundis clamavi
1962	Kemp	De profundis clamavi
1973	Löffler	De profundis clamavi
1977	Thiel	De profundis clamavi[31]
1980	Fahrenbach-W.	De profundis clamavi

33. Le Vampire (I:29; II:31; III:32)

1890	Vintler	Der Vampyr
1900	Wiegler	Der Vampyr
1902	Zweig	Der Vampir
1908	Abels	Der Vampyr
1908	Jaffé	Der Vampyr
1909	Asmus	*
1917	Hauser	Der Vampyr
1920	Havemann	Der Vampir
1925	Robinson	Der Vampir
1930	George	Der Vampir
1936	Moos	Vampir
1947	Ernst Fischer	Der Vampir
1947	Lövenich	Der Vampir
1947	Schmid	Der Vampyr
1948	Schoenhals	Vampir
1949	Carl Fischer	Der Vampyr
1962	Kemp	Der Vampir
1973	Löffler	Der Vampir
1977	Thiel	Der Vampir
1980	Fahrenbach-W.	Der Vampir
1982	Berger	Der Vampir

34. *Une nuit que j'étais près d'une affreuse Juive* (I:31; II:32; III:33)

1898	Meyer	Bei einer schmutz'gen Jüdin hab' ich nachts gelegen...
1917	Hauser	Bei einer schrecklichen Jüdin...
1920	Havemann	Die Jüdin

[28] Ab FIC 1954 beginnt der erste Vers mit "Es schillert ihr Gewand...".
[29] Ab FIC 1954 unter dem Titel *Ein Aas*.

1923	Bruns	Bei einer garstigen Jüdin
1925	Robinson	Als ich bei einer Jüdin lag...
1947	Niemeyer	Die Dirne
1947	Schmid	Als nächtens ich bei einer schlimmen Jüdin lag...
1949	Carl Fischer	Bei einer Jüdin war ich...[32]
1962	Kemp	Eines Nachts, als ich bei einer gräßlichen Jüdin lag...
1973	Löffler	Nachts, als ich einmal lag bei einem Judenweibe...
1977	Thiel	Eines Nachts
1980	Fahrenbach-W.	Als ich bei einer Jüdin schlimm...
1982	Berger	Als ich bei einer grausen Jüdin...

35. Remords posthume (I:32; II:33; III:34)

1901	George	Totenreue
1907	Kalckreuth	Verspätete Reue
1909	Asmus	*
1909	Schmidt-H.	Reue nach dem Tode
1917	Hauser	Nachträgliche Reue
1925	Robinson	Totenreue
1936	Moos	Zu späte Reue
1947	Schmid	Reue im Grabe
1948	Kiechler	Verspäteter Gewissensbiß
1949	Carl Fischer	Späte Reue
1962	Kemp	Späte Reue
1970	Benjamin	Totenreue
1973	Löffler	Posthume Reue
1977	Thiel	Posthume Reue
1980	Fahrenbach-W.	Späte Reue

36. Le Chat (I:33; II:34; III:35)

1900	Wiegler	Die Katze
1901	George	Die Katze
1901	Zweig	Die Katze
1907	Kalckreuth	Die Katze
1908	Jaffé	Die Katze
1909	Asmus	*
1909	Schmidt-H.	Die Katze
1917	Hauser	Die Katze
1920	Havemann	Die Katze
1925	Robinson	Die Katze
1936	Moos	Die Katze
1946	Faust	Die Katze
1947	Ernst Fischer	Die Katze
1947	Rieple	Die Katze
1947	Schmid	Die Katze
1948	Strassova	Die Katze
1949	Carl Fischer	Die Katze
1950	Hausenstein	Die Katze
1954	Busch	Die Katze
1962	Kemp	Die Katze
1973	Löffler	Die Katze
1973	Schoenhals	Die Katze

[30] In 2 Fassungen.

1977	Thiel	Die Katze
1980	Fahrenbach-W.	Die Katze
1982	Berger	Die Katze

37. Duellum (II:35; III:36)

1901	George	Duellum
1907	Kalckreuth	Duellum
1917	Hauser	Duellum
1925	Robinson	Zweikampf
1947	Schmid	Duellum
1949	Carl Fischer	Duellum[33]
1962	Kemp	Duellum
1973	Löffler	Duellum
1977	Thiel	Duell[34]
1980	Fahrenbach-W.	Duellum
1982	Berger	Duellum

38. Le Balcon (I:34; II:36; III:37)

1886	Englert	Der Balkon
1891	Dörmann	Am Balkon
1891	George	Der Balkon
1898	Henckell	Der Balkon
1900	Wiegler	Der Balkon
1902	Zweig	Der Balkon
1907	Kalckreuth	Der Balkon
1917	Hauser	Der Balkon
1924	Wolff	Der Balkon
1925	Robinson	Der Balkon
1936	Moos	Der Balkon
1946	Hausenstein	Der Balkon
1947	Ernst Fischer	Der Balkon
1947	Schmid	Der Balkon
1948	Strassova	Der Balkon
1949	Carl Fischer	Der Balkon
1949	Burte	Der Balkon
1962	Kemp	Der Balkon
1973	Löffler	Der Balkon
1977	Thiel	Der Balkon
1980	Fahrenbach-W.	Der Balkon

39. Le Possédé (II:37; III:38)

1907	Kalckreuth	Der Besessene
1909	Asmus	*
1917	Hauser	Der Behexte
1923	Bruns	Der Besessene
1925	Robinson	Der Besessene
1936	Moos	Der Besessene

[31] In 2 Fassungen.

[32] AB FIC 1979 wird "Jüdin" durch "Dirne" ersetzt.

1946	Hausenstein	Der Besessene
1946	Jaime	Der Besessene
1947	Niemeyer	Der Besessene
1947	Schmid	Der Besessene
1949	Carl Fischer	Der Besessene
1954	Busch	Der Besessene
1962	Kemp	Der Besessene
1963	Hardekopf	Besessen
1973	Löffler	Der Besessene
1977	Thiel	Der Besessene[35]
1980	Fahrenbach-W.	Der Besessene

40. Un Fantôme[36] (II:38; III:39)

1894	George	Eine Erscheinung[37]
1898	Meyer	o.T.[38]
1900	Wiegler	o.T.[39]
1902	Zweig	Ein Phantom[40]
1907	Horvát	o.T.[41]
1907	Kalckreuth	o.T.[42]
1908	Bruns	o.T.[43]
1909	Asmus	*
1917	Hauser	Ein Phantom
1920	Havemann	Ein Phantom
1923	Bruns	o.T.[44]
1925	Robinson	Eine Erscheinung
1936	Moos	o.T.[45]
1947	Niemeyer	Das Trugbild
1947	Schmid	Ein Traumbild
1949	Carl Fischer	Eine Erscheinung
1962	Kemp	Ein Gespenst
1973	Löffler	Ein Phantom
1973	Schoenhals	Phantom[46]
1977	Thiel	Ein Gespenst[47]
1980	Fahrenbach-W.	Eine Erscheinung

---

33 Ab FIC 1954 unter dem Titel *Duell.*

34 In 3 Fassungen.

35 In 4 Fassungen.

36 Dieser Text besteht aus vier Sonetten, die hier der Übersichtlichkeit wegen nicht einzeln aufgeführt werden. Falls bei einem Übersetzer die Textgruppe nicht vollständig wiedergegeben ist, so wird dies durch eine Fußnote vermerkt.

37 Der erste Text *Die Finsternis* ab GEO 1901 mit der Überschrift *Das Dunkel.*

38 >Ohne Titel< bezieht sich hier auf die Textgruppe. Meyer hat nur *Le portait* übersetzt; für diesen Einzeltext weist MEY 1909 die deutsche Überschrift *Das Bildnis* auf.

39 Nur *Der Duft* und *Der Rahmen.*

40 Vorveröffentlichung von *Der Duft* in ZWE 1901 und von *Der Rahmen* in ZWE 1901/2.

41 Nur *Der Rahmen* und *Das Bild.* In HOR 1908a (Anthologie Oesterhelds) vollständig unter dem Titel *Ein Fantom.*

42 Nur *Das Porträt.*

43 Nur *Der Rahmen.*

44 Nur *Der Duft* und *Der Rahmen.*

45 Nur *Der Duft.*

46 Nur *Die Finsternisse, Der Duft* und *Das Bildnis.*

47 Thiel gibt jeden der vier Einzeltexte in 2 Fassungen.

41. ***Je te donne ces vers afin que si mon nom*** **(I:35; II:39; III:40)**

1891	George	Die verse widm ich dir...
1907	Kalckreuth	Dir weihe ich mein Lied...
1917	Hauser	Ich widme dir diese Verse...
1923	Bruns	Dir diese Verse
1925	Robinson	Dir dieses Lied,...
1947	Schmid	Ich schenk dir dies Gedicht...
1949	Carl Fischer	Dir weihe ich mein Lied...
1954	Moos	Dir sei mein Lied geweiht!...[48]
1962	Kemp	Dir seien diese Verse gewidmet...
1973	Löffler	Ich schenk dir dies Gedicht...
1977	Thiel	Ich widme dir diese Verse...[49]
1980	Fahrenbach-W.	Dein sind die Verse...

42. Semper eadem (II:40; III:41)

1894	Dörmann	Semper eadem
1900	Wiegler	Semper eadem
1901	George	Semper eadem
1901	Zweig	Semper eadem
1907	Horvát	Semper eadem
1907	Kalckreuth	Semper eadem
1909	Asmus	*
1917	Hauser	Semper eadem
1923	Bruns	Semper eadem
1925	Robinson	Semper eadem
1936	Moos	Semper eadem
1938	Dorn	Semper eadem
1946	Kehrli	Semper eadem
1947	Niemeyer	Traumtrug
1947	Schmid	Semper eadem
1948	Schoenhals	Semper eadem
1949	Carl Fischer	Semper eadem
1962	Kemp	Semper eadem
1973	Löffler	Semper eadem
1977	Thiel	Semper eadem
1980	Fahrenbach-W.	Semper eadem

43. Tout entière (I:36; II:41; III:42)

1900	Wiegler	In Allem
1901	George	Ganz und gar
1902	Zweig	Alleinheit
1908	Jaffé	Ganz und gar
1909	Asmus	*
1909	Schmidt-H.	Sie ganz und gar
1917	Hauser	Ganz und gar
1920	Havemann	Ungeteilt
1923	Bruns	Vollkommenheit
1925	Robinson	Ganz und gar

[48]Moos setzt als Widmung in die Übersetzung: (Für Jeanne Duval)
[49]In 3 Fassungen.

1936	Moos	Ein und alles
1946	Hausenstein	Sie - insgesamt
1947	Beckerath	Unteilbar
1947	Niemeyer	Der Leib des Weibes
1947	Schmid	Sie ist ganz
1949	Carl Fischer	Vollkommen
1962	Kemp	Ganz und gar
1973	Löffler	Ganz und gar
1977	Thiel	Ganz und gar
1978	Dietrich	Ganz und gar
1980	Fahrenbach-W.	Ganz und gar

44. ***Que diras-tu ce soir, pauvre âme solitaire*** **(I:37; II:42; III:43)**

1891	George	Was erzählst du heut...
1900	Wiegler	Was willst du sagen, Herz...
1901	Zweig	Was sagst du heute...
1907	Kalckreuth	Welch Lied wird, einsam Herz...
1908	Horvát	Wie wirst du, arme Seele...
1909	Schmidt-H.	Was wirst du sagen...
1917	Hauser	Was sagst du Seele,...
1920	Havemann	Lobgesang
1923	Bruns	Was wirst du sagen-?
1925	Robinson	Was sagst du heute abend...
1936	Moos	Was wirst du sagen...
1946	Scheer	Was sagst du heute Abend...
1947	Niemeyer	Schutzengel, Muse und Madonne
1947	Schmid	Was sagst du heute Nacht...
1949	Carl Fischer	Was sagst heut abend du...
1962	Kemp	Was wirst du heute abend...
1973	Löffler	Was sagst du, Seele...
1977	Thiel	Einsame Seele, was wirst du...[50]
1980	Fahrenbach-W.	Einsame, arme Seele...

45. Le Flambeau vivant (I:38; II:43; III:44)

1901	George	Die lebendige Fackel
1902	Zweig	Die lebende Leuchte
1917	Hauser	Die lebendige Fackel
1920	Havemann	Die lebendige Fackel
1923	Bruns	Die lebende Fackel
1925	Robinson	Die lebende Fackel
1947	Niemeyer	Der Leuchter des Lebens
1947	Schmid	Die lebendige Fackel
1948	Schoenhals	Die lebendige Fackel
1949	Carl Fischer	Die lebendige Fackel
1962	Kemp	Die lebendige Fackel
1973	Löffler	Die lebendige Fackel
1977	Thiel	Die lebendige Fackel[51]
1980	Fahrenbach-W.	Die lebendige Fackel

[50]In 2 Fassungen.
[51]In 2 Fassungen.

46. Réversibilité (I:40; II:44; III:45)

1900	Wiegler	Umkehrung
1901	George	Anheimfall
1908	Oesterheld	Reversion
1909	Englert	Rückfälligkeit
1917	Hauser	Anheimfall
1920	Havemann	Anheimgefallenheit
1925	Robinson	Hingabe
1936	Moos	Rückfälligkeit
1946	Hausenstein	Stellvertretung
1947	Schmid	Umkehrbarkeit
1949	Carl Fischer	Anheimfall[52]
1962	Kemp	Stellvertretung
1973	Löffler	Anheimfall
1977	Thiel	Umkehrbarkeit
1980	Fahrenbach-W.	Stellvertretung

47. Confession (I:41; II:45; III:46)

1900	Henckell	Beichte
1909	Englert	Beichte
1917	Hauser	Beichte
1925	Robinson	Beichte
1947	Schmid	Beichte
1949	Carl Fischer	Beichte
1962	Kemp	Beichte
1973	Löffler	Beichte
1977	Thiel	Bekenntnis
1980	Fahrenbach-W.	Beichte

48. L'Aube spirituelle (I:42; II:46; III:47)

1891	George	Geistige Morgenröte
1907	Kalckreuth	Geistiges Morgenrot
1908	Oesterheld	Geistiges Morgenrot
1917	Hauser	Geistiges Morgenrot
1925	Robinson	Geistige Morgenröte
1946	Faust	Geistige Morgenröte
1946	Hausenstein	Geistlicher Anbruch
1947	Niemeyer	Die heilige Frühe
1947	Schmid	Die geistige Morgenröte
1949	Carl Fischer	Geistiger Morgen
1954	Busch	Geistige Morgenröte
1962	Kemp	Geistiger Morgen
1970	Benjamin	Geistige Morgenröte
1973	Löffler	Die geistige Morgenröte
1977	Sahlberg	Geistige Morgenröte
1977	Thiel	Die geistige Morgenröte
1980	Fahrenbach-W.	Geistige Morgenröte

---

[52] Ab FIC 1954 unter dem Titel *Fürbitte*.

49. Harmonie du soir (I:43; II:47; III:48)

1898	Henckell	Abendstimmung
1900/1	George	Abendeinklang
1900	Wiegler	Abendharmonie
1902	Zweig	Harmonie des Abends
1904	Englert	Harmonie des Abends
1907	Kalckreuth	Harmonie des Abends
1916	ZZZ[53]	Abendharmonie
1917	Hauser	Abendeinklang
1920	Havemann	Harmonie des Abends
1925	Robinson	Abendklänge
1936	Moos	Harmonie des Abends
1938	Dorn	Abendlicher Einklang
1946	Hausenstein	Einklang am Abend
1946	Scheer	Abendharmonie
1947	Niemeyer	Gang vom Abend
1947	Schmid	Abendeinklang
1949	Carl Fischer	Abendharmonien[54]
1962	Kemp	Harmonie des Abends
1973	Löffler	Harmonie des Abends
1973	Schoenhals	Einklang zum Abend
1977	Thiel	Harmonie des Abends
1980	Fahrenbach-W.	Abendliche Harmonie
1984	Borowsky	Abendharmonie

50. Le Flacon (I:44; II:48; III:49)

1917	Hauser	Die Phiole
1920	Havemann	Das Flakon
1925	Robinson	Das Flakon
1947	Ernst Fischer	Das Flakon
1947	Schmid	Das Duftglas
1949	Carl Fischer	Das Duftgefäß[55]
1962	Kemp	Das Flakon
1973	Löffler	Das Flakon
1977	Thiel	Das Fläschchen
1980	Fahrenbach-W.	Das Flakon

51. Le Poison (I:45; II:49; III:50)

1907	Kalckreuth	Das Gift
1908	Abels	Das Gift
1917	Hauser	Das Gift
1920	Havemann	Das Gift
1925	Robinson	Das Gift
1947	Schmid	Das Gift
1949	Carl Fischer	Das Gift
1962	Kemp	Das Gift
1973	Löffler	Das Gift

[53] Unbekannter Übersetzer. Siehe Übersetzer-Verzeichnis, ZZZ.
[54] Ab FIC 1954 unter dem Titel *Abendharmonie*.
[55] Ab FIC 1954 unter dem Titel *Das Flacon*.

1977	Thiel	Das Gift
1980	Fahrenbach-W.	Das Gift

52. Ciel brouillé (I:46; II:50; III:51)

1901	George	Trüber Himmel
1907	Kalckreuth	Trüber Himmel
1908	Hauser	Verhängter Himmel
1920	Havemann	Verhangener Himmel
1925	Robinson	Umschleierter Himmel
1936	Moos	Bedeckter Himmel
1947	Schmid	Getrübter Himmel
1949	Carl Fischer	Bedeckter Himmel
1962	Kemp	Bedeckter Himmel
1973	Löffler	Bedeckter Himmel
1977	Thiel	Bedeckter Himmel[56]
1980	Fahrenbach-W.	Bedeckter Himmel

53. Le Chat (I:47; II:51; III:52)

1900	Wiegler	Die Katze
1909	Asmus	*
1917	Hauser	Die Katze
1925	Robinson	Die Katze
1936	Moos	Die Katze
1947	Ernst Fischer	Die Katze
1947	Schmid	Das Katzentier
1949	Carl Fischer	Die Katze
1962	Kemp	Die Katze
1971	Rühm	Die Katze
1973	Löffler	Die Katze
1973	Schoenhals	Der Kater
1977	Thiel	Die Katze
1980	Fahrenbach-W.	Die Katze

54. Le Beau Navire (I:48; II:52; III:53)

1901	George	Das schöne Schiff
1907	Kalckreuth	Das schöne Schiff
1908	Hauser	Das schöne Schiff
1909	Schmidt-H.	Das schöne Schiff
1920	Havemann	Das schöne Schiff
1925	Robinson	Das schöne Schiff
1936	Moos	Das schöne Schiff
1946	Hausenstein	Das schöne Schiff
1947	Schmid	Das schöne Schiff
1949	Carl Fischer	Das schöne Schiff
1962	Kemp	Das schöne Schiff
1973	Löffler	Das schöne Schiff

[56] In 2 Fassungen.

1977	Thiel	Das schöne Schiff
1980	Fahrenbach-W.	Das schöne Schiff

55. L'Invitation au voyage (I:49; II:53; III:54)

1900	Wiegler	Einladung zur Reise
1901	George	Einladung zur Reise
1907	Kalckreuth	Verlangen in die Ferne
1909	Schmidt-H.	Einladung zur Reise
1920	Havemann	Einladung zur Fahrt
1923	Bruns	Aufforderung zur Reise
1925	Robinson	Aufforderung zur Reise
1936	Moos	Einladung zur Reise
1947	Schmid	Einladung zur Reise
1949	Carl Fischer	Einladung zur Reise[57]
1958	Derndarsky	Einladung zur Reise
1960	U.F. Müller	Einladung zur Reise
1962	Kemp	Einladung zur Reise
1973	Löffler	Aufforderung zur Reise
1973	Schoenhals	Einladung zur Reise
1977	Thiel	Die Einladung zur Reise
1980	Fahrenbach-W.	Einladung zur Reise
1982	Helbling	Die Einladung zu der Reise

56. L'Irréparable (I:50; II:54; III:55)

1901	Zweig	"L'irréparable"[58]
1907	Kalckreuth	Unheilbar
1925	Robinson	Das Unsühnbare
1946	Hausenstein	Unwiederbringlich
1947	Schmid	Unwiederbringlichkeit
1949	Carl Fischer	Unsühnbar[59]
1962	Kemp	Unwiederbringlichkeit
1973	Löffler	Das Unsühnbare
1977	Thiel	Das Unwiederherstellbare
1980	Fahrenbach-W.	Unwiederbringlichkeit

57. Causerie (I:51; II:55; III:56)

1901	George	Unterhaltung
1902	Zweig	Causerie
1907	Kalckreuth	Gespräch
1909	Asmus	*
1925	Robinson	Plauderei
1936	Moos	Unterhaltung
1946	Hausenstein	Gespräch
1946	Kehrli	Unterhaltung
1947	Niemeyer	Scherzgespräch
1947	Schmid	Plauderei
1949	Carl Fischer	Gespräch
1962	Kemp	Gespräch

[57] Ab FIC 1979 unter dem Titel *Aufforderung zur Reise*.

1970	Benjamin	Unterhaltung
1973	Löffler	Plauderei
1977	Thiel	Plauderei
1980	Fahrenbach-W.	Plauderei
1982	Berger	Unterhaltung

58. Chant d'automne (II:56; III:57)

1897	Neumann(1)	Herbstklage[60]
1900	Wiegler	Herbstklage[61]
1901	George	Herbstgesang
1901	Zweig	Herbstlieder
1907	Kalckreuth	Lied des Herbstes
1909	Englert	Herbstlied
1911	Schellenberg	Herbstlied
1922	Neumann(2)	Herbstgesang
1923	Bruns	Herbstgesang[62]
1925	Robinson	Herbstgesang
1936	Moos	Herbstgesang
1947	Rieple	Herbstgesang[63]
1947	Schmid	Herbstgesang
1948	Schoenhals	Herbstsang
1962	Kemp	Herbstgesang
1970	Benjamin	Herbstgesang
1973	Löffler	Herbstgesang
1977	Sahlberg	Herbstgesang
1977	Thiel	Herbstsang[64]
1978	Dietrich	Herbstgesang[65]

59. A une Madone (II:57; III:58)

1889	Weigand	o.T.
1900	Wiegler	Spanisches Madonnengebet[66]
1901	George	Einer Madonne
1907	Kalckreuth	An eine Madonna
1908	Wiegler	An eine Madonna
1923	Bruns	Einer Madonna
1924	Benjamin	Einer Madonna
1925	Robinson	Einer Madonna
1946	Hausenstein	An eine Madonna
1947	Schmid	Auf ein Marienbild
1948	Strassova	An eine Madonna
1949	Carl Fischer	Auf eine Madonna
1962	Kemp	An eine Madonna
1973	Löffler	An eine Madonna
1977	Thiel	An eine Madonna

58 Nur die letzten beiden von zehn Strophen.
59 Ab FIC 1954 unter dem Titel *Unwiderruflich*.
60 Nur die erste Strophengruppe.
61 Nur die zweite Strophengruppe.
62 Nur die erste Strophengruppe.
63 Nur die erste Strophengruppe.
64 Die zweite Strophengruppe in zwei Fassungen.
65 Nur die erste Strophengruppe.

1980	Fahrenbach-W.	An eine Madonna
1982	Berger	An eine Madonna

60. Chanson d'après-midi (II:58; III:59)

1900	Wiegler	Nachmittagsgesang
1908	Abels	Nachmittagslied
1908	Jaffé	Nachmittagslied
1909	Englert	Nachmittagslied
1920	Havemann	Lied am sinkenden Tag
1923	Bruns	Nach-Mittag-Lied
1925	Robinson	Lied am Nachmittag
1936	Moos	Lied des Nachmittags
1947	Ernst Fischer	Chanson am Nachmittag
1947	Schmid	Gesang am Nachmittag
1949	Carl Fischer	Nachmittagslied
1962	Kemp	Lied am Nachmittag
1973	Löffler	Nachmittagslied
1973	Schoenhals	Lied am Nachmittag
1977	Thiel	Lied am Nachmittag
1980	Fahrenbach-W.	Lied am Nachmittag
1982	Berger	Lied am Nachmittag

61. Sisina (II:59; III:60)

1891	George	Sisina
1907	Kalckreuth	Sisina
1908	Hauser	Sisina
1923	Bruns	Sisina
1925	Robinson	Sisina
1947	Schmid	Sisina
1949	Carl Fischer	Sisina
1962	Kemp	Sisina
1970	Benjamin	Sisina
1973	Löffler	Sisina
1977	Thiel	Sisina
1980	Fahrenbach-W.	Sisina
1982	Berger	Sisina

62. Vers pour le portrait de M. Honoré Daumier (E.; III:61)

1925	Robinson	Verse zu einem Porträt von Honoré Daumier
1936	Moos	Verse zum Bildnis Honoré Daumiers
1947	Freund	Verse zum Porträt Honoré Daumiers
1947	Schmid	Verse zum Bildnis Honoré Daumiers
1949	Carl Fischer	Verse zum Bildnis des Honoré Daumier
1962	Kemp	Verse für das Porträt Honoré Daumier
1967	Hinderberger	Verse auf das Bildnis Honoré Daumiers
1973	Löffler	Verse auf das Porträt des Herrn Honoré Daumier
1973	Schoenhals	Verse auf das Bildnis von Honoré Daumier

[66]WIE 1908: *An eine Madonna.*

1977	Thiel	Verse für das Bildnis von Honoré Daumier
1980	Fahrenbach-W.	Verse zu dem Porträt von Honoré Daumier

63. Franciscae meae laudes (E; I:53; II:60; III:62)

1925	Robinson	Franciscae meae laudes
1936	Moos	Loblied auf meine Franziska
1947	Freund	Franciscae meae laudes: Preis meiner Franziska
1947	Schmid	Franciscae meae laudes
1949	Carl Fischer	Franciscae meae laudes
1973	Löffler	Preislied meiner Franziska
1975	Kemp	Loblied auf meine Franziska
1977	Thiel	Franciscae meae laudes[67]
1980	Fahrenbach-W.	Loblied auf meine Franziska

64. A une dame créole (I:54; II:61; III:63)

1891	George	Einer Kreolin
1907	Kalckreuth	An eine Kreolin
1908	Bruns	An eine creolische Dame
1909	Schmidt-H.	Die Kreolin
1925	Robinson	Einer kreolischen Dame
1947	Schmid	Einer Kreolin
1949	Carl Fischer	Einer Kreolin[68]
1954	Moos	Einer Kreolin
1962	Kemp	An eine kreolische Dame
1973	Löffler	An eine kreolische Dame
1977	Thiel	Einer kreolischen Dame
1980	Fahrenbach-W.	An eine kreolische Dame
1982	Berger	Einer kreolischen Dame

65. Moesta et errabunda (I:55; II:62; III:64)

1882	Englert	Moesta et errabunda
1898	Meyer	Moesta et errabunda
1900	Wiegler	Moesta et errabunda
1900/1	George	Moesta et errabunda
1925	Robinson	Moesta et errabunda
1947	Schmid	Moesta et errabunda
1949	Carl Fischer	Moesta et errabunda
1962	Kemp	Moesta et errabunda
1973	Löffler	Moesta et Errabunda
1977	Sahlberg	Moesta et errabunda <Traurig und ruhelos>
1977	Thiel	Moesta et errabunda
1980	Fahrenbach-W.	Moesta et errabunda

[67] In 2 Fassungen.
[68] Ab FIC 1954 unter dem Titel *Auf eine kreolische Frau.*

66. Le Revenant (I:72; II:63; III:65)

1900	Wiegler	Der Wiederkehrende
1901	George	Das Gespenst
1901	Zweig	Der Wiederkehrende
1907	Kalckreuth	Das Gespenst
1908	Jaffé	Das Gespenst
1919	Kalmer	Das Gespenst
1920	Havemann	Gespenst
1923	Bruns	Das Gespenst
1925	Robinson	Das Gespenst
1936	Moos	Das Gespenst
1946	Faust	Der Wiederkehrende
1947	Niemeyer	Das Gespenst
1947	Schmid	Der Wiedergänger
1948	Kiechler	Das Gespenst
1948	Schoenhals	Gespenst[69]
1949	Carl Fischer	Das Gespenst
1954	Busch	Das Gespenst
1958	Kemp	Das Gespenst[70]
1970	Benjamin	Der Geist
1973	Löffler	Das Gespenst
1977	Thiel	Der Wiedergänger
1980	Fahrenbach-W.	Das Gespenst
1982	Berger	Der Wiedergänger

67. Sonnet d'automne (II:64; III:66)

1901	George	Herbst-Sonett
1907	Kalckreuth	Herbstsonett
1908	Horvát	Herbstgedicht
1909	Asmus	*
1925	Robinson	Herbstsonett
1947	Niemeyer	Herbstlied
1947	Schmid	Herbstsonett
1949	Carl Fischer	Herbstsonett
1958	Derndarsky	Herbstsonett
1962	Kemp	Herbst-Sonett
1973	Löffler	Herbstsonett
1977	Thiel	Herbstsonett
1980	Fahrenbach-W.	Herbstsonett
1982	Berger	Herbst-Sonett

68. Tristesses de la lune (I:75; II:65; III:67)

1891	Bettelheim	Lunas Schwermut
1891	George	Trauer der Mondgöttin
1898	Henckell	Mondestrauer
1907	Kalckreuth	Trauer Lunas
1909	Englert	Lunas Traurigkeit
1919	Christian	Trauriger Mond
1923	Bruns	Mondestrauer
1925	Robinson	Lunas Traurigkeit

[69]In SHO 1973 unter dem Titel *Der Wiedergänger*.

1936	Moos	Kummer des Mondes
1946	Hausenstein	Traurige Luna
1947	Schmid	Des Mondes Trauer
1948	Krolow	Trauriger Mond
1948	Schoenhals	Schwermütiger Mond
1949	Carl Fischer	Traurige Luna[71]
1962	Kemp	Traurige Luna
1973	Löffler	Mondestrauer
1977	Thiel	Traurigkeit des Mondes
1980	Fahrenbach-W.	Lunas Schwermut
1982	Berger	Traurige Luna

69. Les Chats (I:56; II:66; III:68)

1891	George	Die Katzen
1908	Horvát	Die Katzen
1909	Asmus	*
1923	Bruns	Die Katzen
1925	Robinson	Die Katzen
1936	Moos	Die Katzen
1946	Hausenstein	Die Katzen[72]
1947	Niemeyer	Die Katzen
1947	Schmid	Die Katzen
1949	Carl Fischer	Die Katzen
1954	Busch	Die Katzen
1962	Kemp	Die Katzen
1970	Benjamin	Die Katzen
1973	Löffler	Die Katzen
1977	Thiel	Die Katzen[73]
1980	Fahrenbach-W.	Die Katzen

70. Les Hiboux (I:57; II:67; III:69)

1901	George	Die Eulen
1907	Kalckreuth	Die Eulen
1908	Bruns	Die Eulen
1908	Jaffé	Die Eulen
1909	Schmidt-H.	Die Eulen
1920	Havemann	Die Eulen
1925	Robinson	Die Eulen
1936	Moos	Die Eulen
1947	Niemeyer	Die Eulen
1947	Rieple	Die Eulen
1947	Schmid	Die Eulen
1948	Schoenhals	Die Eulen
1949	Carl Fischer	Die Eulen
1954	Busch	Die Eulen
1957	Bartuschek	Die Eulen
1962	Kemp	Die Eulen
1973	Löffler	Die Eulen
1977	Thiel	Die Eulen

[70] Vers-Fassung. Ab KEM 1962 auch als Prosa-Fassung.
[71] Ab FIC 1979 unter dem Titel *Trauriger Mond.*
[72] Mit einer zweiten Fassung im Anmerkungsteil.

1980	Fahrenbach-W.	Die Eulen
1982	Berger	Die Eulen

71. La Pipe (I:77; II:68; III:70)

1908	Bruns	Die Pfeife
1925	Robinson	Die Pfeife
1946	Lange	Die Pfeife des Dichters
1947	Schmid	Die Pfeife
1949	Carl Fischer	Die Pfeife
1954	Moos	Die Pfeife
1962	Kemp	Die Pfeife
1973	Löffler	Die Pfeife
1973	Schoenhals	Die Pfeife
1977	Thiel	Die Pfeife
1980	Fahrenbach-W.	Die Pfeife
1982	Berger	Die Pfeife

72. La Musique (I:76; II:69; III:71)

1900	Wiegler	Die Musik
1901	George	Die Tonkunst
1901	Zweig	Die Musik
1907	Kalckreuth	Die Musik
1908	Horvát	Die Musik
1909	Asmus	*
1909	Englert	Die Musik
1925	Robinson	Musik
1936	Moos	Musik
1946	Kehrli	Musik
1947	Niemeyer	Das Tonmeer
1947	Schmid	Die Musik
1948	Küchler	Die Musik
1948	Scheer	Die Musik
1948	Schoenhals	Musik
1949	Carl Fischer	Die Musik
1954	Busch	Die Musik
1962	Kemp	Die Musik
1973	Löffler	Die Musik
1977	Thiel	Die Musik
1978	Dietrich	Die Musik
1980	Fahrenbach-W.	Die Musik

73. Sépulture (I:74; II:70; III:72[74]

1891	George	Grabmal eines verwünschten Dichters[75]
1908	Schaukal	Begräbnis eines verfehmten Dichters
1909	Asmus	*
1925	Robinson	Begräbnis
1936	Moos	Begräbnis
1947	Niemeyer	Das Grab des verruchten Dichters

[73]In 3 Fassungen.

1947	Schmid	Grablege
1949	Carl Fischer	Grabstätte
1962	Kemp	Grabstätte
1973	Löffler	Begräbnis
1977	Thiel	Grabmal eines verfluchten Dichters[76]
1980	Fahrenbach-W.	Begräbnis
1982	Berger	Grabstätte

74. Une gravure fantastique (II:71; III:73)

1901	George	Geisterhafte Zeichnung
1907	Kalckreuth	Ein phantastischer Stich
1923	Bruns	Phantastisches Kunstblatt
1925	Robinson	Ein phantastischer Kupfer
1947	Schmid	Phantastische Radierung
1949	Carl Fischer	Phantastische Zeichnung[77]
1962	Kemp	Ein phantastischer Stich
1973	Löffler	Ein phantastischer Kupferstich
1977	Thiel	Ein phantastischer Stich[78]
1980	Fahrenbach-W.	Ein phantastischer Stich
1982	Berger	Ein phantastischer Stich

75. Le Mort joyeux (I:73; II:72; III:74)

1901	George	Der frohe Tote
1907	Horvát	Der frohe Tote
1907	Kalckreuth	Der freudige Tote
1924	Benjamin	Frohsinn des Toten
1925	Robinson	Der fröhliche Tote
1946	Hausenstein	Der fröhliche Leichnam
1947	Niemeyer	Der heitere Tote
1947	Schmid	Der frohe Tote
1948	Krolow	Der fröhliche Tote
1948	Schoenhals	Der frohe Tote
1949	Carl Fischer	Der frohe Tote
1954	Busch	Der fröhliche Tote
1954	Moos	Der frohe Tote
1962	Kemp	Der freudige Tote
1973	Löffler	Der fröhliche Tote
1977	Thiel	Der fröhliche Tote[79]
1978	Dietrich	Der fröhliche Todeskandidat
1980	Fahrenbach-W.	Der lustige Tote

76. Le Tonneau de la Haine (I:71; II:73;III:75)

1901	George	Das Faß des Hasses
1925	Robinson	Das Faß des Hasses
1936	Moos	Die Tonne des Hasses

[74] In den *Fleurs du Mal* von 1868 unter dem Titel *Sépulture d'un poète maudit.*
[75] Ab GEO 1901 unter dem Titel *Begräbnis.*
[76] In 2 Fassungen.
[77] Ab FIC 1979 unter dem Titel *Phantastische Gravüre.*

1947	Niemeyer	Haß und Wollust
1947	Schmid	Die Tonne des Hasses
1949	Carl Fischer	Das Faß des Hasses
1962	Kemp	Das Faß des Hasses
1973	Löffler	Das Faß des Hasses
1973	Schoenhals	Das Faß des Hasses
1977	Thiel	Die Tonne des Hasses[80]
1980	Fahrenbach-W.	Das Faß des Hasses

77. La Cloche fêlée (I:58; II:74; III:76)

1891	George	Die gesprungene Glocke
1902	Zweig	Die gesprungene Glocke
1907	Kalckreuth	Die zersprungene Glocke
1908	Horvát	Die gesprungene Glocke
1909	Englert	Die zersprungene Glocke
1923	Bruns	Die gesprungene Glocke
1925	Robinson	Die zersprungene Glocke
1936	Moos	Zersprungne Glocke
1946	Faust	Die geborstene Glocke
1946	Hausenstein	Die geborstene Glocke
1947	Niemeyer	Die geborstene Glocke
1947	Schmid	Die gesprungene Glocke
1948	Schoenhals	Die geborstene Glocke
1949	Carl Fischer	Die gesprungene Glocke
1962	Kemp	Die geborstene Glocke
1973	Löffler	Die gesprungene Glocke
1977	Sahlberg	Der Spleen
1977	Thiel	Die gesprungene Glocke
1980	Fahrenbach-W.	Die zersprungene Glocke
1984	Borowsky	Die gesprungene Glocke

78. Spleen ("Pluviôse...") (I:59; II:75; III:77)

1891	George	Spleen[81]
1907	Kalckreuth	Spleen
1909	Asmus	*
1923	Bruns	Narretei
1925	Robinson	Schwermut
1936	Moos	Schwermut
1946	Hausenstein	Spleen
1947	Niemeyer	Spleen
1947	Schmid	Trübsinn
1949	Carl Fischer	Spleen
1962	Kemp	Spleen
1973	Löffler	Spleen
1973	Schoenhals	Spleen
1977	Sahlberg	Der Spleen
1977	Thiel	Spleen

---

[78] In 3 Fassungen.
[79] In 3 Fassungen.
[80] In 2 Fassungen.
[81] Ab GEO 1901 unter dem Titel *Trübsinn*.

1980	Fahrenbach-W.	Spleen
1982	Berger	Spleen

79. Spleen ("J'ai plus de souvenirs...") (I:60; II:76; III:78)

1901	George	Trübsinn
1907	Kalckreuth	Spleen
1909	Asmus	*
1920	Havemann	Spleen
1925	Robinson	Trübsinn
1936	Moos	Schwermut
1946	Hausenstein	Spleen
1947	Ernst Fischer	Spleen
1947	Schmid	Trübsinn
1949	Carl Fischer	Spleen
1962	Kemp	Spleen
1973	Löffler	Spleen
1973	Schoenhals	Spleen
1977	Thiel	Spleen
1980	Fahrenbach-W.	Spleen
1982	Berger	Spleen
1984	Borowsky	Spleen

80. Spleen ("Je suis comme le roi...") (I:61; II:77; III:79)

1891	George	Spleen[82]
1894	Dörmann	Spleen
1900	Wiegler	Spleen
1902	Zweig	Spleen
1907	Kalckreuth	Spleen
1909	Asmus	*
1923	Bruns	Bei kranker Laune
1925	Robinson	Schwermut
1936	Moos	Schwermut
1947	Schmid	Trübsinn
1949	Carl Fischer	Spleen
1962	Kemp	Spleen
1973	Löffler	Spleen
1973	Schoenhals	Spleen
1977	Thiel	Spleen
1980	Fahrenbach-W.	Spleen
1982	Berger	Spleen

81. Spleen ("Quand le ciel bas et lourd...") (I:62; II:78; III:80)

1901	George	Trübsinn
1902	Zweig	Spleen
1907	Kalckreuth	Spleen
1909	Asmus	*
1920	Havemann	Spleen

---

[82] Ab GEO 1901 unter dem Titel *Trübsinn*.

1924	Wolff	Spleen
1925	Robinson	Schwermut
1936	Moos	Schwermut
1946	Hausenstein	Spleen
1947	Schmid	Trübsinn
1949	Carl Fischer	Spleen
1962	Kemp	Spleen
1973	Löffler	Spleen
1977	Sahlberg	Spleen
1977	Thiel	Spleen[83]
1979	Schulz-Jander	o.T.
1980	Fahrenbach-W.	Spleen
1982	Berger	Spleen
1984	Borowsky	Spleen

82. Obsession (II:79; III:81)

1901	George	Besessenheit
1902	Zweig	Wie dumpfer Kirchen...
1907	Kalckreuth	Bedrückung[84]
1908	Horvát	Besessenheit
1909	Schmidt-H.	Quälerei
1922	Neumann(2)	Bedrängnis
1923	Bruns	Besessenheit
1925	Robinson	Wahnsinn
1936	Moos	Besessenheit
1938	Dorn	Besessenheit
1946	Hausenstein	Besessenheit
1947	Niemeyer	Auflehnung
1947	Schmid	Besessenheit
1949	Carl Fischer	Besessenheit
1962	Kemp	Besessenheit
1973	Löffler	Besessenheit
1977	Thiel	Besessenheit
1980	Fahrenbach-W.	Besessenheit
1984	Borowsky	Besessenheit

83. Le Goût du néant (II:80; III:82)

1898	Englert	Sehnsucht nach dem Nichts
1907	Horvát	Sehnsucht nach dem Nichts
1907	Kalckreuth	Liebe zum Nichts
1908	Hauser	Sehnsucht nach Nirwana
1925	Robinson	Liebe zum Nichts
1936	Moos	Verneinung
1946	Hausenstein	Die Lust am Nichts
1947	Schmid	Die Lust auf das Nichts
1949	Carl Fischer	Die Lust am Chaos[85]
1962	Kemp	Gefallen am Nichts
1971	Rühm	Gefallen am Nichts
1973	Löffler	Der Geschmack des Nichts

[83] In 2 Fassungen.
[84] In KAL 1962 unter dem Titel *Umnachtung*.
[85] Ab FIC 1954 unter dem Titel *Der Vorgeschmack am Nichts.*

1977	Thiel	Der Geschmack des Nichts
1980	Fahrenbach-W.	Neigung zum Nichts

84. Alchimie de la douleur (II:81; III:83)

1901	George	Schwarz-Kunst des Leidens
1907	Kalckreuth	Alchimie des Schmerzes
1908	Hauser	Alchimie des Schmerzes
1923	Bruns	Alchymie des Leidens
1925	Robinson	Alchimie des Schmerzes
1936	Moos	Alchimie des Schmerzes
1947	Niemeyer	Haßzauber
1947	Schmid	Alchimie des Schmerzes
1948	Krolow	Alchimie des Schmerzes
1949	Carl Fischer	Alchimie des Schmerzes
1962	Kemp	Alchimie des Schmerzes
1973	Löffler	Alchymie des Leids
1977	Thiel	Alchemie des Schmerzes
1980	Fahrenbach-W.	Alchimie des Schmerzes
1982	Berger	Alchimie des Schmerzes

85. Horreur sypathique (II:82; III:84)

1894	Dörmann	Verwandte Schrecken
1901	George	Anziehender Schauder
1907	Kalckreuth	Anziehendes Grausen
1925	Robinson	Anziehender Schauder
1936	Moos	Schauerlicher Einklang
1947	Schmid	Schrecknis, die mir lieb ist
1949	Carl Fischer	Teures Grausen[86]
1962	Kemp	Sympathisches Grauen
1973	Löffler	Anziehender Schauder
1977	Thiel	Sympathischer Schauder
1980	Fahrenbach-W.	Sympathisches Grauen
1982	Berger	Sympathisches Grauen

86. Le Calumet de paix[87] (III:85)

1925	Robinson	Die Friedenspfeife
1946	Jaime	Indianische Legende
1947	Schmid	Die Friedenspfeife
1950	Bruns	Die Friedenspfeife
1973	Löffler	Die Friedenspfeife
1977	Thiel	Die Friedenspfeife[88]

[86] Ab FIC 1979 unter dem Titel *Willkommnes Grausen*.

[87] Da es sich bei diesem >Original< um eine Longfellow-Übersetzung handelt, haben wir es bei den deutschen Texten mit >Übersetzungen aus zweiter Hand< zu tun. Dies erklärt die Tatsache, daß vier der sieben Gesamtübertragungen der *Fleurs du Mal* den Text nicht enthalten.

[88] In 3 Fassungen.

87. La Prière d'un païen (III:86)

1891	George	Gebet eines Heiden[89]
1907	Kalckreuth	Das Gebet eines Heiden
1908	Hauser	Gebet eines Heiden
1909	Asmus	*
1923	Bruns	Gebet eines Heiden
1925	Robinson	Gebet eines Heiden
1936	Moos	Gebet eines Heiden
1947	Niemeyer	Liebesgebet eines Heiden
1947	Schmid	Das Gebet eines Heiden
1949	Carl Fischer	Das Gebet eines Heiden
1962	Kemp	Das Gebet eines Heiden
1973	Löffler	Das Gebet eines Heiden
1977	Thiel	Das Gebet eines Heiden
1980	Fahrenbach-W.	Gebet eines Heiden

88. Le Couvercle (III:87)

1901	George	Der Deckel
1907	Kalckreuth	Der Deckel
1909	Schmidt-H.	Der Deckel
1925	Robinson	Der Deckel
1947	Schmid	Der Deckel
1949	Carl Fischer	Der Deckel
1954	Moos	Der Deckel
1962	Kemp	Der Deckel
1973	Löffler	Der Deckel
1977	Thiel	Der Deckel
1980	Fahrenbach-W.	Der Deckel

89. L'Imprévu (III:88)

1907	Kalckreuth	Der Unerwartete
1925	Robinson	Der Unerwartete
1947	Schmid	Das Unvorhergesehene
1949	Carl Fischer	Das Unerwartete
1962	Kemp	Der Unerwartete
1973	Löffler	Der Unerwartete
1977	Thiel	Das Unvorhergesehene
1980	Fahrenbach-W.	Das Unvorhergesehene

90. L'Examen de minuit (III: 89)

1907	Kalckreuth	Mitternächtliche Selbsterforschung
1908	Schaukal	Verhör um Mitternacht
1909	Asmus	*
1923	Bruns	Mitternächtige Prüfung
1925	Robinson	Mitternächtige Selbstprüfung
1936	Moos	Prüfung um Mitternacht
1946	Hausenstein	Gewissensprüfung um die Mitternacht

[89] Ab GEO 1901 unter dem Titel *Das Gebet eines Heiden*.

1947	Schmid	Gewissenserforschung um Mitternacht
1949	Carl Fischer	Gewissenserforschung um Mitternacht
1962	Kemp	Gewissensprüfung um Mitternacht
1973	Löffler	Das mitternächtliche Examen
1977	Thiel	Das Examen um Mitternacht
1978	Dietrich	Mitternächtliche Gewissenserforschung
1980	Fahrenbach-W.	Prüfung um Mitternacht

91. Madrigal triste (III: 90)

1900	Wiegler	Trauriges Madrigal
1908	Jaffé	Trauriges Madrigal
1925	Robinson	Trauriges Madrigal
1947	Schmid	Trauriger Sang
1949	Carl Fischer	Trauriger Gesang[90]
1962	Kemp	Trauriges Madrigal
1970	Benjamin	Trauriges Madrigal
1973	Löffler	Trauriges Liedchen
1977	Thiel	Trauriges Madrigal
1980	Fahrenbach-W.	Trauriges Madrigal

92. L'Avertisseur (III:91)

1901	George	Der Mahner
1907	Kalckreuth	Der Mahner
1908	Jaffé	Der Mahner
1909	Asmus	*
1920	Havemann	Die gelbe Schlange
1925	Robinson	Der Mahner
1936	Moos	Die Warnerin
1947	Schmid	Der Warner
1948	Schoenhals	Die Warnerin
1949	Carl Fischer	Der Mahner
1962	Kemp	Der Mahner
1970	Benjamin	Der Mahner
1973	Löffler	Der Mahner
1977	Thiel	Der Warner
1980	Fahrenbach-W.	Der Mahner

93. A une Malabaraise (E; III:92)

1901	George	Einer Malabaresin
1908	Hauser	Einer Malabarin
1923	Bruns	An eine Malabaresin
1925	Robinson	An eine Malabaresin
1936	Moos	An eine Malabaresin
1946	Hausenstein	An ein Mädchen von Malabar
1947	Freund	An eine Malabarin
1947	Schmid	Auf ein Mädchen von Malabar
1949	Carl Fischer	Auf ein Mädchen aus Malabar

[90] Ab FIC 1979 unter dem Titel *Trauriges Madrigal*.

1962	Kemp	Auf ein Mädchen aus Malabar
1973	Löffler	An eine Malabaresin
1977	Thiel	An ein Mädchen aus Malabar
1980	Fahrenbach-W.	An eine Malabarin
1982	Berger	Auf ein Mädchen von Malabar

94. La Voix (E; III:93)

1908	Hauser	Die Stimme
1909	Schmidt-H.	Die Stimme
1925	Robinson	Die Stimme
1936	Moos	Die Stimme
1947	Freund	Die Stimme
1947	Schmid	Die Stimme
1949	Carl Fischer	Die Stimme
1962	Kemp	Die Stimme
1970	Benjamin	Die Stimme
1973	Löffler	Die Stimme
1973	Schoenhals	Die Stimme
1977	Thiel	Die Stimme
1978	Dietrich	Die Stimme
1980	Fahrenbach-W.	Die Stimme
1982	Berger	Die Stimme

95. Hymne (E; III:94)

1901	George	Loblied
1902	Zweig	Hymne
1907	Kalckreuth	Hymne
1908	Schaukal	Hymne
1920	Havemann	Hymne
1925	Robinson	Hymne
1936	Moos	Hymne
1946	Hausenstein	Hymne
1947	Ernst Fischer	Hymne
1947	Freund	Hymne
1947	Schmid	Lobgesang
1948	Strassova	Hymne
1949	Carl Fischer	Hymne
1949	Burte	Hymne
1962	Kemp	Hymnus
1973	Löffler	Hymne
1977	Thiel	Hymne
1980	Fahrenbach-W.	Hymne

96. Le Rebelle (III:95)

1901	George	Der Empörer
1907	Kalckreuth	Der Rebell
1908	Hauser	Der Rebell
1923	Bruns	Der Widerspenstige
1925	Robinson	Der Rebell
1947	Ernst Fischer	Der Rebell
1947	Niemeyer	Der Widerspenstige
1947	Schmid	Der Empörer

1949	Carl Fischer	Der Empörer
1954	Moos	Der Empörer
1962	Kemp	Der Empörer
1970	Benjamin	Der Rebell
1973	Löffler	Der Rebell
1973	Schoenhals	Der Aufrührer
1977	Thiel	Der Empörer
1980	Fahrenbach-W.	Der Rebell

97. Les Yeux de Berthe (E; III:96)

1891	George	Berthas Augen
1907	Kalckreuth	Bertas Augen
1909	Schmidt-H.	Bertas Augen
1923	Bruns	Berthas Augen
1925	Robinson	Berthas Augen
1946	Hausenstein	Berthas Augen
1947	Freund	Berthas Augen
1947	Schmid	Berthas Augen
1949	Carl Fischer	Berthas Augen
1962	Kemp	Berthas Augen[91]
1973	Löffler	Berthes Augen
1977	Thiel	Berthas Augen[92]
1980	Fahrenbach-W.	Berthes Augen

98. Le Jet d'eau (E; III: 97)

1886	Englert	Der Springquell
1900	Wiegler	Der Springbrunnen
1901	George	Der Springbrunnen
1907	Kalckreuth	Der Springbrunnen
1925	Robinson	Der Springbrunnen
1947	Derndarsky	Der Springbrunnen
1947	Freund	Der Springbrunnen
1947	Schmid	Der Wasserstrahl
1948	Krolow	Der Springbrunnen
1949	Carl Fischer	Der Springbrunnen
1962	Kemp	Der Springbrunn
1968	Beilharz	Der Springbrunnen
1973	Löffler	Der Springbrunnen
1973	Schoenhals	Der Springbrunn
1977	Thiel	Der Springbrunnen
1980	Fahrenbach-W.	Der Springbrunn

99. La Rançon (E; III: 98)

1898	Meyer	o.T.
1908	Jaffé	Lösegeld
1909	Schmidt-H.	Das Lösegeld
1923	Bruns	Das Lösegeld
1925	Robinson	Das Lösegeld

[91] In späteren Fassungen unter dem Titel *Berthes Augen*.

1936	Moos	Das Lösegeld
1947	Freund	Das Lösegeld
1947	Schmid	Das Lösegeld
1948	Schoenhals	Das Pfand
1949	Carl Fischer	Das Lösegeld
1962	Kemp	Das Lösegeld
1973	Löffler	Das Lösegeld
1977	Thiel	Das Lösegeld
1978	Dietrich	Das Lösegeld
1980	Fahrenbach-W.	Das Lösegeld

100. Bien loin d'ici (III:99)

1891	George	Weit von hier
1907	Kalckreuth	Fern von hier
1920	Havemann	Dorothee
1923	Bruns	Ein ferner Winkel
1925	Robinson	Weit von hier
1947	Schmid	Gar weit von hier
1949	Carl Fischer	Fern von hier[93]
1962	Kemp	Sehr fern von hier
1973	Löffler	Weit, weit von hier
1977	Thiel	Sehr fern von hier
1980	Fahrenbach-W.	Sehr weit von hier

101. Le Coucher du soleil romantique (E; III:100)

1891	George	Der Untergang der romantischen Sonne
1907	Kalckreuth	Romantischer Sonnenuntergang
1923	Bruns	Der Untergang der romantischen Sonne
1925	Robinson	Romantischer Sonnenuntergang
1946	Hausenstein	Romantischer Sonnenuntergang
1947	Freund	Untergang der romantischen Sonne
1947	Schmid	Der romantische Sonnenuntergang
1949	Carl Fischer	Der Untergang der romantischen Sonne
1962	Kemp	Der Untergang der romantischen Sonne
1970	Benjamin	Der Untergang der romantischen Sonne
1973	Löffler	Der Untergang der Romantischen Sonne
1977	Thiel	Der Untergang der romantischen Sonne

102. Sur *Le Tasse en prison* d'Eugène Delacroix (E; III:101)

1920	Havemann	Tasso im Gefängnis
1925	Robinson	Zu dem "Tasso im Gefängnis" von Eugène Delacroix
1947	Freund	Auf den Gefangenen Tasso
1947	Schmid	Auf das Bild "Tasso im Gefängnis"
1949	Carl Fischer	Auf das Bild "Tasso im Gefängnis"
1962	Kemp	Auf das Gemälde "Tasso im Gefängnis" von Eugène Delacroix
1973	Löffler	Über den >Tasso im Gefängnis<
1977	Thiel	Auf "Tasso im Gefängnis"[94]

[92] In 3 Fassungen.

1980	Fahrenbach-W.	Auf das Gemälde "Tasso im Gefängnis" von Eugène Delacroix

103. Le Gouffre (III:102)

1907	Kalckreuth	Der Abgrund
1909	Asmus	*
1920	Havemann	Der Abgrund
1925	Robinson	Der Abgrund
1946	Hausenstein	Der Abgrund
1947	Niemeyer	Der Abgrund
1947	Schmid	Der Abgrund
1949	Carl Fischer	Der Abgrund
1962	Kemp	Der Abgrund
1973	Löffler	Der Abgrund
1977	Thiel	Der Abgrund
1980	Fahrenbach-W.	Der Abgrund
1984	Borowsky	Der Abgrund

104. Les Plaintes d'un Icare (III:103)

1900	Wiegler	Ikarusklage
1901	George	Klagen eines Ikarus
1902	Zweig	Die Klagen eines Ikarus
1907	Kalckreuth	Klagen eines Ikarus
1908	Jaffé	Klage eines Icarus
1921	Rilke	Les plaintes d'un Icare
1923	Bruns	Ikarische Klage
1925	Robinson	Die Klagen eines Ikarus
1936	Moos	Ikarusklagen
1946	Faust	Ein Ikarus klagt
1946	Hausenstein	Ikarische Klage
1947	Niemeyer	Ikarische Klage
1947	Schmid	Ikarische Klage
1948	Krolow	Klage eines Ikaros
1949	Carl Fischer	Die Klagen eines Ikarus
1952	Mühlberger	Die Klagen eines Ikarus
1962	Kemp	Die Klagen eines Ikarus
1973	Löffler	Die Klagen eines Ikarus
1973	Schoenhals	Ikarische Klage
1977	Thiel	Die Klagen eines Ikarus
1978	Dietrich	Ikarus-Klage
1980	Fahrenbach-W.	Klagen eines Ikarus
1982	Berger	Die Klagen eines Ikarus
1984	Borowsky	Die Klagen eines Ikarus

[93] Ab FIC 1954 unter dem Titel *Fern*.
[94] In 2 Fassungen.

105. Recueillement (III:104)

1891	George	Sammlung
1898	Meyer	o.T.[95]
1900	Wiegler	Ruhe
1902	Zweig	Beruhigung
1907	Horvát	Sammlung
1907	Kalckreuth	Sammlung
1911	Schellenberg	Beruhigung
1920	Havemann	Sammlung
1923	Bruns	Sänftigung
1925	Robinson	Sammlung
1936	Moos	Abendfrieden[96]
1946	Faust	Abendandacht
1946	Hausenstein	Sammlung
1946	Orthbandt	Erholung
1946	Scheer	Besinnung
1947	Herrmann	Sammlung
1947	Lövenich	Sammlung
1947	Rieple	Sammlung
1947	Schmid	Sammlung
1948	Schoenhals	Sammlung
1949	Carl Fischer	Sammlung[97]
1949	Burte	Sammlung
1950	Fabricius	Andacht
1954	Busch	Sammlung
1954	Müller	Sammlung
1958	Kemp	Sammlung[98]
1958	Gsteiger	Andacht
1960	U.F. Müller	Sammlung
1966	Gipper	o.T.
1970	Benjamin	Vorbereitung
1973	Löffler	Besinnung
1977	Sahlberg	Sammlung
1977	Thiel	Sammlung
1978	Dietrich	Sammlung
1979	Schulz-Jander	o.T.
1980	Fahrenbach-W.	Besinnung
1984	Borowsky	Sammlung

106. L'Héautontimorouménos (I:52; II:83; III:105)

1908	Jaffé	Heauton timoroumenos
1909	Asmus	*
1925	Robinson	Der Heautontimoroumenos
1936	Moos	Heautontimoroumenos
1947	Ernst Fischer	Heautontimoroumenos
1947	Schmid	Der Heautontimoroumenos
1949	Carl Fischer	Der Heautontimoroumenos
1952	Wildgans	Heauton Timoroumenos
1958	Michael	Heautontimoroumenos
1962	Kemp	Der Selbsthenker
1973	Löffler	Der Heautontimoroumenos
1977	Thiel	Der Selbsthasser

[95] In MEY 1909 unter dem Titel *Sammlung*.
[96] In MOO 1954 unter dem Titel *Sammlung*.
[97] Ab FIC 1954 unter dem Titel *Besinnung*.

1980	Fahrenbach-W.	Der Heautontimoroumenos
1984	Borowsky	Der Selbsthenker

107. L'Irrémédiable (I:64; II:84; III:106)

1909	Asmus	*
1920	Havemann	Das Unentrinnbare
1925	Robinson	Das Unlösbare
1947	Schmid	Das Unheilbare
1949	Carl Fischer	Das nie sich Wandelnde
1962	Böschen./Bollack	Das Unrettbare
1962	Kemp	Das Unheilbare
1973	Löffler	Das Unheilbare
1977	Thiel	Das Unheilbare
1980	Fahrenbach-W.	Das Unabänderliche

108. L'Horloge (II: 85; III:107)

1924	Benjamin	Die Wanduhr
1925	Robinson	Die Turmuhr
1947	Schmid	Die Uhr
1949	Carl Fischer	Die Uhr
1949	Burte	Die Uhr
1962	Kemp	Die Uhr
1967	Hinderberger	Die Uhr
1973	Löffler	Die Uhr
1977	Thiel	Die Wanduhr
1980	Fahrenbach-W.	Die Uhr

109. Paysage (II:86; III:108)

1898	Meyer	o.T.
1901	George	Landschaft
1907	Kalckreuth	Landschaft
1923	Benjamin	Landschaft
1923	Bruns	Landschaft
1925	Robinson	Landschaft
1946	Hausenstein	Landschaft
1947	Schmid	Landschaft
1949	Carl Fischer	Landschaft
1962	Kemp	Landschaft
1973	Löffler	Landschaft
1977	Sahlberg	Pariser Landschaft
1977	Thiel	Landschaft
1980	Fahrenbach-W.	Landschaft
1982	Berger	Landschaft

[98] Vers-Fassung. Ab KEM 1962 auch als Prosa-Fassung.

110. Le Soleil (I:2; II:87; III:109)

1923	Benjamin	Die Sonne
1923	Bruns	Die Sonne
1925	Robinson	Die Sonne
1946	Hausenstein	Die Sonne
1947	Schmid	Die Sonne
1949	Carl Fischer	Die Sonne
1962	Kemp	Die Sonne
1973	Löffler	Die Sonne
1973	Schoenhals	Die Sonne
1977	Thiel	Die Sonne
1980	Fahrenbach-W.	Die Sonne
1982	Berger	Die Sonne

111. Lola de Valence (E; III:110)

1907	Kalckreuth	Lola de Valence
1925	Robinson	Lola de Valence
1947	Freund	Lola de Valence
1947	Schmid	Lola von Valencia
1949	Carl Fischer	Lola de Valence
1962	Kemp	Lola de Valence
1973	Löffler	Lola von Valencia
1977	Thiel	Lola von Valencia
1980	Fahrenbach-W.	Lola de Valence

112. La Lune offensée (III:111)

1901	George	Die beleidigte Luna
1908	Bruns	Die beleidigte Luna
1908	Hauser	Die beleidigte Mondgöttin
1909	Asmus	*
1923	Benjamin	Die Kränkung der Luna
1925	Robinson	Die beleidigte Luna
1947	Niemeyer	Der gekränkte Mond
1947	Schmid	Die zürnende Luna
1949	Carl Fischer	Die beleidigte Luna
1962	Kemp	Die gekränkte Luna
1973	Löffler	Die beleidigte Mondgöttin
1973	Schoenhals	Die gekränkte Luna
1977	Thiel	Der beleidigte Mond
1980	Fahrenbach-W.	Die gekränkte Luna

113. A une mendiante rousse (I:65; II:88; III:112)

1907	Kalckreuth	An eine rothaarige Bettlerin
1909	Asmus	*
1925	Robinson	An eine rothaarige Bettlerin
1947	Schmid	An eine rothaarige Bettlerin
1962	Kemp	Auf ein rothaariges Bettlerkind
1973	Löffler	An eine rothaarige Bettlerin
1977	Thiel	An eine rothaarige Bettlerin

1980	Fahrenbach-W.	Einer rothaarigen Bettlerin
1982	Berger	An ein rothaariges Bettelmädchen

114. Le Cygne (II:89; III:113)

1901	George	Der Schwan
1907	Kalckreuth	Der Schwan
1923	Benjamin	Der Schwan
1925	Robinson	Der Schwan
1947	Schmid	Der Schwan
1949	Carl Fischer	Der Schwan
1962	Kemp	Der Schwan
1973	Löffler	Der Schwan
1977	Sahlberg	Der Schwan
1977	Thiel	Der Schwan
1980	Fahrenbach-W.	Der Schwan
1982	Berger	Der Schwan

115. Les Sept Vieillards (II:90; III:114)

1907	Kalckreuth	Die sieben Greise
1923	Benjamin	Die sieben Greise
1923	Bruns	Die sieben Greise
1925	Robinson	Die sieben Greise
1946	Hausenstein	Die sieben Greise
1947	Schmid	Die sieben Greise
1949	Carl Fischer	Die sieben Greise
1962	Kemp	Die sieben Greise
1973	Löffler	Die sieben Greise
1973	Schoenhals	Die sieben Greise
1977	Thiel	Die sieben Greise
1980	Fahrenbach-W.	Die sieben Greise

116. Les Petites Vieilles (II:91; III:115)

1901	George	Die kleinen Alten
1923	Benjamin	Alte Frauen
1925	Robinson	Die kleinen Alten
1936	Moos	Die kleinen Alten
1946	Hausenstein	Die alten Weiblein[99]
1947	Schmid	Die Greisinnen
1949	Carl Fischer	Die armseligen Greisinnen[100]
1962	Kemp	Die alten Weiblein
1964	Brecht	Die kleinen alten Frauen[101]
1973	Löffler	Die alten Weibchen

---

[99] Nur die erste und die dritte Strophengruppe.

[100] Ab FIC 1954 unter dem Titel *Die ärmlichen Greisinnen*. Ab FIC 1979 unter dem Titel *Die alten Weiblein*.

[101] Nur die dritte Strophengruppe.

1977	Thiel	Die kleinen Alten[102]
1980	Fahrenbach-W.	Die kleinen Alten

117. Les Aveugles (II:92; III:116)

1901	George	Die Blinden
1907	Kalckreuth	Die Blinden
1908	Horvát	Die Blinden
1923	Benjamin	Die Blinden
1923	Bruns	Die Blinden
1925	Robinson	Die Blinden
1936	Moos	Die Blinden
1946	Hausenstein	Die Blinden
1946	Schomerus-Wag.	Die Blinden
1947	Niemeyer	Die Blinden
1947	Rieple	Die Blinden
1947	Schmid	Die Blinden
1949	Carl Fischer	Die Blinden
1962	Kemp	Die Blinden
1973	Löffler	Die Blinden
1977	Thiel	Die Blinden
1980	Fahrenbach-W.	Die Blinden

118. A une passante (II:93; III:117)

1891	George	Einer Vorübergehenden
1908	Oesterheld	An eine Vorübergehende
1909	Asmus	*
1923	Benjamin	Einer Dame
1925	Robinson	Einer Vorübergehenden
1946	Hausenstein	An eine, die vorüberging
1947	Ernst Fischer	Flüchtige Begegnung
1947	Niemeyer	Die Vorübergehende
1947	Schmid	An eine, die vorüberging
1948	Schoenhals	An eine, die vorüberging
1949	Carl Fischer	Einer Vorübergehenden[103]
1954	Moos	Einer Vorübergehenden
1958	Gsteiger	An eine Vorübergehende
1960	Newman	An eine Vorübergehende
1962	Kemp	An eine, die vorüberging
1967	Hinderberger	An eine, die vorüberging
1973	Löffler	An eine Vorübergehende
1977	Krieger	An eine Vorübergehende
1977	Thiel	An eine Vorübergehende
1980	Fahrenbach-W.	An eine, die vorüberging
1982	Berger	Einer Vorübergehenden
1982	Helbling	An eine Unbekannte
1984	Borowsky	An eine, die vorüberging

[102] Die erste Strophengruppe in 2 Fassungen, der Rest nur in einer.
[103] Ab FIC 1954 unter dem Titel *An eine die vorüberging*.

119. Le Squelette laboureur (II:94; III:118)

1923	Benjamin	Das Skelett bei der Arbeit
1925	Robinson	Das Skelett als Arbeitsmann
1947	Schmid	Der knöcherne Ackersmann
1949	Carl Fischer	Der grabende Knochenmann[104]
1962	Kemp	Das Skelett als Ackermann
1973	Löffler	Das arbeitende Skelett
1977	Thiel	Das arbeitende Skelett
1980	Fahrenbach-W.	Das Skelett als Ackermann
1982	Berger	Das Skelett als Ackermann

120. Le Crépuscule du soir (I:67; II:95; III:119)

1911	Wildgans	Die Dämmerung des Abends[105]
1920	Havemann	Abenddämmerung
1923	Benjamin	Die Abenddämmerung
1925	Robinson	Abenddämmerung
1947	Ernst Fischer	Abenddämmerung
1947	Schmid	Abenddämmern
1949	Carl Fischer	Die Abenddämmerung
1962	Kemp	Die Abenddämmerung
1973	Löffler	Die Abenddämmerung
1977	Thiel	Abenddämmerung
1980	Fahrenbach-W.	Abenddämmerung
1982	Berger	Die Abenddämmerung

121. Le Jeu (I:66; II:96; III:120)

1907	Kalckreuth	Das Spiel
1920	Havemann	Das Spiel
1923	Benjamin	Das Spiel
1925	Robinson	Das Spiel
1946	Hausenstein	Das Spiel
1947	Schmid	Das Spiel
1949	Carl Fischer	Das Spiel
1962	Kemp	Das Spiel
1973	Löffler	Das Spiel
1973	Schoenhals	Das Spiel
1977	Thiel	Das Spiel
1980	Fahrenbach-W.	Das Spiel
1990	Thalmayr	Das Spiel

122. Danse macabre (II:97; III:121)

1906	Bruns	Totentanz
1907	Kalckreuth	Totentanz
1920	Havemann	Leichentanz
1923	Benjamin	Totentanz
1925	Robinson	Totentanz
1946	Hausenstein	Totentanz

[104] Ab FIC 1954 unter dem Titel *Das grabende Skelett.*

1947	Schmid	Totentanz
1949	Carl Fischer	Totentanz
1962	Kemp	Totentanz
1973	Löffler	Totentanz
1977	Thiel	Leichentanz
1980	Fahrenbach-W.	Totentanz

123. L'Amour du mensonge (II:98; III:122)

1907	Kalckreuth	Die Liebe zur Lüge
1923	Benjamin	Die Lust an der Lüge
1925	Robinson	Lust zur Lüge
1946	Hausenstein	Die Liebe zur Lüge
1947	Ernst Fischer	Verliebt in die Lüge
1947	Schmid	Beglückende Lüge
1949	Carl Fischer	Die Liebe zur Lüge
1962	Kemp	Die Lust an der Lüge
1973	Löffler	Die Liebe zur Lüge
1977	Thiel	Die Liebe zur Lüge
1980	Fahrenbach-W.	Liebe zur Lüge

124. *Je n'ai pas oublié, voisine de la ville* (I:70; II:99; III:123)

1901	Zweig	Noch heute
1923	Benjamin	Noch lebt mir unser Haus...
1925	Robinson	Nein, ich vergaß es nicht...
1947	Schmid	Ich habe nie das kleine weiße Haus vergessen...
1949	Carl Fischer	Das kleine weiße Haus bleibt immer unvergessen...
1962	Kemp	Ich hab' es nicht vergessen...
1973	Löffler	Ich hab es nicht vergessen...
1977	Thiel	Ich hab nicht vergessen
1980	Fahrenbach-W.	Das weiße Haus, das wir so nah der Stadt besessen...
1982	Berger	Das kleine weiße Haus, das wir am Stadtrand hatten...

125. *La servante au grand coeur dont vous étiez jalouse* (I:69; II:100; III:124)

1891	George	Die brave[106] magd auf die ihr eifrig wachtet...
1923	Benjamin	Die Schaffnerin voller Geduld die dein Argwohn betraf...
1925	Robinson	Laßt uns der treuen Magd, dem Herzen voller Güte...
1946	Hausenstein	Mariette[107]
1947	Schmid	Wir sollten doch der Magd, die Euren Neid erregte...
1949	Carl Fischer	Die Magd, der dir zum Neid ein treues Herz beschieden...[108]
1957	Bartuschek	Die tote Kindermagd
1962	Kemp	Die Magd mit dem großen Herzen, auf die du eifersüchtig warst...
1973	Löffler	Der treuen Magd...

[105] Der Titel wird erst in den "Erläuterungen" am Ende des Bandes, auf S.340, übersetzt. Der Text selbst trägt den französischen Titel. In WIL 1952 unter dem Titel *Die Abenddämmerung*.

[106] Ab GEO 1901: "Die treue magd...".

[107] Ab HAN 1954 unter dem Titel: *Die Magd mit dem großen Herzen*.

[108] Ab FIC 1979 statt "treues Herz" in der ersten Zeile: "großes Herz".

1977	Thiel	Die Magd mit dem großen Herzen
1980	Fahrenbach-W.	Die großherzige Magd, die deine Eifersucht erweckt...

126. Brumes et pluies (I:63; II:101; III:125)

1900	Wiegler	Nebel und Regen
1901	George	Nebel und Schlossen
1901	Zweig	Brumes et pluies[109]
1907	Kalckreuth	Nebel und Regen
1909	Schmidt-H.	Nebel und Regen
1923	Benjamin	Nebel und Regen
1925	Robinson	Nebel und Regen
1936	Moos	Nebel und Regen
1946	Hausenstein	Nebel und Regen
1947	Ernst Fischer	Nebel und Regen
1947	Niemeyer	Das Gewölbe der Finsternis
1947	Schmid	Nebel und Schauer
1948	Schoenhals	Nebel und Regen
1949	Carl Fischer	Nebel und Regen
1962	Kemp	Nebel und Regen
1973	Löffler	Nebel und Regen
1977	Thiel	Nebel und Regen
1979	Schulz-Jander	o.T.
1980	Fahrenbach-W.	Nebel und Regen

127. Rêve parisien (II:102; III:126)

1900	Wiegler	Land des Traumes[110]
1907	Kalckreuth	Pariser Traum
1923	Benjamin	Pariser Traum
1923	Bruns	Pariser Traum
1925	Robinson	Pariser Traum
1947	Schmid	Traum in Paris
1949	Carl Fischer	Traum in Paris
1962	Böschen./Bollack	Pariser Traum
1962	Kemp	Pariser Traum
1973	Löffler	Pariser Traum
1977	Thiel	Pariser Traum
1980	Fahrenbach-W.	Pariser Traum
1984	Borowsky	Pariser Traum

128. Le Crépuscule du matin (I:68; II:103; III:127)

1901	George	Morgendämmerung
1907	Kalckreuth	Morgendämmerung
1915	Hardekopf	Morgendämmerung in Paris
1920	Havemann	Morgendämmerung
1923	Benjamin	Das Morgengrauen
1925	Robinson	Morgengrauen

[109] Ab ZWE 1902 ist auch der Titel übertragen: *Nebel und Regen.*
[110] Nur die erste Strophengruppe.

1946	Hausenstein	Die Morgendämmerung
1947	Schmid	Morgendämmern
1948	Krolow	Morgengrauen
1949	Carl Fischer	Die Morgendämmerung
1950	Nostiz v.	Die Morgendämmerung
1962	Böschen./Bollack	Die Morgendämmerung
1962	Kemp	Die Morgendämmerung
1973	Löffler	Die Morgendämmerung
1977	Thiel	Morgendämmerung
1980	Fahrenbach-W.	Morgendämmerung
1982	Berger	Die Morgendämmerung
1984	Borowsky	Morgendämmerung

129. L'Ame du vin (I:93; II:104; III:128)

1887	Oedheimv.	Der Geist des Weines
1891	George	Die Seele des Weins
1901/2	Zweig	Die Seele des Weins
1925	Robinson	Die Seele des Weins
1936	Moos	Die Seele des Weins
1946	Hausenstein	Die Seele des Weins
1947	Schmid	Die Seele des Weins
1949	Carl Fischer	Die Seele des Weins
1952	Reinhardt	Die Seele des Weins
1962	Kemp	Die Seele des Weins
1967	Hinderberger	Die Seele des Weins
1973	Löffler	Der Geist des Weins
1973	Schoenhals	Die Seele des Weins
1977	Sahlberg	Die Seele des Weins
1977	Thiel	Die Seele des Weins
1980	Fahrenbach-W.	Die Seele des Weins
1982	Berger	Die Seele des Weins

130. Le Vin des chiffonniers (I:94; II:105; III:129)

1901	George	Der Wein der Bettler
1907	Kalckreuth	Der Wein der Lumpensammler
1925	Robinson	Der Wein der Lumpensammler
1946	Hausenstein	Der Wein der Lumpensammler
1947	Schmid	Der Wein der Lumpensammler
1949	Carl Fischer	Der Wein des Bettelvolks[111]
1962	Kemp	Der Wein der Lumpensammler
1973	Löffler	Der Wein der Lumpensammler
1973	Schoenhals	Der Wein der Lumpensammler
1977	Sahlberg	Der Wein der Lumpensammler
1977	Thiel	Der Wein der Lumpensammler
1980	Fahrenbach-W.	Der Wein der Lumpensammler
1982	Berger	Der Wein der Lumpensammler

[111] Ab FIC 1954 unter dem Titel *Der Wein der Bettler*.

131. Le Vin de l'assassin (I:95; II:106; III:130)

1902	Zweig	Der Wein des Mörders
1909	Asmus	*
1925	Robinson	Der Wein des Mörders
1936	Moos	Der Wein des Mörders
1947	Schmid	Der Wein des Mörders
1949	Carl Fischer	Der Wein des Mörders
1962	Kemp	Der Wein des Mörders
1971	Rühm	Der Wein des Mörders
1973	Löffler	Der Wein des Mörders
1973	Schoenhals	Der Wein des Mörders
1977	Thiel	Der Wein des Mörders
1980	Fahrenbach-W.	Der Wein des Mörders
1982	Berger	Der Wein des Mörders
1984	Borowsky	Der Wein des Mörders

132. Le Vin du solitaire (I:96; II:107; III:131)

1901	George	Der Wein des Einsamen
1901	Zweig	Der Wein des Einsamen
1907	Kalckreuth	Der Wein des Einsamen
1908	Horvát	Der Wein des Einsamen
1909	Asmus	*
1925	Robinson	Der Wein des Einsamen
1936	Moos	Der Wein des Einsamen
1946	Lange	Der Wein des Einsamen
1947	Lövenich	Der Wein des Einsamen
1947	Niemeyer	Der einsame Trinker
1947	Schmid	Der Wein des Einsamen
1949	Carl Fischer	Der Wein des Einsamen
1962	Kemp	Der Wein des Einsamen
1970	Benjamin	Der Wein des Einsamen
1973	Löffler	Der Wein des Einsamen
1977	Thiel	Der Wein des Einsamen
1980	Fahrenbach-W.	Der Wein des Einsamen
1982	Berger	Der Wein des Einsamen

133. Le Vin des amants (I:97; II:108; III:132)

1891	George	Der Wein der Liebenden
1907	Kalckreuth	Der Wein der Liebenden
1909	Asmus	*
1924	Wolff	Die Seele des Weins
1925	Robinson	Der Wein der Liebenden
1936	Moos	Der Wein der Liebenden
1947	Rieple	Der Wein der Liebenden
1947	Schmid	Der Wein der Liebenden
1949	Carl Fischer	Der Wein der Liebenden
1962	Kemp	Der Wein der Liebenden
1973	Löffler	Der Wein der Liebenden
1977	Thiel	Der Wein der Liebenden
1980	Fahrenbach-W.	Der Wein der Liebenden
1982	Berger	Der Wein der Liebenden

134. Épigraphe pour un livre condamné (III:133)

1891	George	Aufschrift auf ein verwünschtes Buch[112]
1894	Dörmann	Motto für ein verdammtes Buch
1908	Jaffé	Nachschrift für ein verbotenes Buch
1920	Havemann	Warnung an den Leser
1925	Robinson	Aufschrift auf ein verpöntes Buch
1936	Moos	Widmung für ein verdammtes Buch
1946	Hausenstein	Denkschrift auf ein verurteiltes Buch[113]
1947	Schmid	Tafel zu einem verpönten Buch
1949	Carl Fischer	Aufschrift auf ein verpöntes Buch
1962	Kemp	Aufschrift für ein verurteiltes Buch
1973	Löffler	Epigraph für ein verurteiltes Buch
1977	Thiel	Aufschrift für ein verdammtes Buch
1980	Fahrenbach-W.	Aufschrift auf ein verurteiltes Buch

135. La Destruction (I:78; II:109; III:134)

1901	George	Die Zerstörung
1907	Kalckreuth	Die Zerstörung
1920	Havemann	Die Zerstörung
1923	Bruns	Verwesung
1925	Robinson	Die Zerstörung
1946	Hausenstein	Die Zerstörung
1947	Schmid	Die Vernichtung
1949	Carl Fischer	Die Zerstörung
1958	Derndarsky	Die Zerstörung
1962	Kemp	Die Zerstörung
1970	Benjamin	Die Zerstörung
1973	Löffler	Die Zerstörung
1977	Thiel	Die Zerstörung
1980	Fahrenbach-W.	Die Zerstörung

136. Une martyre (I:79; II:110; III:135)

1920	Havemann	Lustmord
1925	Robinson	Eine Märtyrerin
1947	Schmid	Eine Blutzeugin
1949	Carl Fischer	Eine Martyrin[114]
1962	Kemp	Eine Märtyrerin
1971	Rühm	Eine Märtyrerin
1973	Löffler	Eine Märtyrerin
1977	Thiel	Eine Märtyrerin
1980	Fahrenbach-W.	Eine Märtyrerin

137. Femmes damnées (*Comme un bétail pensif...*) (I:82; II:111; III:136)

1891	George	Verdammte Frauen
1907	Kalckreuth	Verdammte Frauen
1908	Bruns	Verfehmte Frauen
1925	Robinson	Verdammte Frauen

[112]Ab GEO 1901 unter dem Titel *Aufschrift auf ein verpöntes Buch*.

1936	Moos	Verdammte Frauen
1946	Hausenstein	Die Frauen der Verdammnis
1947	Schmid	Frauen in Verdammnis
1949	Carl Fischer	Frauen der Verdammnis
1962	Kemp	Verdammte Frauen
1973	Löffler	Verdammte Frauen
1977	Thiel	Verdammte Frauen
1980	Fahrenbach-W.	Verfemte Frauen

138. Les Deux Bonnes Soeurs (I:83; II:112; III:137)

1901	George	Dei beiden barmherzigen Schwestern
1925	Robinson	Die beiden barmherzigen Schwestern
1947	Niemeyer	Die beiden Krankenschwestern
1947	Schmid	Die zwei barmherzigen Schwestern
1949	Carl Fischer	Ein barmherzig Schwesternpaar[115]
1954	Busch	Die beiden barmherzigen Schwestern
1954	Moos	Das barmherzige Geschwisterpaar
1962	Kemp	Zwei barmherzige Schwestern
1970	Benjamin	Die barmherzigen Schwestern
1973	Löffler	Die zwei guten Schwestern
1977	Thiel	Die zwei barmherzigen Schwestern
1980	Fahrenbach-W.	Die beiden guten Schwestern

139. La Fontaine de sang (I:84; II:113; III:138)

1902	Zweig	Der Blutstrom
1907	Horvát	Der Blutquell
1907	Kalckreuth	Die Fontäne von Blut
1923	Bruns	Der Blutbronnen
1925	Robinson	Die Blutquelle
1930	George	Der Blutquell
1936	Moos	Die Blutquelle
1946	Hausenstein	Der Blutbrunnen
1947	Ernst Fischer	Der Blutstrom
1947	Schmid	Der Blutquell
1948	Schoenhals	Der Blutbrunnen
1949	Carl Fischer	Der Blutquell
1962	Kemp	Der Blut-Brunnen
1973	Löffler	Der Blutbrunnen
1977	Thiel	Die Blutfontäne
1980	Fahrenbach-W.	Die Blutfontäne
1984	Borowsky	Der Blutbrunnen

140. Allégorie (I:85; II:114; III:139)

1891	George	Allegorie[116]
1925	Robinson	Allegorie
1946	Hausenstein	Allegorie
1947	Schmid	Allegorie

[113]Diese Übertragung findet sich nur im Anmerkungsteil der Hausensteinschen Veröffentlichung.
[114]Ab FIC 1979 unter dem Titel *Eine Märtyrerin.*

1949	Carl Fischer	Allegorie
1962	Kemp	Allegorie
1973	Löffler	Allegorie
1977	Thiel	Allegorie
1980	Fahrenbach-W.	Allegorie

141. La Béatice (I:86; II:115; III:140)

1907	Horvát	Die Beatrice
1925	Robinson	Beatrice
1947	Schmid	Die Beatrice
1949	Carl Fischer	Die Beatrice
1962	Kemp	Die Beatrice
1973	Löffler	Die Beatrice
1977	Thiel	Beatrice
1980	Fahrenbach-W.	Die Beatrice

142. Un voyage à Cythère (I:88; II:116; III:141)

1925	Robinson	Eine Reise nach Kythera
1946	Hausenstein	Die Reise nach Cythera
1947	Schmid	Die Reise nach Kythere
1949	Carl Fischer	Reise nach Cythera
1962	Kemp	Eine Reise nach Cythera
1971	Rühm	Die Reise nach Cythera
1973	Löffler	Die Reise nach Cythere
1977	Thiel	Die Reise nach Cythera
1980	Fahrenbach-W.	Die Reise nach Kythera
1982	Berger	Eine Reise nach Kythera

143. L'Amour et le crâne (I:89; II:117; III:142)

1890	Vintler	Amor auf dem Totenschädel
1893	Dörmann	Amor und der Schädel
1901	George	Die Liebe und der Schädel
1907	Kalckreuth	Amor und der Schädel
1909	Asmus	*
1916	Klemm	Seifenblasen
1920	Havemann	Die Liebe und der Schädel
1925	Robinson	Die Liebe und der Schädel
1936	Moos	Die Liebe und der Schädel
1947	Schmid	Amor und der Schädel
1949	Carl Fischer	Die Liebe und der Schädel
1962	Kemp	Amor und der Schädel
1973	Löffler	Amor und der Schädel
1973	Schoenhals	Amor und der Schädel
1977	Thiel	Die Liebe und der Schädel
1980	Fahrenbach-W.	Amor und der Schädel
1982	Berger	Amor und der Schädel

[115] Ab FIC 1954 unter dem Titel *Die zwei barmherzigen Schwestern.*

144. Le Reniement de Saint Pierre (I:90; II:118; III:143)

1901	George	Die Verleugnung des hl. Petrus
1907	Kalckreuth	Die Verleugnung des heiligen Petrus
1909	Asmus	*
1923	Bruns	Sankt Petri Verleugnung
1925	Robinson	Die Verleugnung des heiligen Petrus
1936	Moos	Die Verleugnung des heiligen Petrus
1946	Hausenstein	Petri Verleugnung
1947	Schmid	Die Verleugnung des heiligen Petrus
1949	Carl Fischer	Die Verleugnung des heiligen Petrus
1962	Kemp	Die Verleugnung des heiligen Petrus
1973	Löffler	Die Verleugnung des heiligen Petrus
1973	Schoenhals	Petri Verleugnung
1977	Thiel	Die Verleugnung des Heiligen Petrus
1980	Fahrenbach-W.	Die Verleugnung des heiligen Petrus

145. Abel et Caïn (I:91; II:119; III:144)

1907	Kalckreuth	Abel und Kain
1908	Jaffé	Abel und Kain
1909	Asmus	*
1922	Neumann(2)	Abel und Kain
1925	Robinson	Abel und Kain
1936	Moos	Abel und Kain
1947	Ernst Fischer	Abel und Kain
1947	Lövenich	Abel und Kain
1947	Schmid	Abel und Kain
1948	Schoenhals	Abel und Kain
1949	Carl Fischer	Kain und Abel
1962	Kemp	Abel und Kain
1971	Rühm	Abel und Kain
1973	Löffler	Abel und Kain
1977	Thiel	Abel und Kain
1980	Fahrenbach-W.	Abel und Kain
1984	Borowsky	Abel und Kain

146. Les Litanies de Satan (I:92; II:120; III:145)

1901	Mehring	Fürbitte an den Satan
1907	Kalckreuth	Die Litanei Satans
1908	Oesterheld	Die satanischen Litaneien
1909	Asmus	*
1909	Schmidt-H.	Die Anrufung Satans
1921	Hochdorf	Gebet an Satan[117]
1922	Neumann(2)	Die Litaneien des Satans
1925	Robinson	Die Litaneien Satans
1936	Moos	Teufelslitanei
1947	Ernst Fischer	Die Litaneien des Satans
1947	Schmid	Litanei auf Satan
1949	Carl Fischer	Die Litanei Satans[118]
1962	Kemp	Die Satans-Litaneien

[116]Ab GEO 1901 unter dem Titel: *Darstellung*.
[117]Nur der "Prière" betitelte Abgesang.

1971	Rühm	Litanei zum Satan
1973	Löffler	Die Litanei Satans
1977	Thiel	Die Litaneien des Satan
1980	Fahrenbach-W.	Die Satans-Litaneien

147. La Mort des amants (I:98; II:121; III:146)

1891	George	Der Tod der Liebenden
1902	Zweig	Der Tod der Liebenden
1907	Kalckreuth	Der Tod der Liebenden
1908	Horvát	Der Tod der Liebenden
1909	Asmus	*
1923	Bruns	Der Tod der Liebenden
1925	Robinson	Der Tod der Liebenden
1936	Moos	Der Tod der Liebenden
1946	Faust	Der Tod der Liebenden
1947	Ernst Fischer	Der Tod der Liebenden
1947	Hartung	Der Tod der Liebenden
1947	Lövenich	Der Tod der Liebenden
1947	Niemeyer	Der Tod der Liebenden
1947	Schmid	Der Tod der Liebenden
1948	Schoenhals	Der Tod der Liebenden
1949	Carl Fischer	Der Tod der Liebenden
1958	Derndarsky	Der Tod der Liebenden
1962	Kemp	Der Tod der Liebenden
1970	Benjamin	Der Tod der Liebenden
1973	Löffler	Der Tod der Liebenden
1977	Thiel	Der Tod der Liebenden[119]
1980	Fahrenbach-W.	Der Tod der Liebenden

148. La Mort des pauvres (I:99; II:122; III:147)

1901	George	Der Tod der Armen
1907	Horvát	Der Tod der Armen
1907	Kalckreuth	Der Tod der Armen
1909	Asmus	*
1923	Bruns	Der Tod der Armen
1925	Robinson	Der Tod der Armen
1931	Rilke	Der Tod der Armen
1936	Moos	Der Tod der Armen
1946	Hausenstein	Der Tod der Armen
1947	Derndarsky	Der Tod der Armen
1947	Niemeyer	Der Tod der Armen
1947	Schmid	Der Tod der armen Leute
1948	Krolow	Der Tod der Armen
1948	Schoenhals	Der Tod der Armen
1949	Carl Fischer	Der Tod der Armen
1960	Celan	Der Tod der Armen
1962	Kemp	Der Tod der Armen
1973	Löffler	Der Tod der Armen
1977	Sahlberg	Der Tod der Armen
1977	Thiel	Der Tod der Armen[120]

[118] Ab FIC 1954 unter dem Titel *Satanslitaneien.*
[119] In 2 Fassungen.

1980	Fahrenbach-W.	Der Tod der Armen
1984	Borowsky	Der Tod der Armen

149. La Mort des artistes (I:100; II:123; III:148)

1901	George	Der Tod der Künstler
1907	Kalckreuth	Der Tod der Künstler
1909	Asmus	*
1923	Bruns	Der Tod der Künstler
1925	Robinson	Der Tod des Künstlers
1947	Hartung	Der Tod der Künstler
1947	Schmid	Der Tod der Künstler
1949	Carl Fischer	Der Tod der Künstler
1958	Derndarsky	Der Tod der Künstler
1962	Kemp	Der Tod der Künstler
1973	Löffler	Der Tod der Künstler
1977	Thiel	Der Tod der Künstler
1979	Schulz-Jander	o.T.
1980	Fahrenbach-W.	Der Tod der Künstler

150. La Fin de la journée (II:124; III:149)

1894	Dörmann	Das Ende des Tages
1901	George	Ende des Tages
1907	Fuhrmann	Das Ende des Tages
1907	Kalckreuth	Ende des Tages
1909	Asmus	*
1922	Neumann(2)	Das tägliche Ende
1923	Bruns	Ende des Tages
1925	Robinson	Tagesende
1936	Moos	Tagesende
1947	Ernst Fischer	Tagesende
1947	Schmid	Tagesende
1948	Krolow	Ende des Tages
1949	Carl Fischer	Das Ende des Tages
1962	Kemp	Das Ende des Tages
1973	Löffler	Das Ende des Tages
1977	Thiel	Das Ende des Tages
1980	Fahrenbach-W.	Das Ende des Tages

151. Le Rêve d'un curieux (II:125; III:150)

1901	George	Traum eines Neugierigen
1907	Kalckreuth	Traum eines Wißbegierigen
1909	Asmus	*
1923	Bruns	Traum eines Neugierigen
1925	Robinson	Der Traum eines Neugierigen
1947	Niemeyer	Der neugierige Tote
1947	Schmid	Der Traum eines Vorwitzigen
1949	Carl Fischer	Der Traum eines Neugierigen
1954	Moos	Traum eines Vorwitzigen
1962	Kemp	Der Traum eines Neugierigen
1973	Löffler	Der Traum eines Neugierigen

[120] In 4 Fassungen.

1977	Thiel	Der Traum eines Neugierigen
1980	Fahrenbach-W.	Der Traum eines Neugierigen

152. Le Voyage (II:126; III: 151)

1891	George	Die Reise
1907	Horvát	Tod, alter Kapitän[121]
1907	Kalckreuth	Die Reise
1909	Asmus	*
1911	Schellenberg	Der Tod[122]
1923	Bruns	Die Reise
1925	Klabund	Der letzte Trunk[123]
1925	Robinson	Die Reise
1947	Ernst Fischer	Die Reise
1947	Schmid	Die Reise
1949	Carl Fischer	Die Reise
1954	Dippel	Die Fahrt[124]
1962	Kemp	Die Reise
1970	Benjamin	Die Reise[125]
1973	Löffler	Die Reise
1973	Schoenhals	Die Reise
1977	Sahlberg	Die Reise[126]
1977	Thiel	Die Reise
1980	Fahrenbach-W.	Die Reise

153. Les Bijoux (p.c.; E.; I:20)

1911	Oesterheld	Die Kleinode
1923	Bruns	Der Schmuck
1947	Freund	Die Kleinode
1947	Schmid	Das Geschmeide
1949	Carl Fischer	Das Geschmeide[127]
1962	Kemp	Die Geschmeide
1973	Löffler	Die Juwelen
1973	Schoenhals	Das Geschmeide
1977	Thiel	Die Schmuckstücke
1980	Fahrenbach-W.	Der Schmuck
1982	Berger	Das Geschmeide

154. Le Léthé (p.c.; E.; I:30)

1900	Mehring	Lethe
1911	Horvát	Lethe
1923	Bruns	Lethe
1925	Robinson	Lethe
1946	Rexroth	Lethe
1947	Freund	Lethe

[121]Nur die Schlußstrophengruppe.
[122]Nur die Schlußstrophengruppe.
[123]Nur die Schlußstrophengruppe.
[124]Nur die Schlußstrophengruppe.
[125]Nur die Strophengruppen III und VIII.

1947	Schmid	Lethe
1949	Carl Fischer	Der Lethe[128]
1962	Kemp	Lethe
1973	Löffler	Lethe
1973	Schoenhals	Lethe
1977	Thiel	Lethe[129]
1980	Fahrenbach-W.	Lethe
1982	Berger	Lethe

155. A celle qui est trop gaie (p.c.; E.; I:39)

1911	Horvát	Der Allzufröhlichen
1924	Hessel	An die viel zu Frohe
1925	Robinson	An sie, die allzu froh
1947	Freund	Der allzu Fröhlichen
1947	Schmid	Der Allzufröhlichen
1949	Carl Fischer	Der Allzufrohen
1962	Kemp	An jene, die allzu fröhlich ist
1971	Rühm	An jene, die allzu fröhlich ist
1973	Löffler	An sie, die allzu fröhlich ist
1977	Thiel	Der, die zu fröhlich ist
1980	Fahrenbach-W.	An jene, die zu fröhlich ist

156. Lesbos (p.c.; E.; I:80)

1894	George	Lesbos
1911	Oesterheld	Lesbos
1925	Robinson	Lesbos
1947	Schmid	Lesbos
1949	Carl Fischer	Lesbos
1962	Kemp	Lesbos
1973	Löffler	Lesbos
1977	Thiel	Lesbos
1980	Fahrenbach-W.	Lesbos

157. Femmes damnées (Delphine et Hippolyte) (p.c.; E.; I:81)

1911	Oesterheld	Delphine und Hippolyta
1925	Robinson	Verdammte Frauen
1947	Freund	Verworfene Frauen
1947	Schmid	Frauen in Verdammnis
1949	Carl Fischer	Frauen der Verdammnis
1962	Kemp	Verdammte Frauen
1971	Rühm	Verfemte Frauen
1973	Löffler	Verdammte Frauen

---

[126] Nur die Schlußstrophengruppe.

[127] Ab FIC 1954 unter dem Titel *Die Juwelen*. Ab FIC 1979 unter dem Titel *Der Schmuck*.

[128] Ab FIC fällt der Artikel im Titel weg: *Lethe*.

[129] In 2 Fassungen.

1977	Thiel	Verdammte Frauen[130]
1980	Fahrenbach-W.	Verfemte Frauen

158. Les Métamorphoses du vampire (p.c.; E.; I:87)

1911	Horvát	Die Verwandlungen des Vampyrs
1923	Bruns	Des Vampyrs Verwandlung
1925	Robinson	Die Verwandlungen des Vampir
1947	Ernst Fischer	Die Metamorphosen des Vampirs
1947	Freund	Die Metamorphosen des Vampyrs
1947	Schmid	Die Verwandlungen des Vampyr
1949	Carl Fischer	Die Verwandlungen des Vampyrs
1962	Kemp	Die Verwandlungen des Vampirs
1973	Löffler	Die Verwandlungen des Vampirs
1977	Thiel	Die Verwandlungen des Vampir
1980	Fahrenbach-W.	Die Verwandlungen des Vampirs
1982	Berger	Die Verwandlungen des Vampirs

159. Les Promesses d'un visage (E.)

1947	Freund	Verheißungen eines Gesichts
1948	Krolow	Versprechungen eines Gesichts
1973	Löffler	Die Verheißungen eines Gesichts
1975	Kemp	Die Verheißungen eines Gesichts
1980	Fahrenbach-W.	Die Verheißungen eines Gesichts

160. Le Monstre (E.)

1911	Oesterheld	Das Scheusal
1947	Freund	Das Scheusal
1973	Löffler	Das Scheusal oder Der Paranymphus einer schaurigen Nymphe
1975	Kemp	Das Ungeheuer
1980	Fahrenbach-W.	Das Monstrum

161. Sur les débuts d'Amina Boschetti (E.)

1911	Oesterheld	Ein Scherz gelegentlich des Auftretens der Amina Boschetti im Théâtre de la Monnaie in Brüssel
1947	Freund	Zu ersten Auftreten Amina Boschettis - Im Theatre de la Monnaie in Brüssel
1975	Kemp	Amina Boschetti - Bei ihrem ersten Auftreten am Théâtre de la Monnaie in Brüssel
1980	Fahrenbach-W.	Auf das Debüt Amina Boschettis im Théâtre de la Monnaie in Brüssel

[130] In 2 Fassungen.

162. A propos d'un importun (E.)

1911	Oesterheld	An Eugen Fromentin (Nach dem Besuch eines Aufdringlichen, der sich sein Freund nannte)
1947	Freund	An Eugen Fromentin - Aus Anlaß eines Zudringlichen, der sich für seinen Freund ausgab
1975	Kemp	An Herrn Eugène Fromentin - Über einen zudringlichen Menschen, der sich seinen Freund nannte
1980	Fahrenbach-W.	Für Eugène Fromentin - Gelegenheitsgedicht auf einen lästigen Menschen, der sich seinen Freund nannte

163. Un cabaret folâtre (E.)

1911	Horvát	Ein lustiges Wirtshaus
1947	Freund	Eine spaßhafte Schenke
1975	Kemp	Die scherzhafte Schenke
1980	Fahrenbach-W.	Eine fidele Schenke

164. Épilogue (Bd.1, S.191)

1904	Bruns	Epilog[131]
1920	Bassermann	Epilog
1946	Roser	Abgesang
1947	Küchler	Ausklang
1975	Kemp	Epilog
1979	Fischer, C.	Epilog

165. <Projets d'un épilogue pour l'édition de 1861 II> (Bd.1, S.191)

1911	Oesterheld	Prolog

166. <Incompabilité> (*Tout là-haut...;* Bd.1, S.199)

1908	Bruns	Unvereinbarkeit
1911	Horvát	Unvereinbarkeit
1946	Hausenstein	Unversöhnlich
1977	Kemp	o.T.

167. *Il aimait la voir...* (Bd.1, S.200)

1977	Kemp	Gern sah er...

[131] In BRU 1923 unter dem Titel *Auf dem Mont-Martre.*

168. ***Il est de chastes mots...*** **(Bd.1, S.202)**

1977	Kemp	Es gibt keusche Worte...

169. ***Tous imberbes alors...*** **(Bd.1, S.206)**

1911	Oesterheld	Ode an St. Beuve
1977	Kemp	Alle bartlos damals...

170. Le Salon caricatural / Le Prologue (Bd.2, S.499)

1977	Kemp	Der Salon der Karikaturisten / Der Prolog

171. ***Hélas! qui n'a gémi...*** **(Bd.1, S.201)**

1911	Horvát	Wer mußte nie um sich, niemals um andre weinen...
1931	Klassen	Ach! wer hat nicht um sich um andre schon geweint?...
1946	Hausenstein	Wer ist in Seufzern um die andern nicht erstorben...
1977	Kemp	Ach! wer hat nicht über die andern, über sich selbst geseufzt?...

172. ***N'est-ce pas qu'il est doux...*** **(Bd.1, S.1581)**

1911	Horvát	Ist das nicht Trost in dieser grauen Zeit...
1977	Kemp	Sanft kam von draußen eine monotone Weise
		Erquickt es nicht das Herz, jetzt, da wir erschöpft und welk...[132]

173. ***Quant à moi, si j'avais un beau parc planté d'ifs...*** **(Bd.1, S.216)**

1911	Horvát	Hätt ich des Reichen Park

174. ***Ci gît, pour avoir...*** **(Bd.1, S.204)**

1911	Horvát	Grabschrift für sich selbst
1977	Kemp	Hier ruht, weil er...

---

[132] Die beiden Texte sind in Baudelaire 1975, als *Supplément* zusammengefaßt. Siehe dazu den Kommentar in Baudelaire 1975, S.1200)

175. ***Je n'ai pas pour maîtresse...*** **(Bd.1, S.203)**

1911	Oesterheld	Sarah
1977	Kemp	Meine Geliebte ist kein...

176. <Sur l'album de Madame Émile Chevalet> (Bd.1, S.209)

1911	Oesterheld	In ein Album
1977	Kemp	Inmitten der Menge... (In das Album von Madame Émile Chevalet)

177. ***Combien dureront nos amours?...*** **(Bd.1, S.223)**

1911	Oesterheld	Lied
1977	Kemp	Wie lang wird unsre Liebe währen...

178. Sonnet (Bd.1, S.202)

1911	Oesterheld	An einen Freund
1977	Kemp	Kamst du, liebe Schwester mit dem Dichterherzen...

179. Élégie refusée aux Jeux floraux (Bd.1, S.218)

1911	Oesterheld	Elegie

180. ***Noble femme au bras fort...*** **(Bd.1, S.208)**

1911	Oesterheld	O edle Frau
1977	Kemp	Edles Weib mit den kräftigen Armen,...

181. ***Lorsque de volupté s'alanguissent tes yeux...*** **(Bd.1, S.1247)**

1911	Horvát	Sonett

182. A la Morgue (Siehe Bd.1., S.1248)

1911	Oesterheld	In der Morgue

183. L'Hymne des noyés (Siehe Bd.1, S.1248)

1911	Oesterheld	Die Hymne der Ertränkten

184. La Ballade du noyé (Siehe Bd.1, S.1248)

1911	Oesterheld	Die Ballade des Ertränkten

185. Le Chien mort (Siehe Bd.1, S.1248)

1911	Oesterheld	Der tote Hund

186. Inconsciente (Siehe Bd.1, S.1248)

1911	Oesterheld	Unbewußt

187. A l'Amphithéâtre (Siehe Bd.1, S.1248)

1911	Oesterheld	Im Seziersaal

188. Monselet Paillard (Bd.1, S.210)

1911	Oesterheld	Der unzüchtige Monselet

189. Les Belges et la lune (Bd.2, S.968)

1911	Oesterheld	Die Belgier und der Mond

190. Venus Belga (Bd.2, S.966)

1911	Oesterheld	Die Belgische Venus

191. L'Esprit conforme II (Bd.2, S.972)

1911	Oesterheld	Der gleiche Geist

192. La Propreté des demoiselles belges (Bd.2, S.966)

1911	Oesterheld	Die Sauberkeit der belgischen Frauen

193. La Civilisation belge (Bd.2, S.974)

1911	Oesterheld	Belgische Civilisation

194. Opinion de M. Hetzel sur le faro (Bd.2, S.970)

1911	Oesterheld	Herrn Hetzels Meinung über das Bier

195. Une eau salutaire (Bd.2, S.968)

1911	Oesterheld	Ein heilsames Wasser

196. Épigraphe pour l'Atelier de M. Rops (Bd.2, S.969)

1911	Oesterheld	Grabschrift für das Atelier des Herrn Rops

197. A Ivonne Pen-Moore (Bd.1, S.219)

1946	Rexroth	An Yvonne Pen-Moore

198. Avril (Bd.1, S.220)

1946	Rexroth	April

TITELINDEX

2. HALBBAND

Arbeitsanthologie

ÜBERSICHT

L'ALBATROS

Souvent, pour s'amuser, les hommes d'équipage
Prennent des albatros, vastes oiseaux des mers,
Qui suivent, indolents compagnons de voyage,
Le navire glissant sur les gouffres amers.

A peine les ont-ils déposés sur les planches,
Que ces rois de l'azur, maladroits et honteux,
Laissent piteusement leurs grandes ailes blanches
Comme des avirons traîner à côté d'eux.

Ce voyageur ailé, comme il est gauche et veule!
Lui, naguère si beau, qu'il est comique et laid!
L'un agace son bec avec un brûle-gueule,
L'autre mime en boitant l'infirme qui volait!

Le Poète est semblable au prince des nuées
Qui hante la tempête et se rit de l'archer;
Exilé sur le sol au milieu des huées,
Ses ailes de géant l'empêchent de marcher.

1882: Anton Englert

Der Albatros

Die Schiffer fangen zur Belustigung
Oft Albatrosse, mächt'ge Meeresvögel,
Die rastlos kreisen um das schnelle Segel
Ihm folgend auf der weiten Wanderung.
Jedoch sobald sie auf den Brettern stehen,
Da lassen diese Könige der Höhen
Beschämt und ungelenk, wie Ruderstangen
Die großen weißen Flügel niederhangen.
Der jüngst so stolz sich durch die Lüfte schwang,
Er sieht sich nun verhöhnen und verlachen;
Der eine reizt mit Pfeifenrauch den Schwachen,
Und der verspottet hinkend seinen Gang.-

Der Dichter gleicht dem Könige der Höhen,
Der kühn die Schwingen trägt durch Sturm und Wolke;
Doch auf dem Boden, unterm höhn'schen Volke,
Hindert sein Riesenfittich ihn zu gehen.

1898: Erich Meyer

Der Albatros

Mit rohem Scherz, die Zeit sich zu vertreiben,
Fängt sich das Schiffsvolk jene Riesenvögel,
Die, um die Wette mit dem schnellsten Segel,
Die mächt'gen Kreise in die Lüfte schreiben.

Kaum warf man ihn auf Deck, kläglich zu schauen
Und ungeschickt, schleift dieser Herr der Weiten
Die Flügel jammervoll zu beiden Seiten,
Die sonst ihn tragen hin durch Sturm und Grauen,

Wie ist er jetzt doch täppisch ganz und gar,
Der sonst in stolzem Flug dahingesaust;
Jetzt wird sein Stahlgefieder ihm zerzaust,
Des Unbeholf'nen lacht die rohe Schar.

Es gleicht der Dichter diesem Wolkenprinzen -
Die kühn ihn trugen durch des Sturmes Wehen,
Die Riesenschwingen - hindern ihn am G e h e n!
Nun zeigt man ihn sich mit zufried'nem Grinsen.

1899: Stefan George

Der Albatros[1]

Oft kommt es, daß das Schiffsvolk zum Vergnügen
Die Albatros, die grossen Vögel, fängt,
Die sorglos folgen, wenn auf seinen Zügen
Das Schiff sich durch die schlimmen Klippen zwängt.

Kaum sind sie unten auf des Deckes Gängen,
Als sie, die Herrn im Azur, ungeschickt
Die grossen weissen Flügel traurig hängen
Und an der Seite schleifen wie geknickt.

Er, sonst so flink, ist nun der Matte, Steife,
Der Lüfte König duldet Spott und Schmach;
Der eine neckt ihn mit der Tabakspfeife,
Ein anderer ahmt den Flug des Ärmsten nach.

Der Dichter ist wie jener Fürst der Wolke,
Er haust im Sturm, er lacht dem Bogenstrang,
Doch hindern drunten zwischen frechem Volke
Die riesenhaften Flügel ihn am Gang.

1902: Stefan Zweig

Der Albatros

In rohem Spiele fangen sich zu Zeiten
Die Schiffer Albatrosse ein, die Vögel,
Die gern das Schiff auf hoher See begleiten,
Breitschattend flatternd um die schnellen Segel.

Doch kaum zwingt man sie nieder auf die Planken,
Sie, die so königlich die Luft durchweiten,
So lassen sie die Schwingen niederschwanken
Und zieh'n sie schleppend nach in schwerem Schreiten.

---

[1]Der Text wurde 1899 in der *Wiener Rundschau* veröffentlicht und dabei zusammen mit fünf weiteren Baudelaire-Übersetzungen offensichtlich von einem Redakteur und wahrscheinlich ohne Georges Einverständnis der konventionellen Orthographie angeglichen. In GEO 1901 stehen diese Texte wieder in Georgescher Schreibweise, d.h. mit minimierter Interpunktion und in gemäßigter Kleinschreibung. Darüber hinaus findet sich eine Abweichung in V.12: "Ein andrer ahmt den flug des armen nach."
Da es sich bei GEO 1899 vermutlich nicht um eine vom Übersetzer autorisierte Fassung handelt (George war orthographisch von seinen ersten Publikationen an auf Reformkurs), zitiere ich den Text innerhalb meiner Analysen nach der Fassung von 1901.

Nun ist der Stolze klägliches Gespötte;
Helllachend [sic!] presst, der grad' die Pfeife rauchte,
Sie in den Schnabel ihm. Und um die Wette
Quälen sie den, der in den Äther tauchte.

Wie gleicht der Dichter diesem Fürst der Wolke!
Auch ihm, hinabgestossen auf die Erde,
Umheult vom wilden Hohngeschrei im Volke,
Sind die Titanenschwingen zur Beschwerde.

1907: Wolf von Kalckreuth

Der Albatros

Oft fängt die Mannschaft auf den Schiffen zum Vergnügen
Sich Albatrosse ein, Seevögel kühnbeschwingt,
Die still und ruhevoll auf ihren weiten Zügen
Dem Fahrzeug folgen, wie es durch die Salzflut dringt.

Sobald auf das Verdeck sie die Gefangnen bringen,
So hängen voller Scham, verstört und ungeschickt,
Die Kön'ge des Azurs die mächtgen, weißen Schwingen
Wie Ruder rechts und links, hinschleifend und geknickt.

Der Wandrer, leicht beschwingt, daß er die Luft durchschweife,
Wie häßlich ist er nun, wie plump, verhöhnt und schwach.
Der eine kitzelt ihm den Schnabel mit der Pfeife,
Der andre macht im Spott sein lahmes Wanken nach.

Der Dichter ist der Fürst der stolzen Wolkenthrone,
Der Bogenschützen trotzt und lacht des Seesturms Wehn;
Doch hindern auf dem Land, umringt von lautem Hohne,
Die Riesenflügel den Gewaltigen am Gehn.

1907: Heinrich Horvát

Der Albatros

Zum Zeitvertreibe fangen die Matrosen
Den wanderfrohen großen Albatros,
Der still das Schiff umkreist im Grenzenlosen
Als sorgenfreier stummer Fahrtgenoß.

Kaum glückt es, ihn auf das Verdeck zu bringen,
Wie ist er blöd und schmachvoll anzusehn!
Wie müde Ruder schleifen sie die Schwingen,
Die weißen Könige in Ätherhöhn.

So jammervoll sind diese schlaffen Recken,
So müd der Wandrer, der durch Wolken glitt;
Der eine will mit Tabakqualm ihn necken,
Der andre höhnt mit Hinken seinen Schritt.

Dem Herrn der Wolkenzüge gleicht der Dichter:
Sein Land ist, wo die stolzen Stürme wehn;
Doch unten zwischen schmählichem Gelichter
Hemmt ihn sein hehres Flügelpaar im Gehn.

1908: Max Bruns

Der Albatros

Oft sah ich, wies dem Schiffer Lust bereitet,
wenn er den stolzen Albatros erwischt,
des achtlos stiller Flug das Schiff begleitet,
wo es den Weg sich bahnt im salzigen Gischt.

Kaum, daß die Sippe ihn auf Deck gezogen,
hat sie den Adel von ihm abgestreift:
Die Schwingen, die die Wolken überflogen,
sind nun ein Ruderpaar, das müßig schleift.

Des stumpfen Pöbels Spott soll er erregen,
der leuchtend weiß im Blauen sonst geblinkt!
Ein Maat reckt ihm das Pfeifenrohr entgegen;
ein andrer zeigt ihm, wie er hüpft und hinkt.

Der Dichter gleicht dem Herrn auf Wolkenthronen:
Kein Pfeil droht seinem Sturmbereich Gefahr;
doch soll er unter Nachtgesindel wohnen,
hemmt ihn im Gang sein Riesenschwingenpaar.

1908: Richard Schaukal

Der Albatros[2]

Gern fangen, sich die Weile so zu kürzen,
einen der grossen Vögel die Matrosen,
laut lachend sehen sie den ahnungslosen
Reisebegleiter auf die Planken stürzen.

Erbärmlich müht er sich hinwegzudringen,
er schleift verstört, der königliche Flieger,
Des Ungefügen spotten laut die Sieger,
wie schwere Ruder hinten nach die Schwingen.

Den riesenhaften Schattens durch die Weiten
die freien Flügel herrscherstolz getragen
muss Augenweide plumper Lust bereiten:
er humpelt hässlich, Hohn verfolgt den Zagen.

Der Dichter gleicht dem Fürsten im Azur:
er sucht den Sturm, er trotzt dem schwachen Bogen,
doch merkt er unterm Volke landend nur,
dass ihn sein hoher Flug ums Gehn betrogen.

---

[2]Text nach SHA 1908a. Abweichungen in SHA 1908b: alle Versanfänge mit Majuskel \ V.2/3: Der grossen Vögel einen die Matrosen,/Und lachend lassen sie den...\ V.5: ...sich, hinwegzudringen: \ V.7/8: Wie schwere Ruder hinten nach die Schwingen./Des Ungefügen spotten roh die Sieger. \ V.11: ...platter Lust...\ V.15: Doch fühlt er...

1909: Fritz Gundlach

Der Albatros

Oft stellt zum Zeitvertreib den großen Albatrossen
Das Schiffsvolk nach und fängt die Vögel, die so leicht
Den Mast umkreisen und, rastlose Fahrtgenossen,
Das Schiff begleiten, das die salz'ge Flut durchstreicht.

Doch kaum stehn auf dem Deck des Schiffes sie gefangen,
Die Könige der Luft, da lassen auch sogleich
Sie plump und ungelenk zur Seite niederhangen
Das große Schwingenpaar, dem Ruderpaare gleich.

Wie ungeschickt ist da der Vogel, der durchmessen
Soeben noch die Luft so stolz und leichtbeschwingt!
Mit seiner Pfeife neckt der eine ihn, indessen
Der andre seinen Gang verhöhnt, indem er hinkt.

Der Dichter gleicht so ganz dem Könige der Wolke,
Der sich im Sturme wiegt und der des Schützen lacht:
Wird auf die Erde er gebannt, verhöhnt vom Volke -
Wie linkisch ihn sogleich sein Riesenfittich macht!

1917: Otto Hauser

Der Albatros

Oftmals den Albatros fangen, den schwingenbreiten
Seevogel, die Schiffer zum Zeitvertreib sich ein,
Ihn, dessen sorglose Scharen ihr Schiff begleiten
Auf seiner Fahrt in die bittern Strudel hinein.

Kaum aber setzten sie ihn auf die Planken nieder,
So schleift er, der König der Lüfte, ungeschickt
Und schamvoll der weißen Flügel langes Gefieder
Wie Ruder am Boden, jämmerlich eingeknickt.

Wie ist er link und schlapp, der beflügelte Wandrer,
Wie komisch und häßlich er, vor kurzem so schön!
Der reizt mit der Pfeife ihn am Schnabel, ein andrer
Ahmt hinkend ihn nach, der hinflog in blauen Höhn.

Der Dichter gleicht jenem Fürsten der Wetterwolke,
Der des Schützen lacht, sich stürzt in das Sturmeswehn;
Verbannt auf die Erde, unterm lärmenden Volke,
hindern ihn hier seine Riesenflügel am Gehn.

1925: Terese Robinson

Der Albatros

Oft kommt es vor, daß, um sich zu vergnügen,
Das Schiffsvolk einen Albatros ergreift,
Den großen Vogel, der in lässigen Flügen
Dem Schiffe folgt, das durch die Wogen streift.

Doch, kaum gefangen in des Fahrzeugs Engen
Der stolze König in der Lüfte Reich,
Läßt traurig seine mächtigen Flügel hängen,
Die, ungeschickten, langen Rudern gleich,

Nun matt und jämmerlich am Boden schleifen.
Wie ist der stolze Vogel nun so zahm!
Sie necken ihn mit ihren Tabakspfeifen
Verspotten seinen Gang, der schwach und lahm.

Der Dichter gleicht dem Wolkenfürsten droben,
Er lacht des Schützen hoch im Sturmeswehn;
Doch unten in des Volkes frechem Toben
Verhindern mächt'ge Flügel ihn am Gehn.

1936: Walter Moos

Albatros

Matrosen holen oft auf ihren weiten Reisen
Zum Zeitvertreibe ein paar Albatros an Bord,
Des Meeres Einsamvögel, die das Schiff umkreisen
Als stille Weggefährten zwischen Süd und Nord.

Und kaum recht auf den Planken Fuß gefaßt,
Versuchen sie beschämt, in ungeschicktem Schweben,
Der ungetümen, weißen Flügel schwere Last
Gleichwie mit Ruderschlägen um sich her zu heben.

Der Lüfte König! Hilflos nun, in plumper Steife!
Im Fluge herrlich schön! An Bord in scheuer Pein!
Ein rauchender Matrose neckt ihn mit der Pfeife;
Ein andrer stellt sich flügellahm und hinkt zum Schein.

Dem Dichter geht es ähnlich wie dem Wolkenprinzen,
Der jedem Wind und Wetter trotzt und lacht des Herrn;
Dem, erdverschlagen, mitten in Gehöhn und Grinsen,
Die beiden Riesenflügel schon das Gehn versperrn.

1946: Wilhelm Hausenstein

Der Albatros[3]

Zuweilen fängt das Schiffsvolk, aufgelegt zum Spiele,
Die Vögel, deren Flug die Meere überspannt;
Gleichmütige Gefährten folgen sie dem Kiele,
Er gleitet, über bittren Abgrund hingesandt.

Kaum sind die Könige der Bläue zu den Planken
Erniedrigt, lassen sie, von Ungeschick bedrängt
Und Scham, die weißen Schwingen kläglich an den Flanken
Hinschleifen, wie ein Ruder schlaff am Nachen hängt.

---

[3]Abweichungen ab HAN 1954: V.1: Oft fängt die Mannschaft auf dem Schiff, gelaunt zum Spiele, \ V.3: Gleichmütiges Geleit, so folgen... \ V.4: Der gleitet, ob dem Salz des Abgrunds hingesandt. \ V.8: ...ein Ruderpaar am... \ V.12: Den siechen Flieger äfft ein andrer...

Der lahme Gast! So schön geflügelt, daß er schweife,
Wie steht er linkisch, häßlich! Komisch in der Schmach!
Den Schnabel neckt ihm einer mit der Stummelpfeife,
Ein andrer äfft den siechen Flieger humpelnd nach.

Der Dichter gleicht dem Fürsten auf der hohen Wolke,
Der eines Bogners lacht, behaust im Sturmeswehn;
Zum Boden her verbannt hört er nur Spott im Volke,
Sein Riesenfittich hindert ihn, im Schritt zu gehn.

1946: Edward Jaime

Der Albatros

Zur Unterhaltung fingen die Matrosen
Den Albatros auf wilden Meeresweiten,
Der Vögel einen die das Schiff im Tosen
Der Wasserschlünde unbewegt begleiten.

Setzt ihr des Himmels Fürsten auf die Planken,
Zu eurer Schmach nur wirkt er ungeschickt,
Am Boden schleift er seinen großen blanken
Sehr weißen Flügel traurig eingeknickt.

Der Stolzbeschwingte wird in müder Steife
Vom rohen Mob verhöhnt und ausgelacht.
Der eine reizt den Schnabel mit der Pfeife,
Der andre hat sein Hinken nachgemacht.

Der Dichter - auch ein Fürst der Wolkenferne -
Hat oft wie er getrotzt der Stürme Wehen.
Hinabgeschleudert aus dem Rund der Sterne
Behindern Riesenflügel ihn am Gehen.

1946: Carl Albert Lange

Der Albatros

in drei Fassungen

I

Bisweilen fängt, die Zeit sich zu vertreiben,
das Schiffsvolk einen von den Albatrossen,
die, langer Fahrt willkommene Genossen,
endlos in Schwebe ihm zu Häupten bleiben.

Kaum ist's geglückt, den Raub an Deck zu bringen,
dann steht, der eben noch ein Fürst im Blauen,
ein Bettler da, gar kläglich anzuschauen,
als hätt' am Balg er Ruder statt der Schwingen.

Wie lachhaft wirkt er nun auf die Matrosen,
die jüngst ihn noch gewähnt im Reich der Greife,
der steckt ihm in den Schnabel seine Pfeife
und der verlacht ihn, hinkend in den Hosen.

Der Dichter gleicht dem sturmerprobten Degen,
er haust im All, wo ihm die Sterne frönen,
doch unter Knechten, die ihn frech verhöhnen,
macht ihn die Last der Schwingen gleich verlegen.

II

Oft fangen die Matrosen zum Vergnügen
die Albatrosse sich, die hoch im Blauen
des Schiffes Mast umziehn auf seinen Zügen
und sorglos leicht sich seinen Rumpf beschauen.

Kaum daß an Deck die Beute nun geborgen,
dann steht, der eben noch der Sonne Bruder,
gar kläglich da und schleift am Rumpf voll Sorgen
die Schwingen nach sich wie zwei schwere Ruder.

Wie blöd' erscheint dem Schiffsvolk nun der Riese,
der sonst ein Stern ihm schien doch zuzuwinken -
der neckt ihn mit der Pfeife, daß er niese,
und der äfft seinen Gang ihm nach mit Hinken.

Es gleicht der Dichter diesem Herrn der Wolke,
er stürmt dahin, wo Nachbar nicht noch Schütze,
doch nur zu linkisch unter argem Volke
sind, ach, die Riesenschwingen ihm nichts nütze.

III

Zuweilen fängt an Deck zum Zeitvertreibe
man sich den Albatros, der flockenleicht
das Schiff begleitet, das mit schwerem Leibe
durch ferner Meere öde Weiten streicht.

Doch kaum, daß seiner habhaft man geworden,
dann quält, der eben noch so stolz geschwebt,
sich kläglich ab dort an des Schiffes Borden,
als ob mit Rudern er am Boden klebt.

Wie kümmerlich nun gibt sich den Matrosen,
der ihrer eben noch im All gelacht,
der eine neckt ihm mit der Pfeife Glosen,
indes der andre einen Hinkfuß macht.

Dem weißen Riesen gleicht so ganz der Dichter,
im Äther ist er königlich zuhaus,
doch hilflos unter lästerndem Gelichter
streckt er umsonst den Sternenfittich aus.

1946: Eva Scheer

Der Albatros

Manchmal vergnügt die Mannschaft sich mit Albatrossen,
Den ungetümen Meeresvögeln blauer Weiten,
Die mit den Schiffen fliegen - träge Fahrtgenossen -,
Wie sie durch schwarze Wellenschlünde gleiten.

Die Leute ziehn auf's Deck die Vögel, die sie fingen,
Und diese Könige der Lüfte, welche Schmach!
Erbarmungswürdig schleifen sie die weißen Schwingen
Wie große Ruder neben sich am Boden nach.

Wie ist der schwerelose Segler auf dem Grund
Mit einem Male häßlich plump und ungeschickt!
Mit Pfeifenköpfen schlägt man ihm den Schnabel wund
Und äfft ihn hinkend nach, da ihm sein Flug mißglückt.

Dem Dichter geht es ähnlich wie dem Prinz der Meere,
Der mit dem Sturm sich mißt im kühnem Gleiten:
Am Boden fühlt er sich verloren und voll Schwere,
Denn seine Riesenflügel hindern ihn am Schreiten.

1947: Paul Lövenich

Der Albatros

Oft kommt es vor, daß Schiffer zum Vergnügen
Sich Albatros, die großen Vögel, fangen,
Die unbekümmert folgen auf den Flügen
Den Schiffen, die in Meereswogen bangen.

Kaum sind sie unten, in des Bootes Gängen,
Einst Könige der Luft, jetzt link, verschämt,
Da lassen sie die weißen Flügel hängen
Wie eingelegte Ruder, wie gelähmt.

Der Lüfte Segler, welch ein matter Gauch!
Er einst so schön, wie ist er seltsam schwach!
Der eine neckt ihn mit dem Tabaksrauch,
Der andre ahmt den Lahmen hinkend nach.

Der Dichter gleicht dem Fürst in Wolkenschwärmen
Er lacht des Schützen, sucht das Sturmeswehen,
Doch auf der Erde, bei der Menge Lärmen -
Die Riesenflügel hindern ihn am Gehen.

1947: Wilhelm Niemeyer

Der Albatros

Matrosen fangen auf den Ozeanen
    Den Albatros wohl einmal, der den Schiffen,
Im Fluge Himmelsherrscher! seine Bahnen
    Umflicht als Meeresschmuck, doch der, ergriffen,

Gehänselt und geschreckt vom rohen Volke,
    Die Flügel schleppt wie Krücken auf den Planken
Und wird so, Glanzgenoß der Silberwolke
    Im Goldazur, in diesem irren Schwanken,

In Tabakspfeifen beißend, zum Gelächter!
    Und diesem Schauspiel gleicht das Los des Dichters:
Im Geistesflug dem Menschenschwarm Verächter,

Wird er zum Spott des höhnenden Gelichters
    Im Erdensein; die Schwingen, die den Weiten
Glanzkündung sind, sie hindern ihn am Schreiten!

1947: Max Rieple

Der Albatros

Oft fängt sich das Schiffsvolk zu launigem Spiele
die Albatrosse, die schwingenleicht fliegen
und gleichmütig folgen dem ziehenden Kiele
der Schiffe, die über dem Abgrund sich wiegen.

Kaum daß sie berühren der Schiffe Planken,
die Fürsten des Aethers, sie täppisch schreiten
und lassen die Flügel verzagt an den Flanken
hinschleifen, wie Ruder am Bootsrande gleiten.

Wie linkisch sieht man den Segler jetzt tappen!
Der Schöne will häßlich und komisch nun scheinen.
Der eine läßt ihn nach der Pfeife schnappen,
ein andrer äfft nach ihn mit hinkenden Beinen.

Du, Dichter, vergleichbar den Vögeln, die schweben,
der Schützen spottend, der Stürme Wehen,
bist ausgesetzt du ins höhnende Leben,
dann hindern dich deine Schwingen am Gehen.

1947: Carlo Schmid

Der Albatros

Oft fängt das Schiffsvolk, daß es sich vergnüge,
Den Albatros, den Aar der Meeresweiten
Und lässigen Gefährten ferner Züge
Den Schiffen, die auf bittrem Strudel gleiten.

Kaum haben sie den Vogel auf den Planken,
Da läßt der Fürst des Blau in täppischer Scham
Wie Ruder ärmlich schleifen an den Flanken
Die großen weißen Schwingen flügellahm.

Der Schwingensegler, ach wie link und matt!
Der einst so schön, was ist er lächerlich!
Da brennt den Schnabel ihm ein loser Maat,
Der äfft mit Hinken den, der hoch in Lüften strich.

Der Dichter gleicht dem Könige der Wolke,
Der Stürme aufsucht und des Schützen lacht;
Verbannt am Boden, ausgeschrieen vom Volke
Hemmt seinen Schritt der Riesenflügel Fracht.

1948: Albrecht Schoenhals

Der Albatros

Seeleute fangen wohl zum Zeitvertreib sich einen
Der großen Meeresvögel, einen Albatros,
Der unentwegt den Schiffen überm Schaum der reinen,
Salzigen Fluten folgt als steter Fahrtgenoß.

Doch setzen sie ihn auf den glatten Planken nieder,
Läßt dieser König vom Azur der Aether her,
Schamvoll der mächt'gen Flügel schneeiges Gefieder
Wie Ruder an der Seite schleifen, plump und schwer.

Wie kläglich ist des Seglers Gang, der komisch steife,
Des' Flug in wilder Schönheit durch die Wolken brach!
In seinen Schnabel steckt ihm einer frech die Pfeife,
Ein andrer äfft den Heimwehkranken hinkend nach.

Der Dichter gleicht dem Fürsten der Gewittersänge,
Der in den Stürmen badet und des Schützen lacht:
Muß er am Boden haften in der dumpfen Menge,
Hemmt ihm den freien Gang der Riesenschwingen Macht.

1949: Carl Fischer

Der Albatros[4]

Oft fangen auf dem Schiff die Männer wie zum Spiele
Die großen Albatros, die Vögel auf dem Meer;
Denn sorglos folgen sie auf seiner Fahrt dem Kiele,
Der sicher über Schlund und Abgrund zieht einher.

Sobald es ihnen glückt den Raub an Deck zu bringen,
Sind sie, die Herren im Azur, voll Gram und Scham,
Und kläglich schleifen sie die leuchtend weißen Schwingen
Wie Ruder seitlich nach, gebrochen, krank und lahm.

Der Lüfte König einst ist nun der Matte, Steife,
Und der so herrlich war, ist linkisch nun und schwach!
Es reizt den Schnabel ihm der eine mit der Pfeife,
Ein andrer ahmt den Flug des Armen hinkend nach.

Der Dichter aber gleicht dem Herrscher ob der Wolke,
Er lacht dem Bogenstrang, er haust im Sturmeswehn;
Jedoch hinabverbannt zu niedrig frechem Volke,
Sein Riesenfittich ihm verwehrt im Schritt zu gehn.

1962: Friedhelm Kemp

Der Albatros

Oft zum Zeitvertreib fangen die Seeleute sich Albatrosse ein, jene mächtigen Meervögel, die als lässige Reisegefährten dem Schiffe folgen, wie es auf bitteren Abgründen seine Bahn zieht.

Kaum haben sie die Vögel auf die Planken gesetzt, so lassen diese Könige der Bläue unbeholfen und verlegen ihre großen weißen Flügel wie Ruder kläglich neben sich am Boden schleifen!

Dieser geflügelte Reisende, wie ist er linkisch und schlaff! Er, einst so schön, wie ist er lächerlich und häßlich! Der eine neckt seinen Schnabel mit

---

[4] Abweichungen ab FIC 1955: V.1: Bisweilen fangen die Matrosen zum Vergnügen \ V.3: Sorglos begleiten sie das Schiff in kühnen Flügen, \ V.7: ...die großen weißen Schwingen \ V.9: Der König in der Luft ist... \ V.10: ...ist lächerlich und schwach! \ V.11: Der eine ärgert ihn mit seiner Tabakspfeife, \ V.12: ...nach! \ Abweichungen ab FIC 1979: V.2: ...Albatros'... \ V.3: Gleichgültig folgen sie dem Schiff... \ V.4: Das überm bittren Schlund gelassen zieht einher. \ V.15: ...hinabverbannt, inmitten dreistem Volke, \ V.16: ...verwehrt, ...

einer Stummelpfeife, der andere ahmt hinkend den Schwachen nach, wie er zu fliegen versuchte!

Der Dichter gleicht dem Fürsten der Wolken, der mit dem Sturm Gemeinschaft hat und des Bogenschützen spottet; auf den Boden verbannt,von Hohngeschrei umgeben, hindern die Riesenflügel seinen Gang.

1973: Sigmar Löffler

Der Albatros

Oft kommt es vor, daß die Besatzung zum Vergnügen
Sich einen Albatros, den mächtgen Vogel, fängt,
Der sorglos stets das Schiff umkreist mit seinen Flügen,
Solang es über all die bittren Tiefen lenkt.

Jedoch wenn es gelingt, ihn auf das Deck zu bringen,
Dann schleift er, dieser Fürst des blauen Raums, in Schmach
Und Unbeholfenheit die langen, weißen Schwingen
Wie Ruder jämmerlich auf beiden Seiten nach.

Wie plump und linkisch ist der stolze Meerdurchschwärmer!
Er, eben noch so schön, jetzt komisch, schlaff und schwer!
Einer brennt seinen Schnabel mit dem Nasenwärmer,
Einer hinkt hinter ihm, der flog! mit Grinsen her.

Wie gleicht der Dichter doch dem Könige der Wolke,
Der eines Schützen lacht und sucht das Sturmeswehn!
Am Boden ausgesetzt, mitten im frechen Volke,
Hindern ihn seine Riesenfittiche am Gehn.

1977: Manfred Thiel

Der Albatros

Oft fangen Matrosen belustigungsweise
Den Albatros, große Vögel vom Meer,
Sie folgen als träge Begleiter der Reise
Dem Schiff über salzige Abgründe her.

Kaum daß sie die Planken des Schiffes streifen,
Da lassen die Könige des Himmels - oh Scham! -
Die großen weißen Flügel schleifen
Bemitleidenswert und ruderlahm.

Der geflügelte Reisende, schlaff und voll Steife,
Er, eben so schön, jetzt häßlich, besiegt,
Am Schnabel neckt einer ihn mit der Pfeife,
Der andre mimt hinkend den Krüppel, der fliegt.

Der Dichter ähnelt dem Fürst der Wolke,
Er schlägt den Sturm und es trägt ihn hinauf
Doch zum Boden gebannt unter spottendem Volke
Behindern die Riesenschwingen den Lauf.

(Variante)

Oft fangen sich Matrosen zum Vergnügen
Den großen Meeresvogel Albatros.
Er folgt als Fahrtgenoss in trägen Zügen
Dem Schiff, das über salzgen Abgrund schoss.

Kaum daß sie, auf das Deck ihn setzend, fassen,
Die Himmelsfürsten unbeholfen, lahm,
Die großen weißen Flügel schleifen lassen
Wie plumpe Ruder, und mans [sic!] sieht's mit Scham.

Der flugfroh Reisende, jetzt linkisch Steife,
Er grad so schön, jetzt häßlich und besiegt -
Der eine neckt ihn mit der Tabakspfeife,
Der andre ahmt den Krüppel nach, der fliegt.

Der Dichter gleicht dem Könige der Wolke.
Er schlägt den Sturm und lacht bei seinem Wehn;
Am Boden, ausgeliefert hämschem Volke,
Hindern die Riesenschwingen ihn am Gehn.

1978: Oskar Dietrich

Der Albatros

Um einen Zeitvertreib sich zu bereiten,
Fängt Schiffsvolk gern sich einen Albatros;
- Wenn Schiffe über Meeresfluten gleiten,
Ist dieser Vogel Fahrtgenoß.

Kaum setzen ihn die Leute auf die Planken,
So läßt der Fürst der Bläue ungeschickt
Die weißen Flügel hängen von den Flanken
Wie Ruder, jämmerlich und schambedrückt.

Vor kurzem noch so schön in einer Schleife
Des Fluges - nun wie komisch, häßlich, schwach!
Ein Kerl steckt in den Schnabel ihm die Pfeife,
Ein andrer ahmt sein lahmes Hinken nach.

Der Dichter gleicht dem stolzen Herrn der Wolke,
Der seiner Jäger lacht im Sturmeswehn;
Aufs Land verbannt, umringt von rohem Volke,
Hemmt ihn sein Riesenflügelpaar beim Gehn.

1980: Monika Fahrenbach-Wachendorff

Albatros

Oft fangen die Matrosen zum Vergnügen
Sich Albatrosse, welche mit den weiten
Schwingen gelassen um die Schiffe fliegen,
Die über bittre Meerestiefen gleiten.

Wenn sie sich linkisch auf den Planken drängen,
Die Könige der Bläue, wie verlegen
Und kläglich da die weißen Flügel hängen,
Ruder, die schleppend sich zur Seite legen.

Beflügelt, doch wie schwächlich und gespreizt!
Zuvor so schön, jetzt häßlich und zum Lachen!
Der eine mit der Pfeife seinen Schnabel reizt,
Der andre sucht ihn hinkend nachzumachen!

Und jenem Wolkenfürsten gleicht der Dichter,
Der Schützen narrte, der den Sturm bezwang;
Hinabverbannt zu johlendem Gelichter,
Behindern Riesenschwingen seinen Gang.

1982: Wilhelm R. Berger

Der Albatros

Oft fangen die Matrosen, um sich zu vergnügen,
Den mächtigen Meeresvogel ein, den Albatros;
Den Schiffen, die den bittern Abgrund überfliegen,
Folgt er in gleichgemut der Fahrt geselltem Troß.

Kaum aber ist er hingezwungen auf die Planken,
Läßt dieser König des Azur in seiner Scham
Die großen weißen Flügel kläglich an den Flanken
Wie Ruder niederhängen, ungeschickt und lahm.

Wie linkisch er sich hinschleppt in der Flügel Steife!
Er, sonst so schön, wie ist er häßlich in der Schmach!
Den Schnabel neckt ihm einer mit der Stummelpfeife,
Ein andrer, hinkend, äfft den Flug des Krüppels nach!

Des Dichters Ebenbild ist dieser Fürst der Wolke,
Im Sturm ist er behaust, verlacht des Schützen Strang,
Verbannt zur Erde aber und umhöhnt vom Volke,
Hindern die riesenhaften Flügel seinen Gang.

1988: Andrea Rössler

Oft, zum Vergnügen, fängt die Mannschaft
Den Albatros, großer Vogel der Meere,
Der, träger Begleiter ihrer Reisen,
Dem Schiff in rauhe Weiten folgt.

König blauer Höhen, plump und verschämt,
Kaum auf die Planken gestellt,
Läßt seine weißen Flügel
Kläglich hängen, Rudern gleich.

Reisender der Lüfte, kraftlos jetzt und unbeholfen!
So prachtvoll einst, jetzt lächerlich und häßlich!
Der eine reizt den Schnabel mit der Pfeife,
Der andre hinkt wie er, der so hoch oben flog!

LA CLOCHE FELÉE

Il est amer est doux, pendant les nuits d'hiver,
D'écouter, près du feu qui palpite et qui fume,
Les souvenirs lointains lentements s'élever
4 Au bruit des carillons qui chantent dans la brume.

Bienheureuse la cloche au gosier vigoureux
Qui, malgré sa vieillesse, alerte et bien portante,
Jette fidèlement son cri religieux,
8 Ainsi qu'un vieux soldat qui veille sous la tente!

Moi, mon âme est fêlée, et lorsqu'en ses ennuis
Elle veut de ses chants peupler l'air froid des nuits,
11 Il arrive souvent que sa voix affaiblie

Semble le râle épais d'un blessé qu'on oublie
Au bord d'un lac de sang, sous un grand tas de morts,
14 Et qui meurt, sans bouger, dans d'immenses efforts.

1891: Stefan George

Die gesprungene Glocke[5]

Wie süss und herb ists, in der winternacht
Zu lauschen wenn des feuers wolken ringeln
Wenn ferner zeit erinnrung leis erwacht
4 Beim ton der schellen die im nebel klingeln

Beglückt die glocke die mit starkem schlunde
Trotz ihres alters heiter und mit macht
Gebet ertönen lässt im frommen munde
8 Wie alte krieger vor dem zelt auf wacht

Ich meine seele sprang · und wenn betrübt
Zum trost sie nächtig sich in liedern übt
11 So hallt es oft wie dumpfes röcheln dessen

Den man verwundet auf dem feld vergessen
Der unter dichtem leichenschwarm verdirbt
14 Und regungslos in grossen nöten stirbt

1902: Stefan Zweig

Die gesprungene Glocke

Es ist so schmerzlich süss, wenn Winterflocken
Hell vor den angefror'nen Scheiben schweben
Und am Kamin, beim Spiel der Vesperglocken
4 Sich traurig längsterstorb'ne Träume heben.

Glücklich die Glocke, die mit starker Kehle
Und hellem Klang, den Jahre nicht verrosten,
Ihr Abendlied noch singt aus frommer Seele,
8 Treu, wie ein alter Krieger seinem Posten.

---

[5] Abweichungen ab GEO 1901: V.1: ...ists in... \ V.2: ...ringeln·\ V.4: Bei den geläuten die...klingeln. V.7: ...aus frommem munde \ V.8: ...wacht! V.9: Ich - meine seele sprang..und wenn betrübt \ V.12: ...vergessen·\ V.14: ...stirbt.

Doch meine Seele ist schon lange still,
Erstarrt in grauem Gram. - Und will
11 Sie manchmal sich zu frohem Liede pressen,

So klingt's wie Todesröcheln, müd' und schwer,
Des wundenübersäeten Kämpfers, der
14 Am Feld verscheidet, einsam und vergessen.

1907: Wolf von Kalckreuth

Die zersprungene Glocke

Wohl ist es herb und süß in langer Winternacht,
Wann durch den trüben Rauch die Flammen flackernd dringen,
Zu lauschen, wie Erinnern fern erwacht
4 Beim Klang der Glocken, die im Nebelmeere singen.

Glückselge Glocke siegender Gewalt!
Von der trotz ihres Alters über Welten
Stark und getreu der heilge Ruf erschallt,
8 Dem grauen Krieger gleich, der wacht in den Gezelten.

Jedoch mein Herz zersprang, und wenn sein gramvoll Lied
In tiefer Pein die Luft der kalten Nacht durchzieht,
11 So gleicht sein schwacher Ruf dem bangen Röcheln dessen,

Den man an einem See von dunklem Blut vergessen,
Von Leichen ganz bedeckt, in fürchterlichem Krampf,
14 Und der nun reglos stirbt trotz ungeheurem Kampf.

1908: Heinrich Horvát

Die gesprungene Glocke

Wie süss, wie bitter ist die Winternacht,
Wenn Flammen flackern und die Scheite singen
Und das Vergangne wieder ist erwacht -
4 Wie Glockentöne durch die Nebel schwingen!

Gepriesen ist die Glocke, deren Kehle,
Trotz Alter kräftig und mit Jugendmacht
Die Klänge kündet glaubensstarker Seele-
8 Ein alter Krieger, der im Zelte wacht.

Gesprungen, ach! ist meine Seele lang;
Wenn sie die Nacht erfüllen will mit Klang,
11 So ist's, als wär ihr müdes, schwaches Tönen

Eines zu Tod Getroffnen schweres Stöhnen,
Der auf dem Leichenfelde, reglos und allein,
14 Vergessen stirbt in unnennbarer Pein.

1909: Anton Englert

Die zersprungene Glocke

Herb ist's und süß, beim knisternden Kamin
An stillen Winterabenden zu lauschen,
Wie die Erinn'rungen vorüberrauschen,
4 Wenn Glockentöne durch den Nebel ziehn.

Heil jener Glocke, welche, wohlbehalten
Trotz ihres Alters, weithin durch die Nacht
Entsendet ihre Stimme, einem alten
Soldaten gleich, der unterm Zelte wacht.

Doch meine Seele sprang, und wenn mit Tönen
Die öde Nacht sie zu beleben trachtet,
Klingt oft ihr schwacher Sang mir wie das Stöhnen

Des wunden Kriegers, welcher unter Toten
Vergessen ward auf blutgetränktem Boden
Und regunglos in wilder Qual verschmachtet.

1923: Max Bruns

Die gesprungene Glocke

Wie süß und traurig, wenn das weiße Feld
der Winter deckt: bei rauchigem Kerzenhalter
zu lauschen, wie erinnrungschwer in kalter
Novembernacht der Chor der Glocken gellt!

Glücklich die Glocke, die, ein starker Held
mit reinem Ruf, behend bei hohem Alter,
ein tapfrer Kriegsmann, ihren mächtigen Psalter
erschallen läßt, ein Wächter unterm Zelt!

Mir sprang das Herz; - und wills die nächtigen Stunden
mit Liedern füllen, seine Qual zu töten,
gleicht es dem Krieger wohl, bedeckt mit Wunden,

an trübem See, den tausend Leichen röten:
Er röchelt schwer, von keinem aufgefunden,
und schmeckt den bittren Tod in bangen Nöten.

1925: Terese Robinson

Die zersprungene Glocke

Wie bittersüß ist mitternächt'ges Lauschen
Im Winter, nah der Glut, die steigt und sinkt,
Wenn ferne Zeiten leise Reden tauschen,
Und Glockenläuten durch den Nebel dringt.

Beglückt die Glocke, die mit starker Kehle
Durch viele Jahre freudig und mit Macht
Gebete singt, so wie aus frommer Seele
Ein tapfrer Krieger, der das Zelt bewacht.

Ach, meine Seele sprang, - und will ich singen,
In kalter Nacht die Einsamkeit zu zwingen,
Dann hör' ich meine eigne Stimme tönen

Wie eines wunden Kriegers dumpfes Stöhnen,
Den man vergaß in seiner letzten Not,
Der zwischen Leichen stirbt den bittren Tod.

1936: Walter Moos

Zersprungne Glocke

O bitter-süßes Hören in den Winternächten!
Die Flammen im Kamin, sie singen und frohlocken!
Erinnerungen klingen wie von fernen Mächten
Verzaubert durch den Nebel im Geläut der Glocken.

Glückselig alte Glocke! Ewig jung und lauter
Erschallt dein frommer Ruf! So kraftvoll und gestählt!
Verläßlich bist du, standhaft, treu, wie ein ergrauter
Alter Soldat, der wachend ruht in seinem Zelt.

Doch meine Glocke, meiner Seele Glocke, sprang!
Die kühle Winterluft der Nacht trägt ihren Klang,
Ihr Lied, ihr Leid zuweilen schwach und matt verstimmt

Wie eines Wunden Stöhnen, das vergessen glimmt
Am Ufer eines Blutsees, mitten unter Leichen.
Er rührt sich nicht; verendet, schwer und ohnegleichen!

1946: Helmut Faust

Die geborstene Glocke

Wie bitter ist und süß in winterlicher Nacht
Am Feuer lauschend sich zu neigen,
Wenn langsam die Erinnerung erwacht
Beim Glockenklang im nebelschweren Schweigen.

Gesegnet der beherzten Glocke Sang,
Die hallend schon von altersher die Welten
Zur Messe ruft mit frohem Überschwang -
Ein alter Krieger, wachend unter Zelten!

Geborsten ist dies Herz, das oft verzagt
Im Frost der Nächte sein Verzweifeln klagt.
Wie gleicht sein mattes, krankes Tönen

Dem Sterbenden, der mit ersticktem Stöhnen
Starr unter Leichen liegt, den man im Blut vergaß,
Verlöschend in der Qualen Übermaß!

1946: Wilhelm Hausenstein

Die geborstene Glocke[6]

Es ist so süß und bitter, in der Winternacht,
Wenn im Kamin die Flammen aus dem Rauch entspringen,
Hinaus zu horchen, bis Erinnrung sanft erwacht,
Indes die Turmgeläute durch die Nebel singen.

Glückselig, ach, die Glocke mit dem starken Schlund,
Die noch im Greisenalter heile und behende!
Sie wirft den frommen Schrei aus einem treuen Mund.
So ruft ein Veteran vom Zelt in das Gelände.

---

[6] Abweichungen ab HAN 1954: V.1: Es ist so bittersüß, in einer ...\ V.2: Wenn Flammen im Kamin aus ihrem Rauch...\ V.3: Hinauszuhorchen, bis Erinn'rung...

Doch meine Seele ist durch einen Riß verstört.
Wenn sie die kalte Luft der Nacht mit Hymnen schwört
11 Zu schwängern, gleicht die Stimme, schwach, noch kaum geboren,

Des Wunden dichtem Röcheln: längst liegt er verloren
Unter dem Leichenberg, an einem See aus Blut
14 Und rührt sich nicht und stirbt mit ungeheurem Mut.

1947: Wilhelm Niemeyer

Die geborstene Glocke

In Winternächten ist es grame Süße,
Wenn Feuer zuckt und zischt in leisem Singen,
Zu horchen auf der Glockenspiele Grüße,
4 Die fern erklingend durch die Nebel dringen.

Altglocke ruft ihr zeitengroßes Lied
Der Frömmigkeit den Frommen tröstend zu,
Soldat im Dienst, der seine Wacht bezieht
8 Und sichert allen Schläfern Schlafesruh!

Doch meiner Seele Glocke tönt zerbrochen,
Und wollte sie mit sich die Nacht durchschwingen,
11 Es würde wie ein Todesröcheln klingen

Verwundeter, die blutig und zerstochen
Das Schlachtgefild, das Dörfer brennend hellen,
14 Mit Schmerzensschreien schaurig übergellen.

1947: Carlo Schmid

Die gesprungene Glocke

Wie bitter und süß, kann man winters zur Nacht
Vor rauchenden Feuerbrands loderndem Rauschen
Beim Turmglockenspiel, das im Nebel erwacht,
4 Der fernen Erinnerung Tritte belauschen.

O selig die Glocke mit kraftvollem Schlunde,
Die, trotz ihres Alters gesund, auf die Stadt
Die heiligen Losungen ruft jede Stunde,
8 Wie einsam auf Schildwacht ein alter Soldat!

Die Seele zersprang mir...Belebt ihre Qual
Der Nacht kalte Lüfte mit ihrem Choral,
11 Gleicht oft ihre Stimme, ermattet und laß,

Dem Röcheln des Wunden, den spät man vergaß,
Vergraben in Leichen, der blutmeerumflutet
14 Und reglos in grausiger Mühsal verblutet.

1948: Albrecht Schoenhals

Die geborstene Glocke

Süß ist's und traurig, wenn in winterlicher Nacht
Im flackernden Kamin die Flammen leise singen,
Und langsam steigend die Erinnerung erwacht
4 Beim Lied der Glocken, die im Nebel fernher schwingen.

Gebenedeit der Glocke erzgegoss'ner Mund,
Der alte, welcher treu und wachsam in die Kälte
Den frommen Mahnruf sendet zu den Tälern rund,
8 So wie ein alter Landsknecht Wache steht am Zelte!

Mir aber brach das Herz. Und wenn aus seinem Leid
Ein Ruf will steigen in die kühlen Nächte weit,
11 Dann mag es sein, daß seine Stimme, diese schwache,

Wie des Todwunden Röcheln stöhnt, aus einer Lache
Von Blut, wo er vergessen liegt im Totenfeld
14 Und reglos stirbt, indes noch letztes Müh'n ihn hält.

1949: Carl Fischer

Die gesprungene Glocke[7]

Es ist so bittersüß in langer Winternacht,
Wenn knisternd im Kamin die Flamme schwelt, zu lauschen,
Wie die Erinnrung fern und langsam neu erwacht,
4 Indes die Glocken durch den weichen Nebel rauschen.

Die Glocke sei gelobt mit ihrem guten Klang,
Denn auch im Alter darf als kraftvoll sie noch gelten;
Sie läutet so getreu den heiligen Gesang,
8 Sie singt wie ein Soldat auf Wache bei den Zelten!

Doch mir ist längst mein Herz zersprungen...wenn es singt,
Und wenn sein schmerzlich Lied in kalter Nacht erklingt,
11 Bricht seine Stimme sich gleichwie das Stöhnen dessen,

Der einsam auf dem Feld, verwundet und vergessen,
In einem See von Blut mit Toten ganz allein,
14 Sich nicht mehr regt und stirbt in grenzenloser Pein.

[7] Abweichungen ab FIC 1955: V.1: So bitter und so süß ists, in der Winternacht, \ V.2: ...das Feuer schwelt...\ V.9: Doch mein Herz, längst ist es zersprungen...\ V.11: Gleicht seine Stimme dem gequälten Stöhnen...\ Abweichungen ab FIC 1979: V.1/2: Wie bitter ist's, wie süß, in tiefer Winternacht/Zu lauschen am Kamin, wenn rauchend Flammen springen, \ V.4: Und Turmgeläute durch den weichen Nebel klingen. \ V.6: Trotz ihres Alters darf..

1962: Friedhelm Kemp

Die geborstene Glocke

Wie bitter ist es, und wie süß, in Winternächten am Kamin, der flammt und raucht, zu lauschen, wie fern Erinnerungen langsam sich erheben mit den Glocken, die im Nebel singen!

Glücklich die Glocke mit rüstiger Kehle, die, trotz ihres Alters munter und gesund, treulich den frommen Ruf aussendet, wie ein Veteran, der unterm Zelt auf Wache steht!

Meine Seele aber ist geborsten, und wenn sie grämlich mit Gesängen die kalte Luft der Nacht bevölkern will, geschieht es oft, daß kraftlos ihre Stimme

Dem schweren Röcheln eines Verwundeten gleicht, den man am Ufer eines Sees von Blut vergißt, unter aufgehäuften Leichen, und der dort, ohne sich zu rühren, in ungeheuren Qualen stirbt!

1973: Sigmar Löffler

Die gesprungene Glocke

So bitter ist's und süß, in dunkler Winterszeit
Zu hören, wenn im Herd die Flammen qualmend springen,
Wie langsam aufsteht, was vergangen war und weit,
4 Beim Klang der Glockenspiele, die im Nebel singen.

Glücklich die Glocke, die, getreu und stets bereit
Trotz ihres Alters, noch mit krafterfülltem Schwingen
Aus ihrer Kehle hell die fromme Kunde schreit,
8 Wie alten Kriegers Rufe nachts das Zelt durchklingen.

Ich, - meine Seele sprang! Bevölkert sie einmal
Die kalte Luft der Nacht mit Liedern ihrer Qual,
11 Geschieht es oft, daß die geschwächten Laute gleichen

Dem Röcheln des Verwundeten, den man vergaß
An einem See von Blut, in einem Berg von Leichen
14 Und der nun stirbt, reglos, in Mühsal ohne Maß.

1977: Oskar Sahlberg

Der Spleen

Es ist bitter und süß, in den Winternächten
Nah am Feuer, das flammt und raucht, zu fühlen,
Wie ferne Erinnerungen langsam aufsteigen,
4 Beim Klang der Glocken, die im Nebel singen.

Glücklich die Glocke mit kräftiger Kehle,
Die, trotz ihres Alters munter und gesund,
Treu ihren frommen Ruf ausschickt,
8 Wie ein alter Soldat, unterm Zelt auf Wache!

Ich aber, meine Seele ist gesprungen und wenn sie in ihrem Gram
Die kalte Luft der Nächte mit ihren Gesängen bevölkern will,
11 Geschieht es oft, daß ihre schwache Stimme

Dem Heulen eines Verwundeten ähnelt, den man vergißt,
An einem Blutsee, unter einem großen Haufen Toter,
Und der, ohne sich zu rühren, in ungeheurer Mühsal stirbt!

1977: Manfred Thiel

Die gesprungene Glocke

Bittersüß ist es, in der Winternacht
Bei flackernd-rauchger Glut vergangnen Dingen
Zu lauschen, wenn sie langsam steigen, sacht,
Und Glocken lärmend in dem Nebel singen.

Die Glocke tönt mit starker Kehle und
Trotz ihres Alters munter bei der Sache
Treu ihren frommen Schrei ins dunkle Rund
Wie ein Soldat vorm Zelte auf der Wache.

Mir, mit geborstner Seele, ist's zu still.
Da sie die Nacht mit Liedern füllen will,
Geschieht es, daß ihr schwacher Laut indessen

Des Schwerverletzten Röcheln gleicht, vergessen
Bei Haufen Toten an dem See von Blut,
Der stirbt, in Qualen, reglos, ohne Mut.

1980: Monika Fahrenbach-Wachendorff

Die zersprungene Glocke

Wie bitter und süß ist's, im Winter bei Nacht,
Am Feuer, das lodert und züngelt, zu hören,
Wie ferne Erinnerung langsam erwacht,
Die Glockengeläute im Nebel beschwören.

Wie glücklich die Glocke, die kraftvoll erdröhnt,
Und die auch im Alter noch wohlgemut geht,
Ihr gläubiges Rufen so treulich ertönt,
Als wär sie ein Krieger, der Schildwache steht!

Doch hat meine Seele, die gramvoll zersprungen,
Ihr Lied in die Kälte der Nächte gesungen,
Dann scheint mir, die schwächlichen Töne, sie gleichen

Dem Röcheln des Todwunden, den man bei Leichen
An riesigen Lachen von Blut niederlegt,
Der mühselig stirbt, vergessen, unbewegt.

1984: Kay Borowsky

Die gesprungene Glocke

Ja, bitter ist's und süß, in langer Winternacht
am rauchigen Kamin, in dem die Flammen züngeln,
zu lauschen der Erinnerung, die sacht erwacht
beim Lied der Glockenspiele, die im Nebel singen.

Wie glücklich ist die Glocke über ihre Kräfte,
mit denen sie trotz hohen Alters Tage, Nächte
verkündet ihren Glaubensruf und Wache hält
so wie der alte Wachsoldat in seinem Zelt.

Doch meine Seele ist gesprungen - Überdruß
treibt sie, daß singend sie die Nacht beleben muß.
und da geschieht's, daß sie, die Stimme einst besessen,

schwer röchelt, dem Verletzten gleich, den man vergessen
an einem See von Blut, vom Leichenberg erdrückt,
bis er bewegungslos in Todesqual erstickt.

SPLEEN 4

Quand le ciel bas et lourd pèse comme un couvercle
Sur l'esprit gémissant en proie aux longs ennuis,
Et que de l'horizon embrassant tout le cercle
Il nous verse un jour noir plus triste que les nuits;

Quand la terre est changée en un cachot humide,
Où l'Espérance, comme une chauve-souris,
S'en va battant les murs de son aile timide
Et se cognant la tête à des plafonds pourris;

Quand la pluie étalant ses immenses traînées
D'une vaste prison imite les barreaux,
Et qu'un peuple muet d'infâmes araignées
Vient tendre ses filets au fond de nos cerveaux,

Des cloches tout à coup sautent avec furie
Et lancent vers le ciel un affreux hurlement,
Ainsi que des esprits errants et sans patrie
Qui se mettent à geindre opiniâtrement.

-Et de longs corbillards, sans tambours ni musique,
Défilent lentement dans mon âme; l'Espoir,
Vaincu, pleure, et l'Angoisse atroce, despotique,
Sur mon crâne incliné plante son drapeau noir.

1901: Stefan George

Trübsinn

Die wolken niedrig und flach wie ein deckel senken
Sich auf den geist der erseufzt unter leides macht·
Den ganzen himmel verhüllen sie und beschenken
Mit schwarzem tage der trauriger ist wie die nacht.

Die erde verwandelt sich in einen feuchten kerker·
Die hoffnung flattert wie eine fledermaus·
Sie rennt mit dem kopfe wider den niedrigen erker
Und schlägt mit dem ängstlichen flügel das faulende haus.

Und während der regen mit seinem endlosen rinnen
Wie eines weiten gefängnisses gitter umfängt
Und lautlos uns eine schaar von verrufenen spinnen
In unsres hirnes tiefen die netze hängt:

Beginnen die glocken zu läuten mit wütendem tosen·
Sie schicken zum himmel hinan ihr heulendes wort
Und gleich den geistern · den irrenden heimatlosen·
Fahren sie eigensinnig zu wimmern fort.

Ein leichenzug ohne trommel und klang unaufhaltsam
Und langsam in meiner seele vorübertanzt..
Die hoffnung weint und die angst entsetzlich gewaltsam
Auf meinem geneigten schädel ihr banner pflanzt.

1902: Stefan Zweig

Spleen

Wenn wie mit eines Sargesdeckels Wucht
Die grauen Wolken auf das Herz sich senken,
Und der verhüllte Himmel es versucht,
Noch schwärzern Schein, als selbst die Nacht zu schenken,

Wenn dann die Welt ein feuchter Kerker wird,
Wo scheu, mit schweren, schwanken Schwingenschlägen
Wie eine Fledermaus die Hoffnung schwirrt
Der abgefaulten Moderwand entgegen,

Und wenn des Regens gleiches Rieselrinnen
Herabsinkt, das wie Fesselklirren klingt,
Und im Gehirn ein Volk von stummen Spinnen
Geschäftig die verruchten Netze schlingt,

Da stürmen - wie von unsichtbarer Hand
Mit einemmal gerührt - die lauten Glocken
Und kreischen Geistern gleich ins graue Land
Ihr Wahnsinnslied mit höhnischem Frohlocken,

- Und durch die Seele schreiten Leichenzüge,
Darnach die Hoffnung mit gebeugter Stirn;
Und trotzig pflanzt die Angst, die stolze Lüge,
Ihr Trauerbanner auf in meinem Hirn.-

1907: Wolf von Kalckreuth

Spleen[8]

Wann wie ein Deckel sich der Himmel tief gesenkt hat
Auf unsern Geist, den bang die Leere seufzen macht,
Wann er den Horizont umschattet und umschränkt hat
Und schwarzen Tag ergießt, der trüber als die Nacht;

Wann wie ein feucht Verließ das Erdall auf uns lastet,
Darin die Hoffnung gleich geschreckter Fledermaus
Mit angstbeschwingtem Flug längs dunkler Mauer hastet
Und sich den Kopf stößt am Gewölb des dumpfen Baus;

Wann grau der Regenflut Gießfäden niederrinnen
Gleich eines Kerkerraums gewaltger Gitterwand,
Und wann ein stummes Volk von unheilvollen Spinnen
Im Grunde unsres Hirns verruchte Netze spannt,

---

[8] Abweichungen in KAL 1962: V.2: Auf unsren...\ V.10: Wie eines Kerkerraums gewaltge...\ V.18: ...die Hoffnung,...

Dann springen Glocken auf in wütendem Erbeben
Und senden ihr Geheul dem Himmel schrecklich zu,
Wie fremde Geister, die geächtet irrend schweben
Und quälend Klaggetön ausstöhnen ohne Ruh.

Und Leichenzüge, stumm, kein trauernd Grablied singend,
Ziehn langsam durch mein Herz; die Hoffnung siegberaubt,
Flieht weinend, und die Angst, entsetzlich, allbezwingend,
Pflanzt ihre Fahne schwarz auf mein gesenktes Haupt.

1920: Hans Havemann

Spleen

Wenn der Himmel niedrig lastet eiserne Decke,
Stöhnenden Geist zur Beute der Langenweile macht,
Wenn den Horizont umarmend, so weit er sich recke,
Er einen Tag uns sendet, schwarz und trüber als Nacht;

Wenn die Erde sich wandelt in fauligen Loches Plage,
Wo die Hoffnung flattert gleich einer Fledermaus
Gegen starre Mauern mit scheuem Flügelschlage
Und das Haupt sich stößt an modriger Wölbungen Graus;

Wenn der Regen, ergießend unermeßliche Stränge,
Wie eines großen Gefängnisses Gitterstangen strebet,
Und infamer Spinnen stumme Volkesmenge
In unsrer Hirne Winkel ihre Netze webet,

Glocken wuterdröhnend dann tosen wie durch Höhlen,
Zum Himmel ihr Geheule wälzend auf einmal,
Wie wenn heimatlose, weltverirrte Seelen
Nun ein Stöhnen begännen unerbittlicher Qual.

Und lange Leichenzüge ohne Trommel noch Klang
Ziehen langsam einher durch meine Seele, mein Hoffen
Weint in Fesseln, die Angst im wilden despotischen Drang
Pflanzt ihre schwarze Fahne überm Haupt gebeugt und getroffen.

1924: Lotte Wolff

Spleen

Wenn schwerer Himmel wie eine Decke hängt
Über der Seele mit endloser Öde bedacht
Wenn aus dem Horizont ein Tag sich senkt
Schwärzer und düsterer noch als die Nacht

Wenn die Welt nichts ist als ein feuchtes Verließ
Wo eine Fledermaus, die Hoffnung welk
Mit blindem Flügel gegen die Mauern stieß
Und den Kopf sich schlug an beschmutztem Gebälk

Wenn Regenströme endlos in Strähnen rinnen
Gleich Stäben, die ein Gefängnis vergittern
Und ein stummes Volk von listigen Spinnen
Netze zieht in unsern Hirnen, die zittern,

Dann heulen Glocken plötzlich im Sturme los
Und stoßen zum Himmel mißtönenden Klang
Wie irrende Geister die heimatlos
Zu wimmern beginnen untröstlich und bang

Leichenzüge die ohne Musiker schreiten
Durchziehen langsam die Seele mir, beraubt
Der Hoffnung, und Angst fühle ich auf mir reiten
Sie pflanzt ihr Banner auf meinem gebeugten Haupt

1925: Terese Robinson

Schwermut

Der Himmel, schwer wie eines Deckels Last,
Sinkt auf die Seele voll verhaltenem Weinen,
Bleiern und dumpf hält er das All umfaßt,
Trüber als Nacht will uns der Tag erscheinen.

Es wandelt sich die Welt zum finstern Haus,
Zum feuchten Kerker voller Angst und Schauer,
Und flatternd, scheu wie eine Fledermaus
Rennt Hoffnung sinnlos gegen Wand und Mauer.

Der müde Regen, der die Welt umfängt,
Spannt um das Haus die engen Gitterstäbe,
Verwünschtes Ungeziefer kommt und hängt
In unser Hirn die grauen Spinngewebe.

Und plötzlich heulen Glocken dumpf empor,
Zum Himmel heben sie ihr furchtbar Tönen,
Wie irrer, heimatloser Geister Chor,
Ein eigensinnig, unaufhörlich Stöhnen.

Und lautlos zieht ein langer Leichenzug
Durch meine Seele seine schwarzen Bahnen,
Die Hoffnung weint. Das Grauen, das sie schlug,
Das Grauen pflanzt in meinem Hirn die Fahnen.

1936: Walter Moos

Schwermut

Wenn tiefverhängt der Himmel wie ein Deckel schwer
Dem Geiste aufliegt, der in Trübsal seufzt und schmachtet;
Wenn uns vom Horizonte, ringsumfassend, her
Ein Tag wird, dunkler als die Nacht umnachtet;

Wenn sich die Erde in ein feucht Verließ verwandelt,
Darin die *Hoffnung* zaghaft flügelflatternd grault
Wie eine Fledermaus, und sich den Kopf verschandelt,
An Mauern stößt, an morsche Ecken, die verfault;

Wenn unaufhörlich Regenstreifen niederrinnen,
Die eines Kerkers Gitterstäbe könnten sein;
Und wenn das stumme Volk der niederträchtgen Spinnen
Zu tief die Fäden schlägt in unser Hirn hinein:

Dann gellen plötzlich Glocken auf und rasen, schwirren,
Und lassen ein Geheul los, das zum Himmel schreit:
Entgeistert, wie von armen heimatlosen Irren,
Die immerwährend wimmern, mit Beharrlichkeit.

Dann zieht bedächtig, ohne Trommelschlag und Klang,
Ein Leichenwagen nach dem andern still vorbei an mir:
Besiegt die *Hoffnung*; ungestüm die *Angst*. Voll Drang
Pflanzt sie auf mein gebeugtes Haupt ihr schwarz Panier.

1946: Wilhelm Hausenstein

Spleen[9]

Wenn einem Deckel gleich der Himmel schwer und niedrig
Den Geist erdrückt und Langeweil' ihn ächzen macht,
Im eng umschriebnen Kreis des Horizontes widrig
Der Morgen sich ergießt, als wär' er schwarze Nacht;

Wenn sich die Welt verwandelt in Verließes Feuchte,
Darin zur Flucht die Hoffnung zage Schwingen löst
- So flattert wohl die Fledermaus, die aufgescheuchte,
Bis ihr der Kopf an fauliges Gebälke stößt -;

Wenn Regen seine ungeheuren Schleppen breitet
Und mit Gefängnisstäben mir den Blick verschließt,
Das stumme Spinnenvolk verruchte Netze spreitet
In Gründen des Gehirns und kein Gedanke sprießt:

Dann jählings tanzen Glocken wütend in den Türmen,
Zum Himmel schleudern sie ein wüst Geheul empor,
Wie Geister ohne Heimat irr im Lande stürmen,
Aufstöhnend eigensinnige, ein ganzer Chor.

- Langhin vor meiner Seele schleichen Leichenwagen,
Es fehlt Musik und Trommel; schrecklich herrscht der Fluch
Der Angst, es weint der Lebensmut, er ist geschlagen.
Schwarz aus gesenktem Schädel steigt mein Fahnentuch.

1947: Carlo Schmid

Trübsinn[10]

Wenn niedrer Himmel schwer wie Deckels Last
Den Geist erdrückt, den lang Verdruß beficht,
Des Horizontes ganzen Kreis umfaßt
Und Tag noch schwärzer als die Nacht erbricht;

Wenn Erde nun ein feuchter Kerker ward,
Drin Hoffnung, flatternd wie die Fledermaus,
Die Wände streift mit ihrem Flügel zart,
Das Haupt sich stößt am Dach des Moderbaus;

Wenn Regen ohne Ende niederrinnen,
Gefängnisgittern gleich wird streifig Triefen,
Und stumme Völker schmachbeladner Spinnen
Die Netze ziehn in unsrer Hirne Tiefen -

---

[9]Keine Abweichungen in HAU 1954.

[10]Spätere Abweichungen: V.13: ...daß jähe Glocke rasend wird

Geschieht, daß Glocke plötzlich rasend wird
Und wirft zum Himmel schauerliches Dröhnen -
Wie Geist, der ohne Heimat ist und irrt,
Hartnäckig ausbricht in ein lautes Stöhnen;

Und Leichenzüge ohne Sang sich stauen
Beim Zug durch meine Seele ... Dann, beraubt,
Weint Hoffnung mir, und gnadenloses Grauen
Pflanzt schwarz sein Banner auf gebeugtes Haupt.

1949: Carl Fischer

Spleen[11]

Wenn wie ein Deckel schwer und tief die Wolken hangen
Im Geist, den Überdruß beficht und seufzen macht,
Wenn sie den ganzen Kreis des Horizonts umfangen
Mit ihrem schwarzen Tag, so traurig wie die Nacht;

Wenn uns die feuchte Welt umschließt mit Kerkerwänden,
Darin die Hoffnung kreist wie eine Fledermaus:
Ihr zager Flügel stößt auf Mauern allerenden,
Ihr Kopf rennt wider das Gebälk im morschen Haus;

Und wenn die Regen auf uns endlos niederrinnen,
Und wie ein Kerker uns ihr Gitter rings umfängt,
Wenn die verrufne Schar der lautlos schnellen Spinnen
Auf unsrer Hirne Grund die schnöden Netze hängt,

Beginnt mit einem Schlag der Glocken wildes Tosen;
Hinauf zum Himmel schwillt ihr schauerlich Gedröhn,
Und gleich dem Geist, der sich verirrt, dem heimatlosen,
Vergeuden nutzlos sie ein gellendes Gestöhn.

-Ein langer Leichenzug, ohn Trommel, ohne Klänge,
Zieht endlos meinem Sinn vorüber; siegberaubt
Die Hoffnung weint; die Angst, entsetzlich und mit Strenge,
Ihr schwarzes Banner pflanzt auf mein geneigtes Haupt.

11<u>Abweichungen ab FIC 1955:</u> V.1/2/3:...Wolken drücken,/Den Geist verhängen, den die Unlust müde macht,/Und so den Horizont uns immer näher rücken\ V.5: ...uns die Welt umschließt mit feuchten...\ V.6/7: ...Fledermaus,/Die mit dem Flügel an den Mauern...\ V.8: Und am Gebälk, sich stößt im angefaulten Haus;\ V.9/10/11: Wenn ohne Ende auf uns Regen niederrinnen,/Ihr enges Gitter uns in ein Gefängnis zwängt,/Und die...\ V.14/15: Zum Himmel schicken sie den schaurigen Gesang,/Und eigensinnig, gleich Verirrten, Heimatlosen, \ V.16:...ein Wimmern, lang und bang.\ V.17/18/19/20: -Endlos ein Leichenzug tanzt ohne Trommelklänge/An meiner Seele stumm vorbei; zu Tod gehetzt/Die Hoffnung weint, indes die Angst mit grimmer Strenge/Auf mein gesenktes Haupt ihr schwarzes Banner setzt.\ <u>Abweichungen ab FIC 1979:</u> V.1/2:...der Himmel lastet/Auf unserm Geist, den längst die Unlust...\ V.3/4: Und sich der Horizont uns ringsum näher tastet/ Mit seinem schwarzen...\ V.17:...schleicht ohne...

1962: Friedhelm Kemp

Spleen[12]

Wenn tief und schwer der Himmel den Geist, den ächzend von Verdrossenheit geplagten, gleich einem Deckel drückt und den ganzen Kreis des Horizonts umfassend uns einen schwarzen Tag herabgießt, trauriger als die Nächte;

Wenn die Erde in einen feuchten Kerker verwandelt ist, wo die Hoffnung, gleich einer Fledermaus, mit scheuem Flügel die Mauern entlangstreicht und mit dem Kopf an fauliges Gebälk stößt;

Wenn Regen in ungeheuren Streifen niederstürzt, den Gitterstäben an einem riesigen Gefängnis gleichend, und wenn ein stummes Volk verruchter Spinnen in unsern Hirnen seine Netze auszuspannen naht,

Dann plötzlich tanzen Glocken wütend auf und schleudern gen Himmel ein gräßliches Geheul, wie heimatlos verirrte Geister, die eigensinnig ein Gewimmer anstimmen ohne Ende.

- Und lange Leichenwagen, ohne Trommeln und Musik, ziehen in meiner Seele langsam vorbei: die Hoffnung, die besiegte, weint, und grause Angst pflanzt herrisch auf meinem gesenkten Schädel ihre schwarze Fahne auf.

1973: Sigmar Löffler

Spleen

Wenn tief und schwer die Wolken wie ein Deckel lasten
Auf meinem Geiste, der vor Überdruß vergeht,
Und wenn am Horizont, den völlig sie umfaßten,
Ein finstrer Tag, noch trauriger als Nächte, steht,

Wenn diese Erde wird zur feuchten Kerkerzelle,
Wo Hoffnung scheu wie eine Fledermaus sich regt,
Mit ihrem Kopfe an die Wand stößt, an die Schwelle
Und mit den Flügeln die verfaulte Decke fegt,

Wenn uns der Regentag in ungeheurem Rinnen
Wie mit den Stangen eines Käfigs rund umfängt
Und wenn ein stummes Volk von niederträchtgen Spinnen
In unsrer Hirne Grund die grauen Netze hängt,

Dann springen plötzlich Glocken auf mit wildem Tosen
Und schleudern schreckliches Geheul zum Himmel hin,
Gespenstern gleich, umirrenden und heimatlosen,
Die unaufhörlich stöhnen voller Eigensinn.

- Und Leichenzüge ziehn langsam durch meine Seele,
Still, ohne Trommelschlag. Die Hoffnung weint in mir,
Besiegt; und Todesangst packt wild mich bei der Kehle
Und pflanzt auf mein gesenktes Haupt ihr schwarz Panier.

---

[12] Abweichungen ab KEM 1975: Str.1: ...wie ein Deckel...\ Str.2: ...wie eine Fledermaus...

1977: Oskar Sahlberg

Spleen

Wenn der tiefe und schwere Himmel wie ein Deckel lastet
Auf dem stöhnenden Geist, der eine Beute langer Depressionen,
Und er, den ganzen Kreis des Horizonts umfassend,
Uns einen schwarzen Tag herabgießt, trauriger als die Nacht;

Wenn die Erde verwandelt ist in einen feuchten Kerker,
Wo die Hoffnung wie eine Fledermaus
Die Mauern mit ihrem schüchternen Flügel schlägt
Und sich den Kopf an der verfaulten Decke stößt;

Wenn der Regen mit seinem endlosen Rinnen
Die Gitter eines riesigen Gefängnisses nachahmt
Und ein stummes Volk gemeiner Spinnen
Seine Netze im Grunde unserer Hirne ausspannt,

Springen plötzlich Glocken voller Wut
Und schleudern ein schreckliches Geheul zum Himmel,
Wie umherirrende heimatlose Geister,
Die ein hartnäckiges Gejammer anstimmen.

- Und lange Leichenwagen ohne Trommel noch Musik
Ziehen langsam durch meine Seele; die Hoffnung
Weint besiegt und die entsetzliche, despotische Angst
Pflanzt auf meinen gebeugten Schädel ihre schwarze Fahne.

1977: Manfred Thiel

Spleen IV

Wenn wie ein Deckel schwer der Himmel lastet
Auf meinem Geist, der Langeweilen Fang,
Und tief vom Horizont den Umkreis tastet,
Ist schwärzer als die Nacht des Tages Gang;

Wenn sich die Erde formt zu feuchtem Kerker,
Daß gleich der Fledermaus die Hoffnung weicht,
Die Flügel furchtsam stoßend an dem Erker,
Und mit dem Kopf an faulen Balken streicht;

Wenn Regen unermessne Schleppen breitet
Wie die Gefängnisstäbe und im Hirn
Ein stummes Volk schändlicher Spinnen gleitet,
Die Fäden spannend unter mürber Stirn,

Und plötzlich springen Glocken auf und wüten
Wild himmelan mit schrecklichem Getön,
Irrende Geister, die die Fremde hüten,
Gereizt und mit hartnäckigem Gestöhn.

- Und lange Leichenwagen, ohne Klänge
Ziehn langsam durch die Seele; wie beraubt
Weint auf die Hoffnung: Angst der dunklen Zwänge
Pflanzt ihre schwarze Fahne auf mein Haupt.

(Variante)

Wenn tief und schwer wie ein Deckel der Himmel lastet
Auf meinem Geiste, der Langeweilen Fang,
Und vom Horizonte her rings den Umkreis tastet,
Ist schwärzer als Nacht des Tages trauriger Gang:

Wenn sich die Erde verwandelt zum feucht-kalten Kerker,
Wo wie eine Fledermaus scheu die Hoffnung entweicht,
Die Flügel furchtsam schlagend an dunkelem Erker,
Und mit ihrem Kopf an faulenden Balken streicht;

Wenn Regen die unermesslichen Schleppen breitet
Gleichwie Gefängnisstäbe, und innen im Hirn
Ein stummes Volk von schändlichen Spinnen gleitet,
Das Fäden spannt in der Tiefe unter der Stirn,

Und plötzlich springen Glocken auf und wüten
Wild himmelan mit schrecklichem Getön,
Heimatlos irrende Geister, und sie brüten
Hartnäckig aus und gereizt ihr arges Gestöhn;

- Und lange Leichenwagen ziehn ohne Klänge
Langsam an meiner Seele vorbei; wie beraubt
Weint die Hoffnung auf, und die Angst despotischer Zwänge
Pflanzt ihre schwarze Fahne auf's sinkende Haupt.

1979: Eva-Maria Schulz-Jander

Wenn der Himmel, niedrig und schwer, lastet wie ein Deckel auf dem stöhnenden Gesit, ausgeliefert an den endlosen Lebensüberdruß, und wenn den ganzen Kreis des Horizonts umfassend, er uns herabgießt einen schwarzen Tag düsterer als die Nächte;
Wenn die Erde verwandelt ist in einen feuchten Kerker, wo die Hoffnung wie eine Fledermaus mit ihren ängstlichen Flügeln gegen die Mauern schlägt und sich den Kopf an der verfaulten Decke stößt;
Wenn der Regen, seine grenzenlosen Schleppen ausbreitend, die Stäbe eines weiten Gefängnisses nachahmt, und ein stummes Volk niederträchtiger Spinnen seine Netze tief in unserem Gehirn ausspannt,
Dann plötzlich schwingen Glocken tobend auf und schleudern dem Himmel ein fürchterliches Heulen entgegen, wie herumirrende Geister ohne Heimat, die eigensinnig zu stöhnen beginnen.
- Und lange Leichenzüge, ohne Trommeln und ohne Musik, ziehen langsam durch meine Seele; die Hoffnung, besiegt, weint, und die entsetzliche, tyrannische Angst pflanzt auf meinen gebeugten Schädel ihre schwarze Fahne.

1980: Monika Fahrenbach-Wachendorff

Spleen

Wenn der tiefe Himmel wie ein Deckel lastet
Auf dem Geist, den stöhnend Überdruß bezwingt,
Und vom Horizont, der rings an Grenzen tastet,
Trauriger als Nacht ein Tag herniedersinkt;

Wenn die Erde mich ein feuchter Kerker deucht,
Wo die Hoffnung, wie die Fledermaus erschreckt,
Flatternd an den Mauern hinstreicht und verscheucht
Mit dem Kopf an morsche Deckenbalken schlägt;

Wenn der Regen endlos lang in Streifen fällt,
Die wie Gitterstäbe im Gefängnis sind,
Und ein stummer Haufen Spinnen in der Welt
Meines Hirns erscheint und seine Netze spinnt,

Schwingen plötzlich Glocken sich empor und tosen,
Daß sie greulich heulend bis zum Himmel dringen,
Eigensinnig wimmernd, wie von heimatlosen,
Schweifenden-Gespenstern Klagelaute klingen.

- Ein Leichenzug, nicht Trommel noch Musik erschallt,
Bewegt sich langsam durch die Seele; Hoffnung flieht
Und weint; auf tief gesenktem Schädel mit Gewalt
Grausame Angst ihr Banner schwarz aufzieht.

1982: Wilhelm R. Berger

Spleen

Wenn tief und schwer der Himmel, eines Deckels Last,
Ächzend den Geist bedrückt, den endlos Trübsinn plagt,
Wenn er den ganzen Kreis des Horizonts umfaßt
Und einen Tag herabgießt, schwärzer als die Nacht;

Wenn dann die Erde einem feuchten Kerker gleicht,
Worin die Hoffnung sich wie eine Fledermaus,
Wenn sie mit scheuem Flügel längs der Mauern streicht,
Den Kopf anstößt am modrigen Gebälk des Baus;

Wenn dann die ungeheuren Güsse niederrinnen
Und Zuchthausgittern gleicht die Regenwand
Und wenn ein stummes Volk von niederträchtigen Spinnen
Am Grunde unserer Hirne seine Netze spannt,

Dann plötzlich springt empor der Glocken Raserei,
Zum Himmel schleudern sie ihr schauerliches Dröhnen,
Wie heimatlose Geister irren sie vorbei
Und lassen widersetzlich ihr Geheul ertönen.

Und lange Leichenzüge ohe Trommeln und Musik
Ziehn hin durch meinen Geist; Hoffnung ist mir geraubt,
Und grause Angst pflanzt ihren gnadenlosen Sieg
Als schwarzes Banner mir auf das gebeugte Haupt.

1984: Kay Borowsky

Spleen

Wenn tief und schwer der Himmel wie ein Deckel lastet,
den Geist bedrückt, vom Überdruß zu Fall gebracht,
und wenn er bis zum fernsten Horizont nicht rastet,
uns schwarzes Licht zu schicken, trauriger als Nacht;

wenn uns ein schimmelndes Gefängnis dünkt die Erde,
wo gleich der Fledermaus die Hoffnung sich bewegt
und an die Wände stößt mit hilfloser Gebärde,
an der verfaulten Decke sich den Kopf einschlägt;

wenn gar der Regen durch sein endlos graues Rinnen
uns ins Gefängnis seiner Gitterstäbe bannt,
und schließlich stumm ein Volk von widerlichen Spinnen
im Innern unsrer Hirne seine Netze spannt,

dann rasen plötzlich Glocken los in wildem Jagen
und schleudern hoch zum Himmel schreckliches Geläut,
als ob die unstet-heimatlosen Geister klagen
und steinerweichend jammern, wie es sie erfreut.-

Und Leichenzüge, ohne Trommeln, ohne Lieder,
durch meine Seele langsam ziehn; es weint, besiegt,
die Hoffnung - Angst hißt nun, ein schlimmer Herrscher wieder,
die Fahne, die sich schwarz auf meinem Schädel wiegt.

SPLEEN 1

Pluviôse, irrité contre la ville entière,
De son urne à grands flots verse un froid ténébreux
Aux pâles habitants du voisin cimetière
Et la mortalité sur les faubourgs brumeux.

Mon chat sur le carreau cherchant une litière
Agite sans repos son corps maigre et galeux;
L'âme d'un vieux poète erre dans la gouttière
Avec la triste voix d'un fantôme frileux.

Le bourdon se lamente, et la bûche enfumée
Accompagne en fausset la pendule enrhumée,
Cependant qu'en un jeu plein de sales parfums,

Héritage fatal d'une vieille hydropique,
Le beau valet de coeur et la dame de pique
Causent sinistrement de leurs amours défunts.

1891: Stefan George

Spleen[13]

Der regenmonat grimmt dem ganzen leben
Aus seiner urne finstre kälte schneit
Auf die bewohnerschaft des kirchhofs neben
Und auf die nasse stadt die sterblichkeit

Mein magres tier mit ruheloser posse
Am estrich hin nach einem lager sieht
Mit trüber stimme fröstelnd in der gosse
Die seele eines alten dichters flieht

Der brummbass klagt mit den verkohlten scheiten
Die fistelnd die verschnupfte uhr begleiten
Und im gemisch von schmutzigen parfümen

[13] Abweichungen ab GEO 1901: Titel: TRÜBSINN \ St.1: Der regen-mond scheint alle welt zu hassen·/Aus seiner urne giesst er kalten graus/Auf eines nahen friedhofs bleiche sassen/und sterben auf die nasse vorstadt aus. \ V.6: ...sieht· \ V.8: ...eines toten dichters flieht. \ V.12: - Die überbleibsel einer ... \ V.14: ...rühmen.

- Das ekle erbteil einer krankenstube -
Pikdame und der schöne karobube
14 Sich toter liebestage düster rühmen

1907: Wolf von Kalckreuth

Spleen

Der Regenmonat strömt, verfeindet allem Leben,
Aus seiner Urne Guß ein Dunkel frostergraut
Des Kirchhofs bleicher Schar im kalten Dämmerweben
4 Und Sterben auf die Stadt, in der der Nebel braut.

Es regt am Estrich sich in fröstelndem Erbeben
Die magre Katze, die nach einem Lager schaut,
Verstorbnen Dichters Geist fühl im Getropf ich schweben,
8 Mit eines irrenden Gespenstes Klagelaut.

Der dumpfe Brummbaß klagt, und rauchger Scheite Knistern
Eint seiner Fistel Ton der Wanduhr heisrem Flüstern,
11 Derweil im Kartenspiel, von schmutzgem Duft getränkt,

Der eklen Erbschaft einer wassersüchtgen Alten,
Sich leis Piquedame und Coerbube unterhalten
14 Und einstgen Liebesglücks ihr Herz trübselig denkt.

1923: Margarete Bruns

Narretei

Aus seiner vollen Urne kalte Schauer
gießt, allem Leben gram, der Regenmond
auf das, was modernd schon in Gräbern wohnt,
4 und auf die Vorstadt: Sterblichkeit und Trauer.

Nun sucht ein warmes Bett mein alter rauher
räudiger Kater, wo zu schlummern lohnt;
und eines Dichters Jammerlied vertont
8 mir gurgelnd meine Gosse in der Mauer.

Verkohlte Scheite prasseln; eine Mücke
surrt schrill zur heisern Pendeluhr der Stube. -
11 Die Alte, die nun fault in finstrer Grube,

ließ mir ein fettiges Kartenspiel zurücke;
und düster plaudern von erstorbnem Glücke
14 Pique-Dame und der schöne Carreau-Bube.

1925: Terese Robinson

Schwermut

Dem Regenmonat ist die Welt zuwider,
Aus seinem kalten Faß in Strömen rinnt
Das Grauen auf den nahen Kirchhof nieder,
4 Und Sterben auf der Vorstadt Labyrinth.

Die Katze reckt die kranken, magren Glieder
Und sucht ein warmes Plätzchen. Es beginnt
Gespenstisch Stöhnen in der Traufe wieder,
Des toten Dichters Geist, der scheu entrinnt.

Der Brummbaß klagt, und halbverkohlte Reiser
Knistern im Fistelton, die Uhr tickt heiser,
Indes im Spiel, von schmutzigen Düften voll,

Der eklen Erbschaft einer Krankenstube,
Herzdame und der schöne Karobube
Von einer Liebe flüstern, die verscholl.

1936: Walter Moos

Schwermut

Der Hornung, auf die ganze Stadt erbost,
Fegt über graue, friedhofsnahe Heime.
Aus seiner Urne Regen, Schnee und Frost,
Im Nebelrauch der Vorstadt Todeskeime.

Mein Kater, sich am Ofen wärmend, wach,
Räckelt sich unaufhörlich, mager, grindig;
Ein alter Dichter geistert unterm Dach,
Ein frostiges Gespenst, wehklagend, windig.

Die Glocke schrillt; das rauchgeschwärzte Scheit
Begleitet im Falsetton, die verschnupfte Zeit,
Indeß' in ihrem Spiele, schmutz-verdorben,

- Fatales Erbe einer wassersüchtigen Alten -
Treffdame und Herzbub sich unterhalten
Von ihrer Liebschaft, die so jäh verstorben.

1946: Wilhelm Hausenstein

Spleen[14]

Der Regenmonat, gegen ganz Paris erbittert,
Gießt aus der Urne kaltes Grau in breiter Flut
Aufs bleiche Volk des nahen Friedhofs und gewittert
Todbringend um der Vorstadt nebelige Brut.

Die Katze, dürr und räudig an den Fliesen, zittert,
Sucht aufgeregt die Streu, darin sie sonst geruht;
Des Dichters Geist irrt an der Kandel hin, es splittert
Sein Wort, wie fröstelnd eines Schemens Stimme tut.

Die Glocke heult, den heisern Gang der Wanduhr droben
Begleitet Krächzen aus den angerauchten Kloben;
Im üblen Spiele, das an faulen Düften schwer

Von einer alten Wassersüchtigen geblieben,
Bereden argen Sinnes ihre toten Lieben
Pikdame und Herzbube - wunderschön und leer.

---

[14] Abweichungen ab HAU 1954: V.5: ...räudig, an den Fliesen zittert,

1947: Wilhelm Niemeyer

Spleen

Winterregen übergraut die Dächer,
Nasse Finsternis durchlaugt die Tiefen,
In den Gräbern frieren, arme Schächer,
4 Selbst die Toten, ihre Linnen triefen!

Gurgelnd schluchzt der Ablauf einer Gosse,
Denn die Seele eines schlechten Dichters
Wohnt in ihr als ihrem Traumesschlosse,
8 Und sie harrt betrunken ihres Richters!

Höhnisch heiser schnarrt die Uhr die Stunde,
Scheit im Feuer boshaft zischt und lischt,
11 Stühle lümmeln sich in frecher Runde,

Kartenspiel, bunt schmutzig aufgetischt,
Spielt sich selbst, Pikbube und Herzdame
14 Flüstern Trauer toter Liebesgrame.

1947: Carlo Schmid

Trübsinn

Dem Leben feindgeworden gießt der Regenmond
In Strömen dämmerigen Frost aus seiner Tonne
Auf bleiches Volk, das nah am Gottesacker wohnt,
4 Und Todeskeime auf die Vorstadt ohne Sonne.

Mein Kater, der am Boden eine Liege sucht,
Führt ruhelos die Räude seines Leibs spazieren.
Des alten Dichters Geist durchirrt die Dächerflucht
8 Und wimmert traurig wie Gespenster, wenn sie frieren.

Die Stundenglocke jammert und ein Holzscheit schwelt,
Begleitet im Falsett die Uhr auf der Konsole,
11 Indeß in einem Spiel, das faule Rüche hehlt,

Die von dem Tod der wassersüchtigen Alten rühren,
Pikdame und Herzbube böse und frivole
14 Gespräche über ihre toten Lieben führen.

1949: Carl Fischer

Spleen[15]

Der Regenmonat gießt, verfeindet allem Leben,
Aus seinem kalten Krug der Finsternisse Graus
Auf bleiche Schemen, die um einen Kirchhof schweben,
4 Sowie das Sterben auf die feuchte Vorstadt aus.

Und meine Katze irrt umher in dem Bestreben
Nach einem Lager für den räudig dürren Flaus;
Des Dichters Geist hat sich der Gosse übergeben
8 Und gurgelt frierend wie ein Nachtgespenst durchs Haus.

Die Glocken heulen, und die halbverkohlten Kloben
Begleiten schrill den Gang der heisren Wanduhr droben,
11 Indes im Kartenspiel bei süßlichem Gestank

- Als Hinterlassenschaft der wassersüchtigen Alten -
Der schöne Herzbub und Pikdame sich unterhalten
14 Von ihrer Liebschaft, die ins Nichts versank.

1962: Friedhelm Kemp

Spleen[16]

Der Regenmonat, auf die ganze Stadt erbost, gießt finstre Kälte in großem Schwall aus seinem Krug dem bleichen Volk des nahen Kirchhofs und Sterblichkeit hernieder auf die nebelgrauen Vorstädte.

Meine Katze, die sich auf den Fliesen eine Streu sucht, regt ruhlos ihren räudig dürren Leib; die Seele eines alten Dichters irrt in der Traufe mit den Jammerlauten eines frierenden Gespensts.

Dumpf klagend tönt die schwere Glocke, und das halbverrauchte Scheit begleitet im Falsett die heisere Standuhr, während in einem Kartenspiel voll schmutziger Gerüche

- Verhängnisvolle Erbschaft einer wassersüchtigen Alten - der schöne Herzbube und Piquedame schauerlich von ihrer toten Liebe plaudern.

1973: Sigmar Löffler

Spleen

Der Regenmonat scheint die gesamte Stadt zu hassen,
Denn ganze Ströme kalter Schwärze schüttet er
Auf meines Nachbarfriedhofs schweigende Insassen
4 Und Sterben auf das nebelnasse Häusermeer.

---

[15] Abweichungen ab FIC 1955: V.2: Aus seinem nassen Krug...\ V.4: Und kaltes Sterben auf...\ V.5: Auch meine ...\ V.7/8: Und eines Dichters Geist, mit Zittern und mit Beben,/Seufzt aus der Traufe wie ein...\ V.9/10/11//12/13/14: Die volle Stunde schlägt, des Holzscheits jähes Ächzen/Begleitet mißgestimmt der Wanduhr heisres Krächzen,/Indes im Kartenspiel, verschmiert und abgenutzt,// - Als Hinterlassenschaft der alten Wasserkranken - /Der schöne Herzbub und Pikdame laut sich zanken;/So wird zum Schluß mit Hohn die Liebe noch beschmutzt. \ Abweichungen ab FIC 1979: V.2: ...der finstren Kälte Graus \ V.4: Und lauter Sterben...\V.5: Und meine Katze...\ V.7: Des alten Dichters Geist...\ V.11: ..., voll süßlichem Parfüm \ V.12: Als ...Wasserkranken, \ V.13/14: ...sich nur zanken/Um alte Liebschaft mit frivolem Ungestüm.

[16] Ab KEM 1975: Str.2: "Gespenstes"

Dem Kater will das Kissen heute gar nicht passen,
Er legt sein räudiges Geripp bald längs, bald quer.
Die Seele eines alten Dichters weint verlassen
Wie ein durchfrorenes Gespenst vom Traufrohr her.

Die Glocke jammert laut. Es fisteln als Begleiter
Der ganz verschnupften Uhr die rauchgeschwärzten Scheiter,
Dieweil in einem Spiel, dem übler Duft entrinnt,

Der schlimmen Erbschaft einer wassersüchtgen Alten,
Coeur-Bube und Pique-Dame trüb sich unterhalten
Von Liebesdingen, die schon längst verstorben sind.

1973: Albrecht Schoenhals

Spleen

Aus seiner Urne schüttet strömend, feindlich wider
Des Lebens Kreis, der Regenmond sein kaltes Grau
Auf die Bewohnerschaft des nahen Kirchhofs nieder
Und in den Dunst der Vorstadt bleichen Todestau.

Mein Kater wandert auf den Fliesen hin und wider;
Sein räudig magrer Leib sucht warmen Lagerbau,
Und eines alten Dichter-Geistes trübe Lieder
Irrn an den Traufen hin, gespensterkalt und rauh.

Die Glocke ächzt; den heisern Uhrschlag will begleiten
Das fistelnde Geseufz aus angeschwelten Scheiten,
Indes in einem Spiel, das von Gerüchen mufft,

Unselgem Erbstück einer wassersüchtgen Alten,
Coeur-Bube und Pique-Dame stumme Zwiesprach' halten,
Voll Trübsinn über weiland ihrer Liebe Duft.

1977: Oskar Sahlberg

Der Spleen

Der Regenmonat, auf die ganze Stadt erbost,
Gießt finstere Kälte in großen Güssen aus seiner Urne
Auf die bleichen Bewohner des nahen Friedhofs,
Das Sterben auf die nebligen Vorstädte.

Mein Hund, der auf dem Steinboden eine Streu sucht,
Bewegt ruhelos seinen mageren räudigen Körper;
Der Schatten eines alten Dichters irrt in der Dachrinne umher
Mit der traurigen Stimme eines frierenden Gespensts.

Die große Glocke jammert und das rauchige Scheit
Begleitet im Falsett die heisere Standuhr,
Während in einem Kartenspiel voll schmutziger Gerüche,

Fatales Erbe einer wassersüchtigen Alten,
Der schöne Herzbube und die Piquedame
Schaurig von ihrer toten Liebe plaudern.

1977: Manfred Thiel

Spleen

Der Regen, unwirsch gegen alles Leben,
Gießt aus der Urne finstren Frostes Flut
Auf eines Friedhofs Sassen hier daneben
Und auf die Vorstadt Tod und Nebelbrut.

Auf Fliesen, Lager suchend, meine Katze
Bewegt ruhlos die magere Gestalt.
Des alten Dichters Seele irrt am Platze
Mit trüber Stimme und gespenstisch kalt.

Die Glocke klagt, der Scheite Glut im Grimme
Tönt mit der heisren Uhr in Fistelstimme,
Da sich im Kartenspiel voll schmutzgem Duft -

Erbteil von einer wassersüchtgen Alten -
Herzbube und Pikdame unterhalten
Von Lieben, längst vermodert in der Gruft.

1980: Monika Fahrenbach-Wachendorff

Spleen

Der Regenmond, erbost auf die gesamte Stadt,
Gießt aus dem Faß den Schwall von kalter Dunkelheit
Auf jener bleichen Nachbarn letzte Ruhestadt,
Und durch den Vorstadtnebel sickert Sterblichkeit.

Auf Fliesen sucht mein magrer Kater eine Streu,
Von Unrast und von Räude ist sein Leib geplagt;
Es schweift die Seele eines alten Dichters scheu
Umher in einer Traufe, die gespenstisch klagt.

Wehmütig tönt die Glocke, Scheite schwelen nur
Und zischen im Falsett zum heisern Klang der Uhr,
Indes im Kartenspiel, von schalem Duft gegerbt,

Das eine sieche Alte verhängnisvoll vererbt,
Pikdame und Herzbube, der Schöne zum Erschaudern
So gruselig von ihrer toten Liebe plaudern.

1982: Wilhelm R. Berger

Spleen

Es gießt der Regenmond, erbost auf alle Welt,
Aus seinem Krug in mächtigem Guß kaltfinstern Graus
Auf jenes bleiche Volk vom nahen Gräberfeld
Und Sterben auf die nebelfeuchte Vorstadt aus.

Die Katze reckt, die auf dem Flur die Streu umstreift,
Unruhevoll die räudigen und dürren Glieder,
Und wimmernd eines alten Dichters Seele schweift,
Ein frierendes Gespenst, die Traufe auf und nieder.

Dumpf dröhnend klagt die Glocke, und das Scheit verraucht,
Und es gesellt der heisern Standuhr sich sein Flüstern,
11 Indes in einem Spiel, das schmutzigen Moder haucht

- Gräßliche Erbschaft einer wassersüchtigen Alten -,
Herzbube und Pikdame schauerlich und lüstern
12 Von längst verblichener Leidenschaft sich unterhalten.

SPLEEN 2

J'ai plus de souvenirs que si j'avais mille ans.

Un gros meuble à tiroirs encombré de bilans,
De vers, de billets doux, de procès, de romances,
Avec de lourds cheveux roulés dans des quittances,
Cache moins de secrets que mon triste cerveau.
C'est une pyramide, un immense caveau,
Qui contient plus de morts que la fosse commune.
- Je suis un cimetière abhorré de la lune,
Où comme des remords se traînent de longs vers
Qui s'acharnent toujours sur mes morts les plus chers.
Je suis un vieux boudoir plein de roses fanées,
Où gît tout un fouillis de modes surannées,
Où les pastels plaintifs et les pâles Boucher,
Seuls, respirent l'odeur d'un flacon débouché.

Rien n'égale en longueur les boiteuses journées,
Quand sous les lourds flocons des neigeuses années
L'ennui, fruit de la morne incuriosité,
Prend les proportions de l'immortalité.
- Désormais tu n'est plus, ô matière vivante!
Qu'un granit entouré d'une vague épouvante,
Assoupi dans le fond d'un Sahara brumeux;
Un vieux sphinx ignoré du monde insoucieux.
Oublié sur la carte, et dont l'humeur farouche
Ne chante qu'aux rayons du soleil qui se couche.

1901: Stefan George

Trübsinn

Mir deucht ich hätte vor mir tausend jahr.

Kein schreibtisch überfüllt mit einer schaar
Von versen liedern liebesbriefen akten
Und haaren schwer in rechnungen gepackten
Mehr heimlichkeiten als mein hirn bewacht.
Ein riesenbau ists wo in tiefem schacht
Mehr tote als im massengrabe rollen.

Ich bin ein kirchhof dem die sterne grollen
Wo - innre qualen - lange würmer ziehn·
Sie raffen meine liebsten toten hin.
Ich bin ein alt gemach wo rosen schmachten -
Mit einem wirrwarr von verjährten trachten.
An offnen fläschchens dufte laben sich
Ein kläglich bildnis ein verblasster· stich..
Nichts dehnt sich wie der lahmen tage stocken
Wenn unter schneeiger jahre schweren flocken

Der missmut der aus dumpfer müde rinnt
Die grösse der unsterblichkeit gewinnt.

Nun bist du weiter nichts - o staub mit leben -
Als ein granit mit schreckenshauch umgeben
In tiefer wüsten nebeldunst versenkt.
Vergessner alter sfinx dess niemand denkt·
Nirgends vermerkt und dessen wilde laune
Beim sonnenuntergang sein lied nur raune.

1907: Wolf von Kalckreuth

Spleen[17]

Mir ist, als hätte ein Jahrtausend ich geschaut.

Nie barg ein Schrank, darin der Akten Flut gestaut,
Wo Liebesbriefe sich, Urkunden, Blätter schichten,
Mit Haaren, die verpackt in Scheine, mit Gedichten,
Mehr Heimlichkeiten, als mein Hirn, mein müdes, kennt.
Es ist ein Königsgrab, ein Riesenmonument;
Nicht eine Massengruft bedeckt so viele Leichen.

Ich bin ein Kirchhof, der geflohn vom Mond, dem bleichen,
Durch den die Würmer ziehn wie scharfer Reue Pein
Und meinen Teuersten zernagen das Gebein.
Ich bin ein alt Gemach, wo welke Rosen sterben,
Wo in der Jahre Rauch Gewande sich verfärben,
Pastelle wehmutvoll und Bouchers, wie getaucht
In fahle Düfte, die ein offen Fläschchen haucht.
Nichts währt so lange wie der lahmen Tage Stocken,
Wann vor der schneegen Zeit rastlosen schweren Flocken
Die Langeweile, die aus trüber Stumpfheit kam,
Die schreckliche Gestalt der Ewigkeiten nahm.

Nun bist, belebter Staub, allein und unbeachtet,
Du ein Granit, um den ein dumpf Entsetzen nachtet,
Entschlummert wie im Dunst der Wüsten Afrikas,
Gleich einer Sphinx, die längst der nichtge Mensch vergaß,
Die keine Karte nennt, und die vom Gram umsponnen
Ihr grimmes Lied nur singt im Strahl der Abendsonnen.

1920: Hans Havemann

Spleen

Hab' mehr Erinnerungen als wär' tausend Jahre ich alt.

Ein großes Möbel mit Fächern voll Rechnungen mannigfalt,
Gefüllt mit Akten, Romanzen, mit zärtlichen Briefchen, Gedichten,
Wo mit verstaubten Papieren gerollte Löckchen sich schichten,
Birgt mehr als mein trauriges Hirn an Geheimnissen kaum.
S'ist eine Pyramide, ein unermeßlicher Raum,
Wo mehr als in Massengräbern Tote liegen verstaut.

Ich bin ein scheußlicher Friedhof, vor dem dem Monde graut,
Wo wie Gewissensbisse lange Würmer sich winden,
Die meine teuersten Toten stets als Beute finden.

---

[17] Abweichungen in KAL 1962: V.16: ...schneeigen...\ V.22: ...nicht'ge...

Ich bin ein altes Boudoir, wo welke Rosen am Boden
Liegen mit einem Haufen Kleider vergangener Moden,
Wo nur verblaßte Boucher's und Pastelle voll Harm
Aus entkorktem Fläschchen atmen des Duftes Charm.

Nichts kann jenen schmutzigen Tagen an Länge gleichen,
Wenn unter schweren Flocken schneeiger Jahre, der bleichen,
Die Langeweile, geboren aus trübsel'ger Lässigkeit,
Hohnvoll zu den Massen steigt der Unsterblichkeit.

Künftig bist du-lebend'ger Leib nichts anderes mehr
Als ein Stein - Entsetzen lagert dumpf um ihn her.
Betäubt ruhst du in einer Sahara dunstigem Grund,
Eine alte Sphinx, der achtlosen Welt nicht kund,
Auf der Karte vergessen, die selten dem Bann sich entringt,
Nur in den sterbenden Strahlen der Sonne noch einmal singt?

1925: Terese Robinson

Trübsinn

Mir ist, als lebte ich schon über tausend Jahr.

Nie barg ein alter Schrein, so überfüllt er war
Mit Rechnungen und Akten, Versen, Briefen,
Mit Locken, die verwahrt in Scheinen schliefen,
So viel geheimes Leid wie längst mein Hirn es barg.
Das ist ein Riesenbau, ein ungeheurer Sarg,
Ist eine Gruft, die zu viel Tote faßt.

Ich bin ein Kirchhof, den das scheue Mondlicht haßt,
Durch den die Würmer ziehn, Reu und Gewissensqual,
Zernagend meiner liebsten Toten Mal.
Ich bin ein alt Gemach, wo welke Rosen schauern,
Und wie ein fahl Gewirr verblichne Trachten trauern,
Wo nur ein matt Pastell, ein blasser Stich genießt
Den süßlich schalen Duft, der dem Flakon entfließt.

Nichts gleicht an Langsamkeit der lahmen Tage Stocken,
Wenn unter schwerer Zeit eisgrauen kalten Flocken
Der Überdruß, der dumpf aus müder Unlust steigt,
Anschwellend dir das Maß der Ewigkeiten zeigt.

Hinfort, beseelter Staub, wirst du nichts andrem gleichen
Als dem granitnen Stein, den Schrecknisse umschleichen,
Der in dem Nebeldunst der stummen Wüste träumt!
Der Sphinx, die man vergaß, vor der kein Fuß mehr säumt,
Die niemand kennt, und die in wilder Laune Qualen
Ihr einsam Lied nur singt den roten Abendstrahlen.

1936: Walter Moos

Schwermut

Ich habe mehr Erinnerungen als Methusalem.

Ein mit Bilanzen vollgestopfter Schrank, in dem
Um Quittungen gerollte Locken, Liebesbriefe,
Romanzen, Akten, Verse schlummern in der Tiefe,
Birgt weniger Geheimnis als mein trüber Hang.

Wie einer Pyramide unterirdscher Gang
Nimmt er mehr Tote auf als ein gewöhnlich Grab.

Ich bin ein Leichenfeld; der Mond scheint nicht herab;
Sehr lange Würmer kriechen wie Gewissensbisse
Die meiner Toten an, die ich am meisten misse.
Ich bin ein alt Gemach, wo welke Rosen, Bänder
Ein kunterbunt Gewirr altmodischer Gewänder,
Gemäld von Boucher, klagende Pastelle allenfalls,
Allein noch riechen wie aus eines Fläschchens Hals.

Nichts gleicht der lahmen Tage langgedehntem Fluß,
Als wenn im Schneegestöber winterlicher Zeit
Der mangelnden Begierde Frucht: der Überdruß
Anmaßend sich gebärdet wie Unsterblichkeit.

Von nun an bist du, du mein lebensströmend Becken,
Nur noch Granit, umringt vom unbestimmten Schrecken,
Mitten in eine neblige Sahara hingestellt.
Ein Steinmal, unbekannt der sorgelosen Welt,
Vergessen auf der Karte.- Menschenscheu, verweht,
Preist du nur noch den Sonnenstrahl, der untergeht.

1946: Wilhelm Hausenstein

Spleen[18]

Mir denkt's, als wär' ich mehr denn tausend Jahre alt.

Die bauchige Kommode, immer vollgeballt
Mit Akten, Liebesbriefen, Quittungen, Romanzen,
Mit Versen, schwerem Haar in Rollen aus Bilanzen,
Birgt weniger Geheimnis als die trübe Stirn.
Ein Keller, eine Pyramide ist mein Hirn.
Das Massengrab versammelt nicht so viele Leichen.
- Ich bin ein Friedhof. Wie Gewissensqualen schleichen
Die langen Würmer hin; der Mondschein ist entsetzt;
Den Liebsten meiner Toten liegt das Fleisch zerfetzt.
Ich bin auch ein Boudoir, erfüllt mit welken Rosen;
Verjährte Moden liegen wirr; die freudelosen
Pastelle, die Bouchers eratmen ausgebleicht,
Einsam den Duft, der einem Flaschenmund entweicht.

Nichts währt wie Tage, die durch ihren Winter hinken.
Die dicken Flocken schneeverhängter Jahre sinken;
Aus düstrem Gleichmut steigt die Langeweile breit;
Sie nimmt das ungeheure Maß der Ewigkeit.
Einst wirst du nicht mehr sein, du Stoff, du Leib und Leben!
Bloß ein Granit, von ungewisser Angst umgeben,
Schläft auf dem Grund der Nebelwüste stumm und still.
O alte Sphinx, von der kein Mensch noch weiß und will,
Auf keinem Plan vermerkt - von deinem wilden Sange
Erfährt allein der Strahl im Sonnenuntergange.

---

[18] Keine Abweichungen in HAU 1954

1947: Ernst Fischer

Spleen

Ich trage mehr, als trüg' ich tausend Jahre.

Erinnerung! Ein Schreibtisch: blasse Haare
in alten Akten, Vers und Bilanzen,
vergilbte Briefe, Rechnungen, Romanzen.
Mein Kopf ist mehr noch: Friedhof ohne Frieden,
Erinnerung, getürmt zu Pyramiden,
von Toten vollgestopftes Massengrab.-
Ein Totenacker bin ich, wo am Stab
der Reue Schatten ihre Gräber suchen
und Verse meinen liebsten Toten fluchen.
Ich bin ein Boudoir aus alten Tagen,
die Rosen welk, die Kleider abgetragen,
die fahlen Bilder atmen schwermutsvoll
den Duft, der längst schon den Flakons entquoll.

Nichts gleicht an Trübsal diesen lahmen Tagen,
wenn aus dem Schnee das öde Unbehagen,
die Langeweile wächst, und aus der Zeit
aufragt zur Größe der Unsterblichkeit.
O lebende Materie, du versteinst:
granitner Block, aus greller Wüste einst,
aus brennendem Entsetzen, aufgereckt;
uralte Sphinx, verschollen, unentdeckt
im Niemandsland, und nur im letzten Schein
der Abendsonne singt der spröde Stein.

1947: Carlo Schmid

Trübsinn

Ich weiß so viel, als wär ich tausend Jahre alt.

Ein Schrank mit alten Abrechnungen vollgeballt,
Mit Versen, Akten, Liebesbriefen und Romanzen
Und schweren Locken, eingewickelt in Bilanzen,
Birgt weniger Geheimnis als mein Hirn beruft.
O diese Pyramide, diese Riesengruft,
In der mehr Tote als im Massengrabe liegen!
Ich bin ein Friedhof, dem des Mondlichts Gnaden schwiegen,
Wo lang Gewürme kriecht, wie ein Gewissen plagt,
Und immerdar an meinen liebsten Toten nagt.
Ich bin ein alt Gelaß, wo welke Rosen zittern,
Verjährte Kleider haufenweise sich zerknittern,
Ein weinerlich Patstell, ein zarter Fragonard
Allein den Duft noch atmen, der im Fläschchen war.

Nichts gleicht an öder Länge diesen Hinketagen,
Wenn unter schneeiger Jahre schwerem Flockenjagen
Die Frucht der Wissensunbegier, Verdrossenheit,
Sich auswächst in den Maßen der Unsterblichkeit.

Du bist von nun an weiter nichts, o Stoff mit Leben,
Als nur ein Klotz, den Dünste schwanken Grauns umschweben,
Der tief in einer Sahara von Nebel steckt,
Ein alter Sphinx, von leichter Welt noch nicht entdeckt,

Noch unvermessen, dessen wilder Sinn allein
Ans Singen denkt bei toter Sonne letztem Schein.

1949: Carl Fischer

Spleen[19]

Erinnerungen - als sei ich ein Jahrtausend alt.

Kein dicker Schreibtisch mit Papieren vollgeballt,
Mit Versen, Liedern und mit Liebesbriefen, Akten,
Mit schweren Haaren, in die Rechnungen gepackten,
Birgt mehr Geheimnis, als in meinem Schädel wacht.
Den Pyramiden gleicht er, einem tiefen Schacht
Mit noch mehr Toten, als in Massengräbern hausen.
-Ich bin ein Friedhof...selbst den Mondschein faßt das Grausen.
Wie Würmer windet sich die Reue dort entlang,
Der Toten Teuerste befällt ihr wüster Drang.
Ich bin wie ein Gemach, wo welke Rosen sterben,
Wo alte Kleider mit dem Lauf der Zeit verderben,
Wo Stiche von Boucher samt manch vergeßnem Bild
Am Duft sich laben, der aus offnen Gläsern quillt.

Nichts gleicht den Tagen, die durch ihren Winter hinken:
Wenn schwere Flocken auf verschneite Jahre sinken,
Wächst sich der Überdruß - Frucht der Verschlossenheit -
Ins Ungeheure aus und wird zur Ewigkeit.
-Und nun bist du nicht mehr, o Staub, begabt mit Leben!
Als ein Granit, vom Hauch der Bangigkeit umgeben,
In der Sahara Dunst und Nebel eingesenkt.
Vergeßne Sphinx, der nie die leichte Welt gedenkt,
Kein Atlas kennt ihr Land...dort singt in wilder Wonne
Sie einzig und allein im Schein der Abendsonne.

1962: Friedhelm Kemp

Spleen[20]

Ich habe mehr Erinnerungen, als wär ich tausend Jahre alt.

Ein großes Möbel mit Schubfächern, voll Abrechnungen, Versen, Liebesbriefen, Prozeßakten, Romanzen und schweren Haaren, die man in Quittungen gewickelt hat, birgt weniger Geheimnisse als mein trauriges Herz. Eine Pyramide ist es, eine ungeheure Gruft, die mehr der Toten als das Massengrab enthält.

- Ich bin ein Kirchhof, den zu bescheinen selbst dem Monde graust, wo wie Gewissensbisse lange Würmer kriechen, die immer wieder an den Toten nagen, welche mir die liebsten waren. Ich bin ein altes Boudoir voll welker Rosen, wo sich ein ganzer Plunder veralteter Gewänder häuft, wo

---

[19] Abweichungen ab FIC 1955: V.3/4: Mit Liebesbriefen, mit Gedichten und Romanzen,/Mit blassem Haar, verwahrt bei Akten und Bilanzen, \ V.5: ...Geheimnis als...\ Strophenabsatz nach V.7 \ V.8: ...Friedhof, selbst...\ V.15: ...durch trüben Winter...\ V.23/24: Sie wohnt im Niemandsland und singt voll wilder Wonne/Verlassen und allein...\ Abweichungen ab FIC 1979: V.5: ...in meinem Herzen...\ V.6: ...gleicht es...\ V.13: Wo kläglich manch Pastell, von Boucher manch ein Bild \ V.14: ...aus offner Flasche...\ V.17: ..., Frucht der Verschlossenheit,\ V.19: Und...

[20] Ab Kem 1975: Str.2: "Hirn" statt "Herz" \ Str.3: "die mir" statt "welche" \ Str.4: "schlummert" statt "einschläft".

vereinsamt klägliche Pastelle und ausgebleichte Bilder von Boucher den Duft einatmen eines entstöpselten Flakons.

Nichts dehnt so lang sich wie die lahmen Tage, wenn unter schweren Flocken schneeverhangener Jahre die Langeweile, Ausgeburt der dumpfen Teilnahmslosigkeit, das Ausmaß der Unsterblichkeit gewinnt. Hinfort, o lebende Materie! bist du nur noch ein Granitblock, der, umhaucht von umbestimmtem Grauen, am Grunde einer Nebelwüste einschläft! eine alte Sphinx, unbekannt der sorglos leichten Welt, vergessen auf der Karte, und deren wilder Mißmut nur, wenn die Sonne sinkt, von ihren Strahlen tönt!

1973: Sigmar Löffler

Spleen

Wär tausend Jahr ich alt, mir läg nicht mehr im Sinn.

Ein dicker Schrank mit Schüben, voll bis oben hin
Von Versen, Liebesbriefen, Noten, Akten, Plänen
Und Quittungen mit aufgerollten Lockensträhnen,
Birgt weniger Geheimnis, als im Hirn ich trag.
Die Pyramide ist's, ein Riesensarkophag,
Der mehr Gebeine als ein Massengrab umkleidet.
- Ich bin ein Friedhof, den der Mond voll Abscheu meidet,
Drin wie die Reu ein Heer von langen Würmern wühlt
Und an den liebsten Toten stets sein Mütchen kühlt.
Ich bin ein Boudoir, wo dürre Rosen stehen,
Wo ganze Haufen von verjährtem Tand vergehen;
Arme Pastelle, bläßliche Bouchers allein
Atmen die Düfte eines offnen Fläschchens ein.

Nichts schleicht so langsam hin, wie jene Tage hinken,
Wenn schwer die Flocken der verschneiten Jahre sinken
Und Langeweile, die aus trüber Schlaffheit rinnt,
Zuletzt das Ausmaß der Unsterblichkeit gewinnt.
- Von nun an bist du, o Materie voll Leben,
Nur ein Granitblock, der, von leisem Graun umgeben,
In nebliger Sahara eingeschlummert ist,
Ein alter Sphinx, den niemand auf der Welt vermißt,
Den keine Karte nennt und der in wilden Launen,
Nur wenn die Sonne sinkt, anfängt, sein Lied zu raunen.

1973: Albrecht Schoenhals

Spleen

In mir ruht mehr, als wenn ich tausend Jahr' alt wär'.

Ein breiter Ladenschrein, von Quittungsstapeln schwer,
Von Versen, Akten, Liebesbriefen und Romanzen,
Von vollen Strähnen Haars, gewickelt in Bilanzen,
Birgt so Geheimes nicht wie meines Hirnes Grau.
Das ist ein Gruftgewölb, ein Pyramidenbau,
Darin mehr Tote wohnen denn im Massengrabe.

Ein Kirchhof bin ich, dem versagt des Mondes Labe,
Wo Würmerschar, so wie Gewissensqual bedrückt,
Zum Sturm auf meiner liebsten Toten Leiber rückt.
Ich bin ein altes Fraungemach, wo Rosen dorren,
Wo Modekupfer ruhn, verjährt und ganz verworren;

Wo, ausgeblaßt, Boucher-Pastells nur klagen und
Den Duft einatmen aus entkorkter Fläschchen Mund.

Nichts gleicht an Länge der verkürzten Tage Hinken,
Wenn in verschneiter Jahre schwerem Flockensinken
Des Wünsche-Mangels faule Frucht: Gleichgültigkeit,
Anschwillt zum Ausmaß einer öden Ewigkeit!

Fortan bist du nichts mehr, du Stoff aus Nerv und Leben,
Als ein Granitblock, von verlornem Graun umgeben,
Im Innern eines Wüstenlands, wo Dünste stehn!
Ein alter Sphinx - vom leichten Weltvolk übersehn,
Auf Karten längst vergessen - dessen wilde Sänge
Nur weckt der letzte Strahl der Sonnenuntergänge.

1977: Manfred Thiel

Spleen

Mehr gedenk ich, als wär ein Jahrtausend vertan.

Ein Schubladenschrank voll papierenem Wahn,
Von Versen, Briefen, Prozessverfahren,
In Quittungen eingewickelten Haaren,
Birgt weniger als meines Gehirnes Gruft,
Die mehr Tote enthält, als im Massengrab liegen.

Ich bin ein Friedhof, vom Mond verschwiegen,
Wo Reue wie lange Verse sich schleppt,
Die stets mit den teuersten Toten lebt.
Ich bin ein Zimmer voll welker Rosen
Und Wirrwarr verjährter Moden und Posen,
Wo Bildwerk bleich und pastellen siecht,
Das nach einem entkorkten Fläschchen riecht.

Nichts gleicht der Tage hinkendem Stocken,
Wenn unter schneeiger Jahre Flocken
Die Langeweile, teilnahmslos,
Der Unsterblichkeit gleich wird, grenzenlos groß.

Nun bist du Granit nur noch, stoffliches Leben,
Von unbestimmtem Entsetzen umgeben,
Entschlummert im Nebel auf ödem Sand,
Eine Sphinx, von der sorglosen Welt verkannt,
Auf der Karte vergessen, - in scheuer Wonne
Nur singend beim Strahl der sinkenden Sonne.

1980: Monika Fahrenbach-Wachendorff

Spleen

Ich habe mehr Erinnerung als zählt ich tausend Jahre.

Ein Möbelstück mit Schüben voller Formulare,
Mit Versen, Liebesbriefen, Prozessen und Romanzen,
Haarlocken, eingewickelt in Bilanzen,
Birgt weniger Geheimnis als mein Hirn betrauert,
Das eine Pyramide ist, aus Grüften aufgemauert,
Und noch mehr Tote als ein Massengrab bedeckt.
- Ich bin ein Friedhof, der den Mond abschreckt,

Wo wie Gewissensbisse sich die Würmer winden,
Die gierig meine liebsten Toten finden.
Ich bin, voll welker Rosen, ein Boudoir;
Verstreut liegt dort der Plunder vom vergangnen Jahr,
Nur klagende Pastelle und Bilder im Salon,
Atmen den Duft aus einem offenen Flakon.

Nichts gleicht an Länge jenen lahmen Tagen,
Die unter einer schweren Schneelast lagen,
Wo dumpfe Trübsal Langeweile spinnt
Und Ausmaß der Unsterblichkeit gewinnt.
- Von nun an bist du nichts mehr, irdisch Leben!
Als ein Granit, von vagem Graun umgeben,
Entschlummert in der düsteren Sahara Schoß;
Uralte Sphinx, die von der Welt achtlos
Vergessen ward und nur beim letzten Sonnenlicht
Voll wilder Laune in Gesang ausbricht.

1982: Wilhelm R. Berger

Spleen

Ich weiß so viel, als wär ich tausend Jahre alt.

Ein Schrank, die Fächer mit Papieren vollgeballt,
Mit Versen, Liebesbriefen, Akten und Romanzen,
Mit schweren Locken, eingewickelt in Bilanzen:
Mein armes Herz hält mehr Erinnerungen wach,
Es gleicht der Pyramide, einem Grabgemach,
Wo sich mehr Tote als auf einem Friedhof strecken.
- Ein Leichenacker bin ich, selbst dem Mond zum Schrecken,
Wo lange Würmer kriechen wie Gewissensplagen,
Die immerdar an meinen teuren Toten nagen;
Ein alt Boudoir, mit welken Rosen angefüllt,
Worin ein ganzer Hauf verjährter Moden quillt,
Wo ein Pastell Bouchers, ein jämmerlicher Stich
Atmen den letzten Duft, der dem Flakon entwich.

Nie schleicht die Zeit so lang wie an den lahmen Tagen,
Da unter schneeverhangnen Himmeln Flocken jagen,
Da Langeweile, trüber Abgestumpftheit Kind,
Das Maß und Unmaß der Unsterblichkeit gewinnt.
Hinfort wirst du, lebendiger Stoff, nichts andres sein,
Als ein vom öden Graun umringtes Felsgestein,
Das ruht an einer nebelschwangeren Wüste Rand,
Als eine Sphinx, der Welt des Leichtsinns unbekannt,
Vergessen auf der Karte und in wilder Wut
Auftönend nur bei untergehnder Sonne Glut.

1984: Kay Borowsky

Spleen

Erinnerungen - damit ist mein Kopf gefüllt.

Ein Schreibtischmöbel, das von Dingen überquillt,
von Versen, Akten, alten Liebesbriefen, Stanzen,
von schwerem, in Papier gerolltem Haar, Romanzen,
ist rätselloser als mein trauriges Gehirn.
Ein Pyramidenbau steht hinter meiner Stirn,

und reicher ist er als ein Massengrab an Toten. -
Ich bin ein Friedhof, den sich selbst der Mond verboten,
nur des Gewissens Würmer haben es gewagt,
sie haben meine liebsten Toten angenagt.
Ich bin ein nutzloses Boudoir mit welken Rosen,
wo Plunder alter Moden ruht in manchen Posen
und wo ich klagende Pastelle von Boucher
den Duft entstöpselter Flakons einatmen seh.

Nichts gleicht der lahmen Tage langsamem Vergehen,
wenn unter schneeverhüllter Jahre Flockenwehen
der Überdruß, die Frucht der Teilnahmslosigkeit,
vom Zustand der Unsterblichkeit nicht mehr sehr weit. -
Du bist nun, lebende Materie, ganz vergangen,
in einer Nebelwüste Tiefen schlafumfangen,
Granitblock, der von Grauen unbestimmt umhaucht;
bist eine Sphinx, die von der Welt nicht mehr gebraucht,
vergessen auf der Karte; deines Mißmuts Qualen
hört man nur singen in der Sonne letzten Strahlen.

SPLEEN 3

Je suis comme le roi d'un pays pluvieux,
Riche, mais impuissant, jeune et pourtant très vieux,
Qui, de ses précepteurs méprisant les courbettes,
S'ennuie avec ses chiens comme avec d'autres bêtes.
Rien ne peut l'égayer, ni gibier, ni faucon,
Ni son peuple mourant en face du balcon.
Du bouffon favori la grotesque ballade
Ne distrait plus le front de ce cruel malade;
Son lit fleurdelisé se transforme en tombau,
Et les dames d'atour, pour qui tout prince est beau,
Ne savent plus trouver d'impudique toilette
Pour tirer un souris de ce jeune squelette.
Le savant qui lui fait de l'or n'a jamais pu
De son être extirper l'élément corrompu,
Et dans ces bains de sang qui des Romains nous viennent,
Et dont sur leurs vieux jours les puissants se souviennent,
Il n'a su réchauffer ce cadavre hébété
Où coule au lieu de sang l'eau verte du Léthé.

1891: Stefan George

Spleen[21]

Ich bin ein fürst in landen trüb und kalt
Reich aber machtlos, jung und doch schon alt
Der seiner lehrer bücklinge verachtet
Bei seinem hund und andren tieren schmachtet
Nicht spiel und jagd das dasein ihm verschönt
Und nicht sein volk das unterm fenster stöhnt
Des lieblingsnarren possenhafte lieder
Erwecken seine heiterkeit nicht wieder
Sein reichgesticktes bett wird ihm zum sarg

[21] Abweichungen ab GEO 1901: Titel: TRÜBSINN \ V.2: ...machtlos · jung...alt· \ V.3:...verachtet· \ V.4: ...schmachtet. \ V.5: Nicht spiel nicht jagd das leben ihm... \ V.6: ...stöhnt. \ V.8: ...wieder. \ V.9: ...sarg. \ V.12: skelette. \ V.14: ...saft· \ V.16: ... altersschwach despoten es... \ V.18: Wo blutes statt der schlamm der Lethe rinnt.

Der damenkreis an lockungen nicht karg
Erhofft umsonst mit schamloser toilette
Ein lächeln von dem wandelnden skelette
Und nie gelangs dem arzt der gold doch schafft
Aus ihm zu bannen den verderbten saft
Kein bad im blut wie es die Römer lehren
Wie alterschwach tirannen es begehren
Erneute kraft dem stumpfen leib gewinnt
Wo statt des blutes Lethes lymphe rinnt

1894: Felix Dörmann

Spleen

Dir, König jenes Landes, dem steter Regen wallt,
Dir gleich ich: reich, doch machtlos, noch jung und doch so alt.
Verachtend der Erzieher ergebungsvolle Meute
Wird er und seine Hunde der Langenweile Beute.
Nicht Rothwild und nicht Falke ihm Fröhlichkeit erwirbt,
Auch nicht sein Volk, das täglich vor seinen Fenstern stirbt;
Und längst nicht mehr des Narren groteske Schauermähren
Dem Kranken, trüb und grausam, Erlustigung gewähren.
Ihm wird zum Grab sein Lager mit Lilien geschmückt,
Die Damen seines Hofes, die jeder Prinz entzückt,
Sie wissen nicht wie schamlos die Kleider noch zu tragen,
Um dem Skelett, dem jungen, ein Lächeln abzujagen.
Nicht konnte selbst sein Weiser, der Gold aus Eisen brennt,
Aus seiner Seele tilgen das kranke Element.
Ja selbst in Blut die Badung, ein römisches Verfahren,
An das sich gern erinnern die alternden Cäsaren,
Gab Wärme nicht, noch Leben, dem Leibe, stumpf, versiecht,
Den grünes Lethewasser an blutesstatt durchkriecht.

1900: Paul Wiegler

Spleen

Ein König herrsche ich in regendunklem Land,
Ohnmächtig, wenn auch reich, dem früh die Jugend schwand,
Der mit Verachtung blickt auf seiner Lehrer Kriechen.
Der Hunde Schar nur teilt sein trauervolles Siechen;
Nichts heitert je ihn auf, nicht Wild, nicht Falkenjagd,
Nicht vor dem Schloss das Volk, das ihm verhungernd klagt.
Der Lieblingsnarr sogar mit lustigen Balladen
Zerstreut die Wolken nicht, die seine Stirn beladen.
Es wird zum Grab sein Bett, mit Lilien ausgeschmückt,
Und alle Damen rings, die jeder Fürst entzückt,
Sie können schamlos sich nicht mehr genug entblössen.[22]
Um dem Gerippe noch Gefallen einzuflössen,
Der Weise, der des Golds geheimen Ursprung kennt,
Fand nie in seinem Leib das kranke Element.
Mit Bädern roten Bluts, wie wir von Rom sie erben,
Die viele Mächtige sich wählen vor dem Sterben,
Vermag er nicht dem Leib zu geben neue Kraft,
In dessen Adern fliesst ein grüner Todessaft.

---

[22] Möglicherweise handelt es sich bei dem Finalpunkt am Ende von V.11 um eine Verwechslung des Setzers. Der Punkt scheint eher zum nächsten Vers zu gehören, so daß das dort befindliche Komma nach oben rücken müßte.

1902: Stefan Zweig

Spleen

Ein König gleicht mir, doch verregnet ist sein Reich;
Noch jung und reich ist er und doch schon Greisen gleich.
Verächtlich blickt er auf der Schranzen ekles Winden,
Nur seine Hunde dürfen sich ihm nah befinden.
Nichts frischt ihn auf. Des Falken jagdbereiter Schrei
Ist ihm wie Hungerruf der Menge einerlei,
Und selbst der Lieblingsnarr, der zu dem Klang der Schellen
Ein Liedchen singt, kann nicht des Kranken Stirn erhellen.
Von Lilien prangt sein Bett, aus dem's wie Grabhauch weht,
Und das der zauberschönsten Damen Kreis umsteht.
Allein selbst nicht den niedrigsten von all den Dingen,
Die sie versucht, gelingt's, ihm Beifall abzuringen.
Und auch der Weise, der des Goldes Formel fand,
Hat niemals dieses Körpers Krankheitskeim erkannt.
Ins Bad von jungem Blut, wie's einst zu Rom bereitet,
Hat man den Kranken schon verzweiflungsvoll geleitet.
Doch machtlos all die Mittel diesem Leibe sind,
Durch den ein grüner Saft anstatt des Blutes rinnt.

1907: Wolf von Kalckreuth

Spleen

Dem König eines Lands, das regnerisch und kalt,
Gleich ich, reich aber schwach, jung und doch schon sehr alt.
Der voll Verachtung für der Höflingsschar Geziere
Laß seiner Hunde ist wie aller andren Tiere.
Nichts kann erheitern ihn, nicht Falk noch Jägertroß,
Ja nicht einmal sein Volk, das stirbt vor seinem Schloß.
Des Lieblings-Narren wild-phantastische Gedanken
Entwölken längst nicht mehr die Stirn des Grausam-Kranken.
Zum Sarge wandelt sich sein Lager, reichgeschmückt.
Des Hofes Damen, die ein jeder Fürst entzückt,
So schamlos ihre Tracht, wills ihnen nicht gelingen,
Dem jungen Gramskelett ein Lächeln abzuringen.
Der weise Alchimist, der Gold gewann für ihn,
Kann nicht aus seiner Brust die schlimmen Gifte ziehn.
Und in den Bädern Bluts, die einstmals Rom erfunden
Für Mächtge dieser Welt in späten Lebensstunden,
Wird seinem Leichnam nicht erneute Kraft. Statt Blut
Rinnt durch die Adern ihm des Lethe grüne Flut.

1923: Max Bruns

Bei kranker Laune

Dem König gleich ich, fern im Regenreich,
der, jung doch greis, begütert und zugleich
ganz unvermögend, eitler Lehrer flucht,
im Spiel bei seinen Hunden Heilung sucht.
Kein Wild, kein Falk wird ihm zum Zeitvertreibe,
kein Ketzer auf dem Holzstoß vor der Scheibe
des Prunkgemaches. Selbst der tolle Sang
des Narren freut den Herrscher nicht, der krank
das blütenschwere Bett zum Grabe wandelt.

Am Hof, der Fürsten stets als schön behandelt,
trägt manche schamlos übertriebne Trachten,
die nie die schlaffen Züge lächeln machten.
Der Astrolog - er braut ihm Gold und Geld -
hat dieser Seele Faules nie gefällt.
Mag er in Blut zu baden selbst geruhn,
wie Rom tat und die kranken Großen tun:
Es wirkt nicht, daß dem Leibe Wärme sprießt,
darin nicht Blut - nur bleiche Lethe fließt.

1925: Terese Robinson

Schwermut

Ich bin ein Fürst in Landen dumpf und kalt,
Bin reich und machtlos, jung und dennoch alt.
Ein Fürst, der seine Höflingsschar verachtet,
Die Tiere selbst voll Überdruß betrachtet,
Der taub für jeder Freude Lockruf scheint,
Taub für sein Volk, das vor dem Schlosse weint.
Des Narren Lied voll toller Spukgedanken
Erheitert nicht den grausam kalten Kranken,
Zum Sarg wird ihm sein goldnes Ruhebett.
Die Damenschar umschmeichelt das Skelett,
Weil es ein Fürst, mit schamloser Gebärde,
Und jede hofft, daß ihr ein Lächeln werde.
Der Weise selbst, der Gold im Blei erkannt,
Hat die verderbten Säfte nicht gebannt,
Kein Bad in Blut, wie es die Römer boten
Den altersschwachen, zitternden Despoten,
Erneute Kraft in diesen Leichnam gießt,
Drin statt des Blutes grüne Lethe fließt.

1936: Walter Moos

Schwermut

In einem Regenlande bin ich der gekrönte Geist:
Reich, aber machtlos; jung, und dennoch schon vergreist.
Auf Bücklinge von Schranzen leg ich keinen Wert,
Verspiele mich mit Tieren: Dogge, Pudel, Pferd.
Nichts heitert meinen Sinn, nicht Falke, noch Fasan,
Noch Hungersnot und Aufruhr vor der Schloßaltan'.
Mein Leibnarr bringt mit seiner Schauerlitanei
Mir, grausam Kranken, nicht die Spur von Gruseln bei.
Mein Lilienbett verwandelt sich zur Gruft. Und gehn
Die Damen, die in jedem Prinzen einen Paris sehn,
Auch noch so locker ausgeschnitten; wollen sie
Ein Lächeln haschen: Meine Mien' verzieht sich nie.
Der Forscher selbst, der Weise, der mir Gold macht, kennt
Kein helfend Elixir für mein zerfallend Element.
Bad ich nach seinem römischen Rezept in Blut -
(Daran erinnern sich im Alter Könige sehr gut) -
Kein Feuer mehr in meinem stumpfen Leibe flammt,
Worin statt Blut das grüne Lethewasser schlammt.

1947: Carlo Schmid

Trübsinn[23]

Ich bin dem König gleich von Landen feucht und kalt,
Der reich, doch machtlos ist, jung und dabei sehr alt,
Und laß von seiner Lehrer Unterwürfigkeiten
Sich langeweilt im Hundezwinger und beim Reiten.
Nichts, Falke nicht noch Damhirsch, ihm zur Freude frommt,
Noch daß sein Volk ihm unter dem Balkon verkommt.
Es kann dem Siechen Possensang des Lieblingsnarren
Nicht lösen fahler Stirne grausames Erstarren;
Zum Grabe ward das wappenbunte Bette schon;
Des Hofes Fraun, den schön ist jeder Königssohn,
Sie können keine geilern Kleider mehr erfinden,
Dem jungen Beingeripp ein Lächeln zu entbinden.
Der Weise, der ihm Gold macht, selbst hat nicht vermocht,
Aus ihm zu bannen, was vergiftend in ihm kocht,
Und auch im Blutbad, das die Römer uns vererbten
- Deß, alternd, Fürsten sich erinnern, die verderbten -
Gelang ihm nicht, zu wärmen diesen Leichnam stumpf,
Statt Bluts gefüllt mit grünem Saft aus Lethes Sumpf.

1949: Carl Fischer

Spleen[24]

Ich bin gleichwie ein Fürst in Landen trüb und kalt,
Der reich doch machtlos, jung und wiederum sehr alt,
Der Lehrer Schmeichelei mit leisem Hohn betrachtet,
Der seine Hunde wie ein jedes Tier verachtet.
Kein Falke und kein Hirsch erheitert seinen Sinn,
Und stürbe selbst sein Volk vor seinem Fenster hin!
Des Lieblingsnarren Spiel und possenhaftes Singen
Kann seinem kranken Geist nicht die Zerstreuung bringen.
Zu einem Grab wird ihm sein Bett, so reich geschmückt,
Des Hofes Damen, die ein jeder Prinz entzückt,
Wie schamlos ihre Tracht auch sei, wills nicht gelingen,
Dem wandelnden Skelett ein Lächeln abzuringen.
Der Alchimist versagt, des Kunst ihm Gold beschert,
Er bändigt nicht das Gift, das ihm am Dasein zehrt;
Und selbst das Bad im Blut, das uns die Römer lehren,
Nach dem im Alter die Tyrannen oft begehren,
Dem abgestumpften Leib die Wärme nicht gewinnt,
Wo statt des Blutes, Saft des grünen Lethe rinnt.

1962: Friedhelm Kemp

Spleen[25]

Ich bin gleich dem König eines Regen-Landes, reich, doch kraftlos, jung und dennoch uralt, der die Bücklinge seiner Hofmeister verachtet und sich mit seinen Hunden wie mit andern Tieren langweilt. Nichts vermag ihn zu erheitern, weder Wild noch Falke, noch sein Volk, das man vor dem Balkon niedermacht. Des Lieblingsnarren schaurig dummes

---

[23] Spätere Abweichungen: V.10: ...den'... \ V.16: Dess'...

[24] Abweichungen ab FIC 1955: V.14: ...zehrt, \ V.18: ...des Blutes nur ein grüner Lethe...\ Abweichungen ab FIC 1979: V.1: ...in Ländern regenkalt,\ V.5: ...erheitern...\ V.6: ...hin.\ V.18: ...nur die grüne Lethe...

[25] Abweichungen ab KEM 1975: ...die Stirne dieses grausam Kranken;

Lied entwölkt nicht mehr die Stirne dieses kranken Grausamen; sein lilienbesticktes Bett verwandelt zum Grab sich, und die Hofdamen, denen jeder Fürst schön dünkt, wissen keine schamlose Gewandung mehr zu erfinden, um diesem jungen Skelett ein Lächeln zu entlocken. Der Weise, der ihm Gold bereitet, vermochte nie aus seinem Wesen auszurotten das verdorbne Element und es mißriet ihm, in jenen Blutbädern, die wir von den Römern überkommen haben und deren auf ihre alten Tage die Mächtigen sich entsinnen, diesen stumpfsinnigen Kadaver zu erwärmen, in dessen Adern statt des Blutes das grüne Wasser des Lethe fließt.

1973: Sigmar Löffler

Spleen

Ich bin dem König eines Regenlandes gleich,
Uralt, obwohl noch jung, ohnmächtig, wenn auch reich,
Der das Gebuckel seiner Lehrer tief verachtet
Und Hunde so ungern wie andres Vieh betrachtet.
Nicht Wild noch Falke ruft ein Lächeln ihm hervor,
Sowenig wie sein Volk, das stirbt vor seinem Tor.
Der Lieblingsnarr mag noch so tolle Lieder singen,
Er kann kein Leben in den starren Kranken bringen,
Zum Grabe wird das Prunkbett unterm Lilienzelt.
Die Ehrendamen, denen jeder Prinz gefällt,
Sie wissen nicht mehr, welch unkeusche Toilette
Noch Beifall fände bei dem wandelnden Skelette.
Der hochgelehrte Mann, der Gold herstellt für ihn,
Kann nicht den schlechten Stoff aus seinem Wesen ziehn,
Und die Blutbäder, die die Römer sich ersannen
Und so beliebt sind bei gealterten Tyrannen,
Sie haben nie den stumpfen Leichnam angeregt,
In dem statt Blut die grüne Lethe sich bewegt.

1973: Albrecht Schoenhals

Spleen

Ich bin wie König eines Lands, das regenkalt;
Reich, dennoch machtlos; jung, und dennoch alt, uralt.
Geekelt von der Schranzen Reverenz-Geziere,
Der Hundemeute müde, wie der andern Tiere.
Nichts gibt es, Falke nicht noch Hirsch, das ihn erfreu',
Noch gar sein Volk, das vorm Altan erstirbt in Scheu.
Grotesker Sang, den Günstlings-Narren ihm ersannen,
Entfurcht nicht mehr die Stirn dem siechenden Tyrannen.
Sein Lilienwappen-Bette wandelt sich zum Sarg;
Des Hofes Damen, einem Fürsten niemals karg,
So schamlos können sie nicht Kleider und nicht Locken
Entfesseln, dem Geripp ein Lächeln zu entlocken.
Auch nicht, der Gold ihm macht, der weise Alchimist,
Schmolz aus der Seele ihm, was darin faulig ist.
Und selbst im Blutbad, von den Römern überkommen,
Versucht von Mächtigen zu greiser Tage Frommen,
Hat niemals sich der stumpfe Leichnam warm geruht,
Darin, statt Blutes, sickert Lethes grüne Flut.

1977: Manfred Thiel

Spleen

Ich bin wie ein König im Regenwald
Reich und doch ohnmächtig, jung schon uralt
Der, verachtend die Bücklinge von Vezieren,
Sich langweilt mit Hunden und anderen Tieren.
Denn nichts erfreut ihn, nicht Falke, nicht Wild,
Noch sein Volk vorm Balkon, das sterbend schilt.
Nicht des Lieblingsclowns groteske Gedanken
Zerstreuen die Stirn dieses grausamen Kranken.
Zum Grabe wird sein blumiger Pfühl.
Die Damen, für jeden Fürst voll Gefühl,
Verstehn nicht mehr schamloser sich zu kleiden,
Um am Lächeln des jungen Skeletts sich zu weiden.
Der Goldmacherarzt konnte trotz allen Mühn
Nicht den verdorbenen Stoff ihm entziehn,
Und bei Bädern von Blut, diesen Römergeschenken,
Deren die Mächtgen im Alter gedenken,
Der stumpfe Kadaver nicht Wärme gewinnt,
Drin statt Blut das Wasser der Lethe rinnt.

1980: Monika Fahrenbach-Wachendorff

Spleen

Ich bin dem König eines Regenlandes gleich,
Der jung und doch uralt, der machtlos, wenn auch reich,
Der Buckelei der Lehrer nur Verachtung schenkt,
Und den kein Hund, kein andres Tieer ablenkt.
Nichts, weder Wild noch Falke kann sein Gemüt erbauen,
Noch, vom Balkon sein sterbend Volk zu schauen.
Des Lieblingsnarren schauerlich Gedicht
Zerstreut den Sinn des grausam Kranken nicht;
Ins Bett, das Lilien zieren, wie ins Grab er sinkt;
Die Damen - jeder Fürst sie herrlich dünkt -
Ersinnen nicht so schamlos ihre Toilette,
Daß dieser junge Tote für sie ein Lächeln hätte.
Der Weise schuf ihm Gold, doch wollt ihm nie gelingen,
Auch die Verkehrtheit seines Wesens zu bezwingen;
Und jenes Bad in Blut, von Römern überbracht,
Woran die Mächtigen im Alter gern gedacht,
Konnt in den stumpfen Leichnam keine Wärme gießen,
Darin statt Blut der Lethe Wasser fließen.

1982: Wilhelm R. Berger

Spleen

Als König herrsche ich in einem Regenland,
Reich, aber ohne Kraft, jung schon an Grabes Rand,
Der voll Verachtung für der Höflinge Gezier
Sich mit den Hunden langweilt wie mit jedem Tier.
Nichts, weder Wild noch Falkenjagd, kann ihn erfreun
Noch unter dem Balkon des siechen Volkes Schrein.
Die schaurige Ballade seines Lieblingsnarren
Treibt von der Stirn nicht weg das grausam kranke Starren;
Zum Grab wird ihm das Bett, das Lilien umwinden,

Die Hoffräulein, die jeden Prinzen schön erfinden,
Schamloser können sie die Kleider nicht ersinnen,
Des jungen Grabgerippes Lächeln zu gewinnen.
Dem Weisen, der ihm Gold macht, wollt es nie gelingen,
Aus seinem Wesen den verderbten Keim zu zwingen,
Blutbäder nicht einmal, wie sie in Rom geflossen,
Wie sie manch Mächtiger als Jungbrunnen genossen,
Konnten erwärmen dieses stumpfen Leichnams Blut,
Durch den sich träge wälzt der Lethe grüne Flut.

DON JUAN AUX ENFERS

Quand Don Juan descendit vers l'onde souterraine
Et lorsqu'il eut donné son obole à Charon,
Un sombre mendiant, l'oeil fier comme Antisthène,
D'un bras vengeur et fort saisit chaque aviron.

Montrant leurs seins pendant et leurs robes ouvertes,
Des femmes se tordaient sous le noir firmament,
Et, comme un grand troupeau de victimes offertes,
Derrière lui traînaient un long mugissement.

Sganarelle en riant lui réclamait ses gages,
Tandis que Don Luis avec un doigt tremblant
Montrait à tous les morts errant sur les rivages
Le fils audacieux qui railla son front blanc.

Frissonnant sous son deuil, la chaste et maigre Elvire,
Près de l'époux perfide et qui fut son amant,
Semblait lui réclamer un suprême sourire
Où brillât la douceur de son premier serment.

Tout droit dans son armure, un grand homme de pierre
Se tenait à la barre et coupait le flot noire;
Mais le calme héros, courbé sur sa rapière,
Regardait le sillage et ne daignait rien voir.

1879: Theodor Ziesing

Don Juan in der Hölle

Hinab zum Orkus ist Don Juan jetzt gekommen,
Wo er am Styx den Obolus dem Charon reicht,
Ein trotz'ger Bettler hat die Ruder schnell genommen,
Der stolzen Blicks, wie Antistehn vom Platz nicht weicht.

Der Weiber offne Kleider zeigen weisse Brüste,
Sie krümmen sich im Schattenreich vor Raserei,
Es tönt ihm nach, als ob die Opfer seiner Lüste
Der Barke folgten, wie ein einz'ger langer Schrei.

Am Ufer irrt der Todten blasser Reigen
Und Sganarell verlangt mit Lachen seinen Lohn.
Don Louis will der Unterwelt den Spötter zeigen,
Er weist mit Zittern auf den überkühnen Sohn.

Indess Elvira bebend in dem Trauerkleide,
Auf ihren Gatten schaut, der ihr Geliebter war,
Von seinen Lippen jenes Lächeln hofft, das Beide
So schaurig süss durchdrungen als ein Liebespaar.

Das Steuer lenkt der Gast von Stein in seiner Rüstung,
Don Juan schaut wie es die schwarzen Wellen bricht;
Gestützt auf seinen Degen lehnt er an die Brüstung:
Die Furchen will er seh'n, doch alles Andre nicht.

1891: Stefan George

DON JUAN IN DER HÖLLE[26]

Als Don Juan den Styx befahren sollte
Als Charon seinen obolos bekam
Ein düstrer bettler dessen auge rollte
Mit starkem rächerarm die ruder nahm.

Die frauen stöhnten unterm schwarzen himmel
Die brüste schlaff die kleider aufgelöst·
So wie von opfertieren ein gewimmel
Das ein gedehntes brüllen von sich stösst

Mit lachen redet Sganarell vom lohne
Indess Don Luis den finger zitternd hielt
Er wies vor allen toten nach dem sohne
Der frech mit einem greisen haupt gespielt

Es schien die keusche, magere Elvire
Den falschen Gatten der ihr buhle war
Zu bitten dass ihn noch ein lächeln ziere
So süss wie in der ersten schwüre jahr

Ein mann aus stein in voller rüstung lenkte
Das steuer und durchschnitt die schwarze flut
Der stille held jedoch aufs schwert sich senkte
Er hat dies alles nicht zu sehn geruht.

1901: Sigmar Mehring

Don Juan in der Unterwelt

Als an der Styx Don Juan war erschienen,
Und Charon seinen Obolus gewann,
Zog ein robuster Bursch, mit düstern Mienen,
Stolz wie Antisthenes, die Ruder an.

Ein Chor entblößter Fraun mit Hängebrüsten
Durchwirbelte die nächt'ge Unterwelt -
Die Opfer, die erlegen seinen Lüsten,
Von ihren Flüchen ward sein Ohr umgellt.

---

[26] Abweichungen in GEO 1901: V.1: ...don Juan...\ V.2: Und Charon...bekam: \ V.4: ...rächer-arm...\ V.8: ...stösst. \ V.10: ...don Luis...hielt· \ V.12: ...gespielt. \ V.16: ...jahr. \ V.18 flut - \ V.19: ...senkte·

Indes Don Louis, schwach, mit Zitterhänden
Den Toten weist den ungeratnen Sohn,
Der es vermocht, sein Greisenhaupt zu schänden,
mahnt Leporello rasch noch um den Lohn.

Und Frau Elvira in verhärmtem Schweigen
Ihm treu, der treulos sich von ihr gewandt,
Versucht ein letztes Lächeln ihm zu zeigen,
Wo seines ersten Schwures Glut entbrannt.

Ein Recke, steinern und in voller Rüstung,
Lenkt mit dem Steuer durch die schwarze Styx.
Kaltblütig lehnt Don Juan an der Brüstung
Und würdigt die Umgebung keines Blicks.

1902: Stefan Zweig

Don Juan in der Hölle

Als Don Juan zur Unterwelt gestiegen
Und mit dem Obolus zu Charon kam,
Erhob ein Schatten sich mit strengen Zügen,
Der starken Arm's die Ruderstange nahm.

Die Brüste schlaff, die Kleider aufgerissen
Drängten sich Frauen dort in bitt'rer Schmach,
Und wie von Opfern, die ihr Schicksal wissen,
Klang wild ihr Stöhnen dem Verruchten nach.

Auch Sganarell wollt' seine Sündenlöhne,
Indes Don Luis mit schmerzdurchbebter Hand
Den Toten wies den schlechtesten der Söhne,
Der Spott für seinen greisen Vater fand.

Elviras Gatte dort! Und hart daneben
War sie es selbst. Ihr Blick so scheu und zag
Wollt' noch ein letztes Lächeln sich erstreben
In dem der Glanz des ersten Eides lag.

Gewappnet aber, wie aus Stein gehauen
Stand vorn ein Riese an des Bootes Kiel,
Allein der Held schien all' dies nicht zu schauen
Und starrte schweigsam nach dem dunklen Ziel...

1907: Wolf von Kalckreuth

Don Juan in der Hölle

Als Don Juan genaht den unterirdschen Fluten,
Und als er den Obol an Charon gab, ergriff
Stolz wie Antisthenes, im Auge finstre Gluten,
Ein Bettler starken Arms die Ruder in dem Schiff.

In Fetzen das Gewand, die schlaffen Brüste hängend,
Wand sich der Frauen Schar in schwarzer Himmel Pein,
Schlachtopfern gleich, gequält, zuhauf sich angstvoll drängend,
Und wild umheulte ihn ihr langgezognes Schrein.

Voll Spott rief Sganarelle nach dem verheißnen Lohne,
Don Luis wies im Kreis der Toten längs dem Strand
Mit greiser Zitterhand nach dem verruchten Sohne,
12 Der sein ergrautes Haar zu höhnen sich verwand.

Keusch bebt' in tiefem Gram die magere Elvire
Und schien vom treulosen Gemahl, den sie geliebt,
Ein Lächeln zu erflehn, süß wie die ersten Schwüre,
16 Die bang in zarter Glut die junge Liebe gibt.

Ein großer Mann von Stein, sein voll Gewaffnen zeigend,
Stand an dem Steuer, das die schwarze Flut durchquert';
Jedoch der stille Held, auf sein Rapier sich neigend,
20 Sah in den Strom und hielt nichts seines Blickes wert.

1908: Max Bruns

Don Juan in der Unterwelt[27]

Als zu dem schwarzen Strom Juan hinabgekommen,
als er an Charon sich entledigt hat des Solds,
hat ein zerlumpter Mann das Ruderpaar genommen
4 mit starkem Rächerarm; sein Blick war königstolz.

Die schlaffen Brüste bloß und die Gewänder offen,
naht eine Weiberschar sich windend in der Nacht;
gleich einer Herde, die des Opfers Los getroffen,
8 verfolgt sie mit Geheul die Fahrt der Höllenjacht.

Den nie gezahlten Lohn wünscht Sganarell mit Lachen;
Don Luis aber hebt die zitternd dürre Hand
und weist dem Schattenvolk, gedrängt um jenen Nachen,
12 den wilden Sohn, der nie noch Sohnesfurcht empfand.

Im fröstelnd schwarzen Flor drängt zu dem Ungetreuen
Elvira, hager, keusch; ihr Wunsch ist, einmal nur
möcht ihres Gatten Mund das Lächeln noch erneuen,
16 das ihr so süß erschien beim ersten Liebesschwur.

Am Steuer hochgereckt lenkt durch die schwarzen Wogen
ein Ritter von Gestein; der regt nicht Haupt noch Glied.
Der kühle Held jedoch, auf sein Rapier gebogen,
20 schaut nur die Wellenspur, die hinterm Nachen zieht.

1908: Richard Schaukal

Don Juan in der Hölle[28]

Als Don Juan am düstern Strome stand
und Charon seinen Obolos bekommen,
hat eines finster-stolzen Bettlers Hand
4 zur Rache stark die Ruder aufgenommen.

---

[27] Abweichungen in BRU 1923: V.9: ...Lohn heischt Sganarell...

[28] Text nach SHA 1908a. Abweichungen in SHA 1908b: Versanfänge mit Majuskel \ Titel, V.1: Don Yuan \ V.2: ...stark, die Ruder...\ V.12: ...einer weissen Stirne Spott...\ V.14: ...letzten Mal

Die schlaffen Brüste im zerrissnen Kleid
wiesen ihm Weiber mit gerungnen Händen,
und hinter ihm schwoll aus der Dunkelheit
Geheul der Opfer hallend an den Wänden.

Und während Leporello seinen Lohn
lachend verlangt, zeigt zitternd allen Toten
der greise Vater den verruchten Sohn,
der einer weissen Stirne Trotz geboten.

Dass durch das Lächeln seiner Liebesschwüre
er die Betrogene zum letztenmal
wie in der ersten süssen Zeit verführe,
erfleht Elvire fröstelnd vom Gemahl.

Aufrecht, gerüstet, riesig stand am Steuer
der Steinerne und schnitt die schwarze Flut.
Jedoch der stolze Herr der Abenteuer
hat ihrer keinen anzuschaun geruht.

1917: Otto Hauser

Don Juan in der Hölle

Als Don Juan an den unterirdischen Fluten
Charon den Obolus hingereicht, da ergriff
Ein finstrer Bettler, im Aug antisthen'sche Gluten,
Mit starkem, rächendem Arm die Ruder im Schiff.

Hängende Brüste bloß, offen die Kleider, rangen
Frauen die Hände wild unter dem schwarzen Bau,
Und wie von Tieren, zum Opfer bestimmten, klangen
Ihre Rufe ihm nach, ein Heulen lang und rauh.

Den Sold verlangte von ihm Leporell mit Lachen,
Aber den schweifenden Toten am Strande wies
Zitternden Fingers den ruchlosen Sohn im Nachen,
Ihn, der sein weißes Haupt verspottet, Don Luis.

Bebend in ihrem Gram schien Elvira, die keusche,
Magre, beim untreuen Gatten und Buhlen dort
Ihn anzuflehn, daß ein letztes Lächeln sie täusche,
So leuchtend und süß wie sein erstes Liebewort.

Aufrecht am Steuer stand, groß, ein steinerner Ritter
Und schnitt durch die Flut, doch schweigenden Angesichts
Saß der Held, seine Hand lässig am Degengitter,
Blickte aufs Kielwasser nieder und sah sonst nichts.

1925: Terese Robinson

Don Juan in der Unterwelt

Als Don Juan, den schwarzen Fluß erreichend,
Den Fährmann zahlte und bestieg das Schiff,
Ein finstrer Bettler, Antisthenes gleichend,
Mit starkem Rächerarm zum Ruder griff.

Laut stöhnend warfen sich die Frau'n zur Erde,
Mit schlaffen Brüsten und zerfetztem Kleid,
Wie Brüllen einer aufgescheuchten Herde
Klang ihr Geschrei, gedehnt, voll dumpfem Leid.

Sganarell heischte Lohn, sein Lachen schwirrte.
Indes Don Louis, die Greisenhand gereckt,
Der Totenschar, die an den Ufern irrte,
Den Sohn wies, der sein Haupt mit Schmach bedeckt.

Nah ihrem Gatten, fröstelnd, saß Elvire,
In ihrer Trauer aller Anmut bar,
Fleht' um das letzte Lächeln letzter Schwüre,
So süß und falsch wie jenes erste war.-

Ein großer Mann, in Stahl die Glieder,
Lenkte das Steuer, steinernen Gesichts.
Der bleiche Held beugte aufs Schwert sich nieder,
Betrachtete die Flut und weiter nichts.

1936: Walter Moos

Don Juan in der Unterwelt

Nun traf es Don Juan, zum Styx hinabzugehn!
Kaum hatte Charon seinen Obolus empfangen,
Ergriff ein Bettler, düster-stolz wie Antisthen,
Mit wuchtig festem Rächerarm die Ruderstangen.

Die Frauen wälzten sich in diesem Nachtreviere
Vor Qual: die Brüste hängend und entblößt der Hüllen;
Und, wie von einer Riesenherde Opfertiere,
Klang hinter ihm ein langgezogen, banges Brüllen.

Jetzt heischte Sganarelle spottgrinsend seinen Lohn;
Don Luis aber, zittrig, wies mit greiser Hand,
Den Toten, die am Ufer irrten, den verwegnen Sohn,
Den Spötter, den sein weißes Haupt vermessen fand.

Verhärmt, im Schleier, schien Elvira, keusch, in Ehren
Vom falschen Gatten, der ihr Buhle war zuvor,
Ein letztes leidverklärtes Lächeln zu begehren;
Drin schimmerte die Süße ersten Schwurs empor.

Aufrecht am Kiele stand und schnitt die schwarze Flut
Ein Mann im Panzer, mächtig, wie aus Stein gehauen.
Über sein Schwert gebeugt, ein edles Heldenblut,
Geruhte er mit starrem Blicke nichts zu schauen.

1947: Wilhelm Niemeyer

Don Juan in der Totenwelt

Er schritt vorüber einem Strom aus Frauen,
    Die brüstebloß verstummte Klagen raunten
Und wieder sein, des Unbegriffnen, staunten
    Und ihm entschwanden auf den bleichen Auen!

Erzitternd sah die tief in sich verwirrte,
Die liebend große, sah Elvira ihn,
Ein Lächeln ihren Trauerblick durchirrte,
Verzeihungssüß, der ihn zu segnen schien!

Des dunklen Ritters Rächersteingestalt,
Von Leporelles Furchtgebiet gekündet,
Stand, seiner harrend, wie das einst geschah;

Doch Don Juan, gewaffnet, stolz und kalt,
Von seiner Sünden Überglanz entsündet,
Verschmähte, das zu sehen, was er sah!

1947: Carlo Schmid

Don Juan in der Hölle

Als Don Juan, zum Acheron gestiegen,
Charon den Sold gezahlt fürs Totenschiff,
Ein Bettler stolz, wie die sich selbst besiegen,
Mit rachefestem Arm die Ruder griff.

Mit schlaffen Brüsten unter offnen Hüllen
Verkrümmten Fraun sich unterm schwarzen Pol
Und wälzten hinter ihm endlos ein Brüllen,
Wie reicher Opferherden Stöhnen hohl.

Da lachte Sganarell und sprach vom Lohne,
Indes Don Luis auf den Frevler wies,
Und alle Toten blickten nach dem Sohne,
Der weißem Haupte Schmach gedeihen ließ.

Elvira keusch und fröstelnd unter Flören
Beim Gatten stand, dem sie Geliebte war,
Als wollte letztes Lächeln sie beschwören
Von Süße hell, die erster Schwur gebar.

Ein Mann aus Stein, den strenger Harnisch schützte,
Am Steuer stand und schnitt die schwarze Flut.
Doch still der Held, der auf sein Schwert sich stützte,
Zum Strudel blickt und nichts zu sehn geruht.

1949: Carl Fischer

Don Juan in der Unterwelt[29]

Als Don Juan hinab zum Strom der Toten steigend
Den Obolos als Sold an Charon übergab,
Ergriff ein Bettler, stolz wie Antisthenes schweigend,
Mit starkem Rächerarm den schweren Ruderstab.

---

[29] Abweichungen ab FIC 1954: V.5: Die Brüste zeigend...\ V.12: ...das graue Haupt...\ V.13: Es sah in keuschem Gram...\ V.16: ...süß wie...\ V.18: ...die schwarze Bahn;...\ V. 19: Der stumme Held jedoch,...\ V.20: Sah in die Flut, als ging das alles ihn nichts an. Abweichungen ab FIC 1979: V.12: Der für das graue Haupt nur Hohn und Spott empfand. \ V.17: Da war ein Mann aus Stein,...

Die Brüste weisend und die weiten Kleider offen,
Erschienen Frauen in der schwarzen Dunkelheit;
Gleich Opfertieren dicht gedrängt und jäh betroffen
Umklagten seine Fahrt sie durch die Einsamkeit.

Es lachte Sganarell und rief nach seinem Lohne,
Don Luis aber hob die schwache Greisenhand:
Vor allen Toten rief am Strand er nach dem Sohne,
Der für das weiße Haupt kein Mitgefühl empfand.

Keusch sah in ihrem Gram die magere Elvire
Zum treulosen Gemahl, den sie so sehr geliebt;
Sie hoffte, daß ihn noch ein letztes Lächeln ziere,
So süß, wie es der Schwur der ersten Liebe gibt.

Doch war wie Stein der Mann, den seine Rüstung schützte:
Er stand am Steuer und zerschnitt die schwarze Flut.
Es hat der stumme Held, der auf sein Schwert sich stützte,
Nur auf den Strom geblickt und nichts zu sehn geruht.

1962: Friedhelm Kemp

Don Juan in der Unterwelt[30]

Als Don Juan zum Strom der Unterwelt hinabstieg und als er Charon seine Münze entrichtet hatte, griff ein düstrer Bettler, stolzen Auges wie Antisthenes, mit starkem Rächerarm nach jedem Ruder.

Die schlaffen Brüste weisend und die offenen Gewänder, rang dort die Hände eine Schar von Frauen unter schwarzem Firmament, und wie von großer Herde dargebrachter Opfertiere schleifte lang ihr Ächzen hinter ihm.

Sganarell heischte lachend seinen Lohn, indes Don Luis mit zitterndem Finger allen Toten, die am Gestade irrten, den Sohn wies, der vermessen seiner weißen Stirne spottete.

Fröstelnd unter ihrem Witwenschleier, keusch und hager neben dem treulosen Gatten, der ihr Geliebter war, schien ihn Elvira um ein letztes Lächeln anzuflehn, daß sie in dessen Schimmer die Süße wiederfände seines ersten Schwures.

Aufrecht in seiner Rüstung stand gewaltig ein Mann aus Stein am Steuer, das die schwarze Flut durchschnitt, doch unbewegt der Held, auf sein Rapier gestützt, sah auf die Spur im Strome und geruhte anders nichts zu sehn.

1973: Sigmar Löffler

Don Juan in der Unterwelt

Als Don Juan zum Strom der Unterwelt gekommen
Und da er Charon zahlte seinen Obolus,
Stieß gleich ein Bettler, dem die Augen rächend glommen,
Stolz wie Antisthenes, die Ruder in den Fluß.

---

[30] Abweichungen ab KEM 1975: Str.2: ...krümmte dort eine Schar von Frauen sich... \ Str.3: ...seines weißen Hauptes... \ Str.4: ...die Süße seines ersten Schwures wiederfände. \ Str.5: ...durchschnitt; ...

Weiber verrenkten sich wild unterm schwarzen Himmel,
Aus offnen Kleidern hing die Brust erschlafft und leer;
Wie Opfertiere in vielköpfigem Gewimmel,
Zogen sie hinter ihm ein langes Brüllen her.

Laut lachte Sganarell und rief nach seinem Lohne,
Indes Don Luis vor der ganzen Totenschar
Am Strand mit Zitterfingern hinwies nach dem Sohne,
Der kühn und frech gespielt mit seinem greisen Haar.

Elvira, keusch in Schwarz gehüllt, die fröstelnd zarte,
Stand bei ihm, der ihr Liebster war, ihr falscher Mann,
Gerad, als ob sie auf ein letztes Lächeln warte,
So strahlend süß wie das, womit er sie gewann.

Am Steuerruder, das durchschnitt die schwarzen Wogen,
Sah man in voller Rüstung steif ein Steinbild stehn.
Jedoch der kühle Held, auf sein Rapier gebogen,
Schaut' auf die Gischtspur und geruhte nichts zu sehn.

1973: Albrecht Schoenhals

Don Juan in der Unterwelt

Als Don Juan hinabstieg zu den Stygschen Fluten
Und Charon hingegeben seinen Obolus,
Stieß mit dem Rächerarm, Wissen in Auges Gluten,
Ein düstrer Bettler stark die Ruder in den Fluß.

Die schlaffen Brüste aus den offnen Hüllen weisend,
Umdrängten Frauen ihn am schwarzen Firmament
Und schleiften, wie ein Schwarm von Opfertieren kreisend,
Lang hinter ihm ein dumpfes Stöhnen ohne End.

Auf Lohngeld pochte Sganarelle mit Hohngelächter,
Indes Don Luis zitternd mit dem Finger wies
Auf den vermeßnen Sohn, des weißen Haupts Verächter,
Vor all den Totenschatten auf des Ufers Kies.

Im Trauerschleier fröstelnd schien die magre, keusche
Elvira ihn, der sie so treulos einst geliebt,
Noch einmal zu beschwören um die süßen Räusche,
Die einem ersten Schwur des Lächelns Strahlen gibt.

Hoch aufgereckt, in Stein gepanzert, lehnte gegen
Das Steuer groß ein Mann und schnitt die schwarze Flut.
Doch der gelaßne Held, gestützt auf seinen Degen,
Im Kielstrom starr den Blick, hat nichts zu sehn geruht.

1977: Manfred Thiel

Don Juan in der Hölle

Als Don Juan zum Styx hinabgestiegen,
Gab er sein Geld an Charon. Es ergriff
Ein düstrer Bettler, stolzen Blicks, verschwiegen,
Mit Rächerarm die Ruder auf dem Schiff.

Die Hängebrust und offne Kleider weisend
Drehten sich Frauen in der schwarzen Nacht.
Gleich einer Herde Schlachtvieh, leidverheißend,
Ward ihm ein langes Brüllen nachgebracht.

Den Lohn verlangte Sganarell mit Lachen,
Indes Don Luis händezitternd wies,
Die Toten alle aufmerksam zu machen,
Den Sohn, der seines Hauptes Schande hieß.

Elvira, schaudernd unterm Trauerschleier,
Treulosem Gatten, der Geliebter war,
Schien zu erheischen letzten Lächelns Feier,
Das ersten Schwures Süße neu gebar.

Aufrecht ein Mensch aus Stein, groß und verwegen,
Hielt sich am Steuer, mit dem Strom zu gehn.
Der stille Held, gebeugt auf seinen Degen,
Geruhte von dem allen nichts zu sehn.

1978: Oskar Dietrich

Don Juan in der Unterwelt

Als Don Juan zum Totenfluß gekommen
Und Charon seinen Obolus genommen,
Ergriff ein Bettler, finster, unnahbar,
Mit starkem Rächerarm das Ruderpaar.

Und hinter ihm, wie Opfertiere, wand
Sich eine Schar von Frauen; das Gewand
Geöffnet, zeigten sie die welken Brüste,
Ihr Klageschrei'n verhallte an der Küste.

Don Luis wies den am Ufer steh'nden Toten
Den Sohn, der seinem Alter Trotz geboten,
Indessen Leporello, voller Hohn,
Von ihm begehrte den noch schuldigen Lohn.

Verschleiert, abgemagert, stand in Qual
Elvira bei dem treulosen Gemahl;
Als Abglanz von dem süßen ersten Schwur
Erhoffte sie ein letztes Lächeln nur.

Gepanzert steuerte ein großer Mann
Aus Stein, aufrecht, durch schwarze Flut den Kahn;
Jedoch der Held, auf sein Rapier gebeugt,
War all dies zu bemerken nicht geneigt.

1980: Monika Fahrenbach-Wachendorff

Don Juan in der Unterwelt

Als Don Juan zum Acheron gefahren,
Gab er dem Charon seinen Obolus,
Ein Bettler mit Antisthenes' Gebaren
Setzt' ihn als Rächer über jenen Fluß.

Mit schlaffen Brüsten und mit offnem Kleid,
So wanden sich die Frauen in der Nacht;
Die dumpfen Klagelaute tönten weit,
Als würden Opfertiere dargebracht.

Und lachend heischte Sganarelle den Lohn;
Don Luis wies mit schwacher Hand verzagt
Den Toten dort am Ufer seinen Sohn,
Der seiner bleichen Stirn zu spotten wagt.

Elvira sah man bei dem Gatten stehn,
Bei dem Geliebten, und ihr Schleier bebte;
Sie schien ein letztes Lächeln zu erflehn,
In dem noch Süße erster Schwüre lebte.

Ein Mann aus Stein in seiner Rüstung stand
Aufrecht am Ruder und durchschnitt die Fluten,
Auf sein Rapier gestützt und abgewandt;
Des Helden Blicke auf den Wellen ruhten.

1982: Wilhelm R. Berger

Don Juan in der Unterwelt

Als Don Juan hinabstieg in die Unterwelt
Und Charon er den Sold gezahlt fürs Totenschiff,
Ein finstrer Bettler, stolzen Auges wie ein Held
Mit rächendem und starkem Arm die Ruder griff.

Die schlaffen Brüste weisend unter offnen Hüllen,
So unter schwarzem Himmel krümmten Fraun sich dort,
Wie einer dargebrachten Opferherde Brüllen
Wälzte ihr Stöhnen endlos hinter ihm sich fort.

Es heischte Sganarell nun lachend seinen Lohn,
Mit bebender Gebärde wies Don Luis indessen
Den Toten, die am Ufer irrten, seinen Sohn,
Der einst der weißen Stirn zu spotten sich vermessen.

Die keusche, hagere Elvira ließ, umflossen
Vom Witwenschleier, dem treulosen Gemahl sich sehn;
Die einst die Süße seines ersten Schwurs genossen,
Schien nun ein letztes Lächeln von ihm zu erflehn.

Ein Mann aus Stein, im Harnisch, ohne sich zu regen,
Er stand am Steuer und durchschnitt die schwarze Flut,
Doch unbewegt der Held, gestützt auf seinen Degen,
Der in die Kielspur blickt und nichts zu sehn geruht.

LE BALCON

Mère des souvenirs, maîtresse des maîtresses,
O toi, tous mes plaisirs! ô toi, tous mes devoirs!
Tu te rappelleras la beauté des caresses,
La douceur du foyer et le charme des soirs,
Mère des souvenirs, maîtresse des maîtresses!

Les soirs illuminés par l'ardeur du charbon,
Et les soirs au balcon, voilés de vapeurs roses.
Que ton sein m'était doux! que ton coeur m'était bon!
Nous avons dit souvent d'impérissables choses
Les soirs illuminés par l'ardeur du charbon.

Que les soleils sont beaux dans les chaudes soirées!
Que l'espace est profond! que le coeur est puissant!
En me penchant vers toi, reine des adorées,
Je croyais respirer le parfum de ton sang.
Que les soleils sont beaux dans les chaudes soirées!

La nuit s'épaississait ainsi qu'une cloison,
Et mes yeux dans le noir devinaient tes prunelles,
Et je buvais ton souffle, ô douceur, ô poison!
Et tes pieds s'endormaient dans mes mains fraternelles.
La nuit s'épaississait ainsi qu'une cloison.

Je sais l'art d'évoquer les minutes heureuses,
Et revis mon passé blotti dans tes genoux.
Car à quoi bon chercher tes beautés langoureuses
Ailleurs qu'en ton cher corps et qu'en ton coeur si doux?
Je sais l'art d'évoquer les minutes heureuses!

Ces serments, ces parfums, ces baisers infinis,
Renaîtront-ils d'un gouffre interdit à nos sondes,
Comme montent au ciel les soleil rajeunis
Après s'être lavés au fond des mers profondes?
-Ô serments! ô parfums! ô baisers infinis!

1886: Anton Englert

Der Balkon

O Quell der Erinn'rungen, einzig Verehrte,
Du all' meine Freude und all' meine Pflicht,
Gedenk'st du des Kosens am traulichen Herde,
Gedenk'st du der köstlichen Abende nicht,
O Quell der Erinn'rungen, einzig Verehrte?

Wie süß war es Abends beim lodernden Feuer,
Wie süß am Balkon in der Dämmerung Glut!
Wir sagten uns Worte, die ewig uns teuer.
Wie hold war dein Busen, dein Herz wie so gut!
Wie süß war es Abends beim lodernden Feuer!

Wie die Sonnen so herrlich am Abende blinken!
Wie der Raum sich vertieft! Wie der Busen sich dehnt!
Ich glaubte den Duft deines Blutes zu trinken,
Wenn ich ruhte, mein Herz an das deine gelehnt.
Wie die Sonnen so herrlich am Abende blinken!

Wie ein Vorhang verhüllte das Dunkel die Lüfte;
Doch ich sah deines Augenstern's leuchtenden Schein;
Dein Atem durchdrang mich mit wonnigem Gifte,
Dein Fuß schlief traut in den Händen mir ein.
Wie ein Vorhang verhüllte das Dunkel die Lüfte.

Ich weiß zu erneuern die glücklichen Stunden,
Zu Füßen dir ruhend, entzückendes Weib.
Denn was kann mir mehr deine Schönheit bekunden
Als dein inniges Herz und dein teuerer Leib?
Ich weiß zu erneuern die glücklichen Stunden.

Die Schwüre, die Düfte, die endlosen Wonnen,
Ersteh'n sie auf's neu aus verborgenem Schlund,
Wie verjüngt sich zum Himmel erheben die Sonnen,
Enttauchend des Meer's unermeßlichem Grund?
O Schwüre, o Düfte, o endlose Wonnen!

1891: Felix Dörmann

Am Balkon

Du Meistgeliebte, Du Erinnerungsbronnen,
Du, der ich Alles danke, all' mein Glück,
Auch du eilst wohl im Geiste zu den Wonnen,
Den reizvoll süßen am Kamin zurück,
Du Meistgeliebte, Du Erinnerungsbronnen.

Die Abende, erhellt vom Kohlenfeuer!
Am Erker and're, rosenduftumwallt -
Wir sprachen, Herz, so lieb und gut und theuer
Wohl mancherlei, was nimmer mehr verhallt,
An Abenden, erhellt vom Kohlenfeuer.

Wie glüht in schwüler Nacht der Welten Ring,
Wie stark das Herz ist, wie die Räume fliehen.-
Und als ich, Vielgeliebte, Dich umfing,
Glaubt Deines Blutes Duft ich einzuziehen.
Wie glüht in schwüler Nacht der Welten Ring.

Und dunkler stets die Nacht herniederzog,
Und doch erspäht ich Deiner Augen Gluten,
Und Deines Mundes süßes Gift ich sog,
In meinen Händen Deine Füße ruhten
Und dunkler stets die Nacht herniederzog.-

Verblaßter Stunden Glück, ich kann's erwecken,
Auflebt Vergang'nes mir in Deinem Schooß;
Denn Elfenreize und ein Herz entdecken,
An Deinem theuren Leib vermocht ich's blos.
Verblaßter Stunden Glück, ich kann's erwecken.

Ihr schweren Düfte, Schwüre, Liebeswonnen
Kehrt Ihr zurück aus unerforschtem Schlund,
Wie sich erheben morgenfrische Sonnen
Nach ihrem Jugendbad am Meeresgrund?
O schwere Düfte, Schwüre, Liebeswonnen.

1891: Stefan George

DER BALKON[31]

O mutter der erinnrung frau der frauen
Mein ganzes glück und meine ganze acht
Du kannst im geist die schönen freuden schauen
Des heimes frieden und den reiz der nacht!
O mutter der erinnrung frau der frauen

In nächten leuchtend von der kohle glut
In nächten am balkon die rosig wallten
Wie war dein busen süss dein herz mir gut
Und unvergängliche gespräche schallten
In nächten leuchtend von der kohle glut

An heissen abenden wie schön die sonnen
Wie stark das herz wie weit die himmelsluft
Ich ruhte bei dir königin der wonnen
Zu atmen glaubt ich deines blutes duft
An heissen abenden wie schön die sonnen

Dann ward es dunkler wie in dichtem rauch
Mein auge forschte ob es deines fände
Ich trank o gift o süsse deinen hauch
Dein fuss entschlief in meine bruderhände
Dann ward es dunkler wie in dichtem rauch

Ich weiss in glückes zeit mich zu versetzen
Wo mein geschick in deinen knieen lag
Wer soll mit solchen müden reizen letzen
Wenn es dein leib dein lindes herz nicht mag?
Ich weiss in glückes zeit mich zu versetzen

Ihr schwüre düfte küsse ohne zahl
Ersteht ihr auf aus unerspähten schlünden?
Wie junge sonnen die zum wolkensaal
Sich heben nach dem bad in meeresgründen
O schwüre düfte küsse ohne zahl

1898: Karl Henckell

Der Balkon[32]

Schoß der Erinnerung, Geliebteste der Schönen,
O du all meine Lust, o du, all mein Gebot!
Auch dein Gedenken wird dies zarte Kosen krönen,
Die Abende so traut von süßem Glück durchloht,
Schoß der Erinnerung, Geliebteste der Schönen!

---

[31] Abweichungen in GEO 1891: Ausbau der Interpunktion. \ V.3-4 als Frage: Kannst du im geist (...)? \ V.9: ...hallten \ V.21/25: ... mich zu versenken \ V.23: Wer soll so zarter reize freuden schenken

[32] Abweichungen in HEN 1910: Geringfügige Abweichungen in Interpunktion und Orthographie (Tilgung der Elisionen). \ V.3/4: Gedenk der Zärtlichkeit und laß den Traum dir krönen,/Der Abende gedenk von trautem Glück durchloht, \ V.9: ...einem Wort zu... \ V.17: ...schmiegten sich...\ V.18: Im Finstern ahnt' ich nur der Augen weißes Licht \ V.22: Und lebe doppelt sie, gebeugt auf deine Knie. \ V.23: Ja, nur... \ V.26: ...Düfte, ach, die....\ V.27: Wird sie des Abgrunds Schlund uns wiederum gebären, \ V.25: Düfte, ihr, o...

Die Abende bestrahlt von warmer Kohlenglut
Und die auf dem Balkon in ros'gen Nebelschleiern,
Wie war dein Schoß mir süß, wie war dein Herz mir gut!
Wir liebten Ewigkeit in einem Laut zu feiern
An Abenden, bestrahlt von warmer Kohlenglut!

An warmen Abenden, wie schön sind diese Sonnen!
Wie tief der Himmel ist! Das Herz, wie mächtig weit!
Tief über dich gebeugt, du Königin der Wonnen,
Sog deines Blutes Duft der Lippen Seligkeit.
An warmen Abenden, wie schön sind diese Sonnen!

Wie eine Wand so ward die Nacht da schwarz und dicht,
In meiner Bruderhand sich schmiegten deine Füße,
Im Finstern ahnt' ich der Augäpfel weißes Licht
Und trank den Atem dir, mein Lieb, o Gift, o Süße!
Wie eine Wand so ward die Nacht da schwarz und dicht.

Ich weiß die Kunst, des Glücks Minuten zu erneuern,
Und lebe noch einmal im tiefen Druck der Knie;
Ach, nur an deiner Brust, in deinem Leib, dem teuern,
Winkt mir der Schönheit süß sehnsücht'ge Poesie.
Ich weiß die Kunst, des Glücks Minuten zu erneuern.

Die Schwüre, Düfte und die Küsse grenzenlos,
Wird sie ein Schlund, der so abgründig, neugebären,
Wie nach dem großen Bad im tiefen Meeresschoß
Verjüngte Sonnen neu den Himmel uns verklären?
-O, Schwüre, Düfte und o Küsse, grenzenlos!

1900: Paul Wiegler

Der Balkon

Der Andacht Mutter du, o der Geliebten Grösste,
Du alle meine Lust, du alle meine Pflicht!
Du kennst den Schönheitstraum, der meine Angst erlöste,
Den gastlich milden Herd, das reizvoll müde Licht,
Der Andacht Mutter du, o der Geliebten Grösste!

Die Abende erhellt von leiser Kohlenglut
- Es wob um den Balkon ein rosig zarter Schleier -
Wie war dein Busen sanft, wie war dein Herz mir gut!
Und Stunden brachten uns von ewig hoher Feier
Die Abende erhellt von leiser Kohlenglut.

Wie sind die Sonnen schön in abendlichen Schwülen!
Wie ist der Raum so tief, wie ist so stark das Herz!
Ich meinte, Königin, dein duftend Blut zu fühlen,
Wenn ich zu deinem Sitz mich beugte niederwärts,
Wie sind die Sonnen schön in abendlichen Schwülen!

Die Nacht ward mählich dicht wie eine feste Wand,
Mein wacher Blich erriet des Augensternes Süsse.
Von deines Atems Gift mir die Besinnung schwand,
In Bruderhänden sacht entschliefen deine Füsse,
Die Nacht ward mählich dicht wie eine feste Wand.

Ich lasse sie erstehn, die längst verklungnen Zeiten,
Und schaue mich wie einst auf deinen Schoss gesenkt.
Was suche ich umher nach toten Seligkeiten,
Noch ausser deinem Leib, der alles mir geschenkt?
Ich lasse sie erstehn, die längst verklungnen Zeiten.

Die Eide, all der Duft, die Küsse ohne Zahl,
Entsteigen sie dem Grab, des Tiefen sich nicht künden,
Wie sich zum Aether hebt der jungen Sonnen Strahl,
Wenn sie sich rein gespült in lauen Meeresgründen?
Die Eide, all der Duft, die Küsse ohne Zahl!

1902: Stefan Zweig

Der Balkon

Born der Erinnerung, du aller Schönen Beste,
Die du mir alle Wonnen birgst und süsse Pflicht!
Denkst du noch wohl an unsre frohen Liebesfeste
Zur Dämmerzeit, umspielt vom milden Abendlicht?
Born der Erinnerung, du aller Schönen Beste!

Denkst du der Abende erhellt von Kohlenglut
Dort am Balkon, den ros'ge Schleier sanft umwanden?
An deinem Herzen klang so ruhevoll mein Blut,
Dass unsre Worte oft das Allerhöchste fanden.
Denkst du der Abende erhellt von Kohlenglut?

Wie leuchtet doch die Sonne schön im Abendschweigen,
Wie ist der Himmel tief und wie das Herz so reich!
Oft meint' ich deines Blutes Duft im Niederneigen
Zu atmen, du, oh Fürstin in der Schönheit Reich.
Wie leuchtet doch die Sonne schön im Abendschweigen!

Gleich einer schwarzen Wand die Nacht herniedersank.
Im Dunkeln sucht' ich deiner Augen liebe Grüsse,
Indes ich süsses Gift von deinen Lippen trank
Und sanften Bruderarms umschloss die müden Füsse.
Gleich einer schwarzen Wand die Nacht herniedersank.

Ich weiss die Kunst, verklärte Stunden zu beleben
Und all das Glück, das ich in deinem Arm gewann.
Allein wozu die tote Seligkeit erstreben,
Da mir dein süsser Leib die reichste schenken kann?
Ich weiss die Kunst, verklärte Stunden zu beleben.

Die Eide, Düfte all' und Küsse ohne Zahl,
Wird aus dem unbekannten Grab ihr frommer Reigen
Noch einmal schimmernd, wie der Morgensonnenstrahl,
Der sich dem Meeresbad entringt, zum Lichte steigen?
- Oh Eide, Düfte ihr und Küsse ohne Zahl!

1907: Wolf von Kalckreuth

Der Balkon

Quell der Erinnerung, du Liebste aller Lieben,
O du, all meine Lust, o du, all meine Pflicht!
Ist dir Gedenken an der Küsse Glück geblieben.
An Wärme des Kamins, an gütig Abendlicht?
Quell der Erinnerung, du Liebste aller Lieben!

Die Abende erhellt von sanfter Kohlenglut,
Die Dämmrung vom Balkon in rosger Lüfte Wehen -
Wie war dein Busen süß, wie war dein Herz mir gut!
Wir sagten Dinge uns, die nimmermehr vergehen,
Die Abende erhellt von sanfter Kohlenglut.

Wie sind die Sonnen schön im warmen Abendblauen,
Wie mächtig ist das Herz, wie weit und tief die Luft!
Ich neigte mich zu dir, o Königin der Frauen,
Mir war, als atmete ich deines Blutes Duft.
Wie sind die Sonnen schön im warmen Abendblauen!

Die Nacht war um uns her, wie stiller Zelle Raum,
Durchs Dunkel riet mein Blick noch deiner Augen Süße,
Und deinen Hauch trank ich - o Gift, o selger Traum!
In brüderlicher Hand entschliefen deine Füße.
Die Nacht war um uns her, wie stiller Zelle Raum.

Neu wecken kann ich mir der holden Zeit Gebilde,
Mein einstig Leben, das in deinem Schoß versenkt.
Wo sucht' ich anders wohl solch müder Schönheit Milde,
Die nicht dein lieber Leib, dein gütig Herz geschenkt?
Neu wecken kann ich mir der holden Zeit Gebilde!

Die Schwüre, dieser Duft, die Küsse ohne Zahl,
Erstehn aus Schlünden sie, die unsrem Suchen wehren.
Wie Sonnen aufwärts fliehn mit siegverjüngtem Strahl,
Wann sich ihr Schimmer wusch im Grund von tiefen Meeren?
O Schwüre, Düfte ihr! O Küsse ohne Zahl!

LE CREPUSCULE DU MATIN

La diane chantait dans les cours des casernes,
Et le vent du matin soufflait sur les lanternes.

C'était l'heure où l'essaim des rêves malfaisants
Tord sur leurs oreillers les bruns adolescents;
Où, comme un oeil sanglant qui palpite et qui bouge,
La lampe sur le jour fait une tache rouge;
Où l'âme, sous le poids du corps revêche et lourd,
Imite les combats de la lampe et du jours.
Comme un visage en pleurs que les brises essuient,
L'air est plein du frisson des choses qui s'enfuient,
Et l'homme est las d'écrire et la femme d'aimer.

Les maisons ça et là commençaient à fumer.
Les femmes de plaisir, la paupière livide,
Bouche ouverte, dormaient de leur sommeil stupide;
Les pauvresses, traînant leurs seins maigres et froids,

Soufflaient sur leurs tisons et soufflaient sur leurs doigts.
C'était l'heure où parmi le froid et la lésine
S'aggravent les douleurs des femmes en gésine;
Comme un sanglot coupé par un sang écumeux
Le chant du coq au loin déchirait l'air brumeux;
Une mer de brouillards baignait les édifices,
Et les agonisants dans le fond des hospices
Poussaient leur dernier râle en hoquets inégaux.
Les débauchés rentraient, brisés par leurs travaux.

L'aurore grelottante en robe rose et verte
S'avançait lentement sur la Seine déserte,
Et le sombre Paris, en se frottant les yeux,
Empoignait ses outils, vieillard laborieux.

1901: Stefan George

Morgendämmerung

Die frühwache tönt in den höfen der kasernen·
Die morgenwinde blasen auf die laternen.

Das ist die zeit wo gefährliche träume wehn·
Die braunen jünglinge auf ihren kissen sich drehn.
Die lampe macht in den tag einen roten flecken:
So bleibt ein blutiges auge zitternd stecken.
Die seele unter des störrischen körpers gewicht
Die nämlichen kämpfe des tags und der lampe ficht.
Wie in einem antlitz voll thränen die leise verwischen·
In lüften entschwebender dinge schauer sich mischen.
Der mann hat am schreiben · die frau hat am lieben genug.

Schon sieht man auf einzelnen häusern des rauches flug.
Die freudenmädchen mit aschfahlen augendecken
Und offenem mund im stumpfen schlafe sich strecken·
Die bettlerin abgemagert · mit starrendem blut·
Bläst sich auf die finger und bläst in die glimmende glut.
Es ist die stunde wo unter frost und entbehren
Die schmerzen der wöchnerinnen sich vermehren.
Wie seufzer gedämpft von erbrochenen blutes schaum
Durchdringen die hahnenrufe den qualmigen raum.
Ein meer von nebeln badet mauern und dächer·
Die sterbenden in den winkeln der krankengemächer
Stossen beschwerlich die lezten schluchzer heraus -
Die sünder von ihrer arbeit matt gehen nach haus.

Die morgenröte in rosa und grünem gewande
Kommt frierend langsam daher am Seine-strande
Und das düstre Paris das den schlaf aus den augen sich streift·
Ein rüstiger alter mann · nach dem werkzeuge greift.

1907: Wolf von Kalckreuth

Morgendämmerung

Der Weckruf ertönte im Hof der Kasernen
Und der Morgenwind blies auf die Laternen.

Es war die Stunde, da der Träume bösem Bann
Auf seinem Bett der Knab sich nicht entwinden kann,
Da wie ein blutig Aug, das bebt in wehen Qualen,
Die Lampen ihren Fleck rot in den Morgen malen,
Da durch des Körpers Last die Seele niederbricht
Und gleiche Kämpfe ringt wie Tag und Lampenlicht.
Wie ein betränt Gesicht, das trocknet in den Winden,
Erschauern in der Luft die Dinge, die entschwinden,
Des Schreibens ist der Mann, die Frau des Liebens satt.

Schon stiegen hier und dort Rauchsäulen aus der Stadt.
Die Freudenmädchen, tiefgesenkt die bleichen Lider,
Sie lagen offnen Munds in stierem Schlaf darnieder;
Und Arme, welk die Brust, die Lippen ohne Blut,
Bliesen die Finger sich und bliesen in die Glut.
Es war die Stunde, da in Kälte und Entbehren
Die Wehn und Nöte der Gebärenden sich mehren,
Gleich einem Schluchzen, das ein Blutsturz jäh verschlang,
Der frühe Ruf des Hahns durch Morgennebel drang;
Um die Gebäude schwamm das Nebelmeer, das fahle,
Schwer keuchten Sterbende im Schoß der Hospitale
Und stießen todesmatt ein letztes Röcheln aus.
Gebrochen schleppten sich die Wüstlinge nach Haus.

Das Morgenrot in grün und rosigem Gewande
Kam fröstelnd langsam her am öden Seinestrande;
Das finstere Paris brach seines Schlummers Bann
Und griff zum Handwerkszeug, ein greiser Arbeitsmann.

1915: Ferdinand Hardekopf

Morgendämmerung in Paris

Man blies Reveille auf den Höfen der Kasernen,
Und Morgenwind durchfuhr die klirrenden Laternen.

Das war die Stunde wo der bösen Träume Schwarm
Den Jüngling anfällt in des letzten Schlummers Arm;
Wo, wie ein Aug voll Blut das zuckt und sich zersetzt,
Die Lampe einen Fleck rot auf das Frühlicht ätzt;
Und wo der Geist, vom Zwang des Körpers deprimiert,
Den Kampf der Lampe und des Dämmerlichts kopiert.
Wie Brisen im Gesicht die Tränen schwinden lassen,
So fröstelt es im Raum von Dingen die verblassen.
Schreibmüde ist der Mann und liebesmatt die Frau.

Von Häusern hier und da steigt schmaler Rauch ins Grau.
Die Sklavinnen der Lust, bleifahl das Augenlid,
Mund offen, schlafen nun, und sind im Schlaf stupid.
Die Bettlerin schleppt hin der Brüste Magerkeit,
Haucht auf die kalte Hand und haucht aufs Feuerscheit.
Das ist die Stunde wo, zerfroren, ungehegt,
Der Wöchnerinnen Qual sich zu verschlimmern pflegt.
Als würde ein Geschluchz durch Blutsturz abgeschnitten,
Zerreißt jetzt Hahnenschrei das Nebelmeer inmitten.
Ein Schleierwogen wird die Bautenpracht umspülen.
Doch Sterbenden entflieht, tief in den Nachtasylen,
Der letzte Röchelhauch, verkrächzt und abgehackt.
Ein Wüstling geht nach Haus, von seinem Tun zerplackt.

Das Morgenrot steigt auf, in rosa-grünem Flor,
Steigt aus dem leeren Strom, frostzitternd, still, empor,
Und düster greift Paris, noch halb im Traumeskreis,
Zu seinem Handwerkszeug, ein arbeitsamer Greis.

1920: Hans Havemann

Morgendämmerung

Die Reveille erklang schon im Hof der Kasernen
Und der Morgenwind blies gegen die Laternen.

Ein Schwarm von bösen Träumen plagte in dieser Stunde
Braune Knaben im Kissen mit geschlossenem Munde.
Gegen das Licht der Frühe, ein blutiges Auge das wallt,
Zeichnet als roter Fleck sich der Lampe flackre Gestalt.
Seele, herabgezogen von störrischen Leibes Gewicht,
Rang im gleichen Kampf wie Lampe und Tageslicht.
Tränenüberströmtes Antlitz, getrocknet von Winden,
War die Luft voll Schauer der Dinge die entschwinden.
Frauen waren müde zu lieben, der Mann zu schreiben.

Häuser begannen schon Rauch zum Himmel zu treiben.
Frauen im Freudenhause sanken, die Lider bleich,
Offenen Mundes in tiefen Schlaf nun dumpf und weich.
Mit kalten, mageren Brüsten schleppten sich Bettlerinnen,
Bliesen auf Scheite und Finger, um Wärme zu gewinnen.
In dieser Stunde rangen in Kälte, Elend und Grauen
Mit ihren schlimmsten Schmerzen die gebärenden Frauen.
Wie ein Schluchzen und Würgen, das im Blutsturz endet,
Dunstige Luft zerreißend, der Hahn seinen Schrei entsendet.
Die Gebäude rings badet' ein Nebelmeer,
Und aus Hospitalen sandten Sterbende her
Ihr letztes Röcheln in ungleichen Stößen, erstickt von Schleim.
Von Ausschweifungen gebrochen kehrten die Prasser heim.

In rosiggrünem Gewande rückt' fröstelndes Morgenrot
Langsam näher und näher zur Seine öde und tot,
Und das dumpfe Paris rieb die Augen sich leis,
Packt' in die Faust sein Werkzeug, arbeitsamer Greis.

1923: Walter Benjamin

DAS MORGENGRAUEN

Das Wecken blies im Hofe der Kasernen
Und Wind der Frühe strich entlang an den Laternen.

Es war die Stunde wo sich unter Träumen
Im Bett die braunen Knabenleiber bäumen
Wo wie ein blutend Aug das zittert und das zuckt
Die Lampe auf den Tag die rote Lache tupft
Und wo die Seele in des spröden Leibes Schwergewicht
Zum zweitenmal den Kampf von Tag und Lampe ficht.
Wie Wangen denen Wind die Tränen nimmt
Erschauerte die Luft vom Leben das verschwimmt
Vom Schreiben ist der Mann, die Frau vom Lieben matt.

Rauch kam aus manchen Häusern in der Stadt.
Die Dirnen lagen, farblos ihre Lider

Ihr Mund geöffnet, stumpf im Schlaf darnieder
In Lumpen schlichen Weiber die verbrauchten
Die bald ihr Feuerchen bald ihre Hand behauchten.
Es war die Stunde wo in Frost und in Entbehren
Die Wehen Schwangerer gesteigert wiederkehren;
So wie ein Schluchzen stirbt am Blutsturz aus den Lungen
Kam durch die Nebelwand der Hahnenschrei gedrungen
Ein Dunstmeer übergoß die Bauten und die Mäler
Und die Verscheidenden im Schoß der Hospitäler
Verröchelten in Stößen unter Pfeifen.
Lüstlinge sah erschöpft man heimwärts streifen.

Ganz langsam zog in rosiggrünem Flore
Am Seinequai herauf die frierende Aurore
Und mürrisch nahm Paris das sich dem Schlaf entwand
In seiner Fron ergraut das Werkzeug in die Hand.

Manuskript-Fassung von 1915 (Nach BEN 1972)

Die Morgendämmerung

Reveille blies im Hofe der Kasernen
Und Wind der Frühe strich entlang an den Laternen

Die Stunde wars wo schlimmer Träume Jagd
Auf ihren Kissen wälzt die Knaben braun und plagt
Wo wie ein blutend Aug das zittert und das zuckt
Die Lampe auf den Tag die rote Lache tupft
Wo Seele in des spröden Leibes Schwergewicht
Zum zweitenmal den Streit von Tag und Lampe ficht
Wie Tränenwangen trocknend Winde streichen
Voll Schauer ist die Luft von Dingen die entweichen
Der Mann ist Schreibens müd das Weib zu lieben.

Aus Häusern da und dort kommt Rauch getrieben
Die Dirnen schlummerten aus fahlen Lidern
Mit offnem Mund dem stumpfen Schlaf erwidern
Von Brüsten schlaff und kalt die Bettelweiber schlichen
Und bliesen in den Brand um den die Finger strichen
Die Stunde wars bei Frost und bei Entbehren
Da werden Wehen schwer der Frauen die gebären
So wie ein Schluchzen stirbt im Sturz von blutigem Schaum
Der Hahnenschrei zerreißt von weit den düstern Raum
Ein Meer von Nebel schlägt um Haus und hohe Mäler
Und die Verscheidenden im Schoß der Hospitäler
Aufröchelten zuletzt mit regellosem Ton
Die Schänder kehrten heim erschöpft von ihrer Fron
Aurora frosterregt gewandet ros und grün
Langsam begann auf der verlassnen Seine aufzublühn
Finster Paris den Schlaf vom Antlitz ballte
Und faßte sein Gerät, der arbeitsame Alte.

1962: Böschenstein/Bollack

Die Morgendämmerung

Die Tagwache schallte in den Höfen der Kasernen, und der Morgenwind blies auf die Laternen. · Es war die Stunde, wo der Schwarm der bösartigen Träume auf ihren Kissen die braunen Jünglinge krümmt; wo, gleich einem blutenden Auge, das zuckt und sich bewegt, die Lampe auf das Tageslicht einen roten Fleck macht; wo die Seele, unter der Last des widerspenstigen und schweren Körpers, die Kämpfe der Lampe und des Lichts nachahmt. Wie ein Gesicht in Tränen, das die sanften Winde trocknen, ist die Luft voll vom Schauer der Dinge, die entfliehen, und der Mann ist müde vom Schreiben und die Frau vom Lieben. · Die Häuser, da und dort, begannen zu rauchen. Die Freudenmädchen, mit fahlem Lid, offenem Mund, schliefen ihren blöden Schlaf; die Bettelweiber, ihre mageren und kalten Brüste schleppend, bliesen auf ihre Scheite und bliesen auf ihre Finger. Es war die Stunde, wo mitten in der Kälte und im Geiz sich die Schmerzen der Frauen im Kindbett verschlimmern; wie ein Schluchzen, abgeschnitten durch ein schäumendes Blut, zerriß der Schrei des Hahns in der Ferne die dunstige Luft; ein Meer von Nebeln umflutete die Gebäude, und die Sterbenden in den Hospitälern stießen ihr letztes Röcheln in unregelmäßigen Schluchzern aus. Die Lasterhaften gingen heim, gebrochen von ihrer Arbeit. · Die Morgenröte, fröstelnd in ihrem rosa und grünen Kleid, kam langsam voran auf der verlassenen Seine, und das finstere Paris griff, sich die Augen reibend, zu seinem Werkzeug, ein tätiger Greis.